[増補版]
商業経営のマーケティング

―理論解釈から実態分析まで―

中原龍輝［著］

創 成 社

まえがき

　製品（農業産品も含む物質財）や商品（物質的商品，物的商品とも言う）などを使ったり，サービス商品を受けたりする我々のことを消費者と言う。それは，モノなどを作る人々を生産者（農産物には「生産者」，工業製品には「メーカー」または「製造業者」と言う）という呼び名に対してのことである。しかし今の時代では，多くの消費者は決して「産地直送」や「地産地消」のようにメーカーや生産者から直接製品や産品を買うことはしない。我々はコンビニやスーパーをはじめ，様々な小売店と呼ばれる店に足を運び商品の買い物をする。特にコンビニでは，好き勝手に欲しいモノを欲しい時に欲しい分だけ買うことができるから消費者に好まれる。昔から，商人と言われる人々の仕事を営んでいる商業が我々に買い物できる「小売店」のような場所を用意してくれている。

　ところが，商業は小売業だけではない。我々はコンビニなどで，弁当1個やお握り1つ，ジュース1本やチューインガム1個のように，欲しい分だけをその時その時に買うことができるが，コンビニなどは1個ずつで商品を仕入れると商売ができない。なぜかというと，コンビニで客が1回の買い物で支払う平均的客単価は600〜650円ぐらいであるものの，1日の売上は平均60万円もあるからである。言い換えれば，1日ほぼ1,000人の客が買い物にやってくるので，コンビニの1店舗は，それだけの量の商品を用意しなければならない。

　したがって，コンビニなどは商品を1個ずつで売っているが，仕入れる時にはそうは行かない。小売業は卸売業から商品をまとめて仕入れなければ我々消費者が1個ずつ買い続けることができなくなる。また，商品を卸売業から小売業まで運んでくれる物流業者も我々の買い物の支えである。なお，商業統計は飲食業などのサービス業も商業と計算しているが，残念ながら，本書は物的商品を販売する物販業を商業に絞り，これらの企業の経営を主題としている。

　では，マーケティングと商業とはどういう関係があるのか。

　19世紀の末葉にアメリカで生まれたマーケティングの手法は販売を中心と

していた。各々の企業は商品を大量に販売して市場シェアを拡大していた名残かもしれないが，未だに「マーケティングは販売だ」と簡単に片づけようとする考え方が残っている。マーケティングとは言っても，物的商品が足りない昔の「作れば売れる」に対し，今は，「売れないと作らない」へと時代が変わったので，マーケティングの基本的な考え方も実践的な戦略も戦術も変わっている。

　すると，マーケティングはモノ作りの話じゃないかと言われそうになる。確かに，戦後の高度経済成長期に，製品の大量生産・商品の大量販売・モノの大量消費がはやり，消費者の色々な物的商品への物欲に市場の供給が追い付かず物財が足りないから，商売のルートである流通経路はメーカーによって系列化されていた。様々な物的商品は川に流れるように，川上からメーカーが製品を作ってまとめて川中の卸売業に販売を頼み，そして卸売業は川下の小売業にまとめた量で商品を販売し，小売業は我々消費者に1個ずつ再販売する。

　ところが今の時代では，豊かになっている消費者は自分の欲しいものしか要らないから，高度成長期から流通経路を牛耳ってきたメーカーの力が弱くなり，小売業や卸売業などの商業者が再び流通経路を主導することになってきた。当然ながら，商業経営にもマーケティングが欠かせない。実は，マーケティングが誕生したアメリカでも，最初の頃は物的商品の販売を担っている商業における製品の広告や商品の流通にまつわる問題解決を中心としていた。このため，本書は，マーケティングの諸問題について今日の流通経路を主導している商業企業の経営を中心にするわけである。

　商業はよく国内の消費者を相手にする商売だと思われがちだが，日本のような資源の乏しい国も，アメリカのような資源が豊かな国も，国外（海に囲まれている日本ではよく「海外」と言う）と物的商品を売り買いし，サービス商品を提供（本書は物品貿易に絞る）し合うなどのやり取りは「貿易」あるいは「国際貿易」と呼ばれている。しかし，貿易とは言っても他国との商業のことである。もちろん，貿易は国外の企業との商売のみならず，国内の企業や消費者とも密接に関わっている。

本書は，我々消費者に直接モノを販売する小売業に加え，小売業の商売を支えている卸売業，そして，商売の完結に欠かせない流通経路において商品の運搬や配送をしてくれる物流業，さらには，海外の商品を買入れて国内に輸送し，また，国内の商品を海外へ売込むのに役に立つ貿易を行っている商社などを含めた内容としている。

　また今の時代は，グローバリゼーションの時代と言われるように，商業も流通も製品や商品である生産財あるいは消費財のサプライチェーンを通じて世界全体がつながっている1つの市場になっている。グローバリゼーションは係わる国々のいずれにもそれぞれにメリットがあり，それらが関係各国の間の商売を絶えず維持する土台になっている。さらに今日の社会は，情報化が高度に進展しており，インターネットをはじめ情報ネットワークによるIoT（モノのインターネット）が生産や消費に必要とする物的商品のサプライチェーンを支えている。

　新型コロナウイルスの感染拡大によるパンデミックがなかなか収まらない昨今では，他人との接触をできるだけ避けようとして，多くの消費者が実店舗ではなく，ネットショッピングを活用して買い物しようとしている。小売業者も規模にかかわらず，こうした消費者の新たな買い物行動への対応に急がされ，情報ネットワークを駆使してインターネットによるマーケティング活動を充実しつつある。

　しかし一方，日本中に自営業と呼ばれる中小零細規模や個人経営のような小売店や卸売業が相変わらず大量に存在している。これらの商業者は生業的に営まれ，家業としての生き残りが大変だと思われている。注目すべきは，商業や流通経路においては，中小・零細商業者は大企業にそん色なく商業の大事な担い手として働くとともに我々一般消費者の日常生活にも欠かせない存在である。一方で，コロナ禍にも生き残れる一大手法としてインターネット活用による販売が中小・零細商業者の喫緊の課題になるのに違いない。

　本書は，できるだけ商業や流通（広義の商業）における多くの出来事を網羅して，多種多様な商業に関わるマーケティングに触れることにしている。マー

ケティングは時代の変化とともに進化しているもので，平成の時代が終わっても令和の時代においても，また人々の考え方や行動パターンの変化に合わせてさらに成長していく。本書を読んで，少しでも商業や流通，またマーケティングについて入門的常識あるいは基礎的知識を手に入れることに役立てれば幸いである。

　令和5年3月吉日

著　者

目　次

まえがき

第1章　商業の存立と役割 ―――――――――――― 1

1　市場メカニズムと商業 ………………………………… 1
　1）経済の仕組み　2
　2）市場のメカニズム　4

2　社会分業と商業・流通の発生 ………………………… 8
　1）社会的分業の確立　8
　2）産業の形成と分類　10
　3）商業の誕生　12
　4）貨幣の機能と商業の拡大　14

3　商業・流通の社会的存在と機能 ……………………… 19
　1）経済的機能　19
　2）生活的機能　25

4　現代商業の構造 ………………………………………… 27

第1章を読んでから考えてみること　28
ミニコラム　「士農工商」の今昔　29

第2章　マーケティングとマーチャンダイジング ――― 30

1　マーケティング（marketing） ………………………… 31
　1）マーケティングの定義　31
　2）マーケティングミックス　34
　3）マーケティング戦略　44

2　マーチャンダイジング（merchandising） …………… 52
　1）適正な商品（right goods）　53

2）適正な数量（right quantity）　53
　　　3）適正な価格（right price）　54
　　　4）適正な時期（right time）　55
　　　5）適切な場所（right place）　56

　第2章を読んでから考えてみること　57
　ミニコラム　マーケティングと販売の違い　58

第3章　商業の理論仮説と商品分類 ──────── 59

　1　商業の成長理論仮説 …………………………………… 60
　　　1）小売の輪（The Wheel of Retailing）　61
　　　2）小売成長段階論（The Stages of Retail Development）　63
　　　3）真空地帯論（Vacuum Theory）　65
　2　社会機能理論仮説 ……………………………………… 67
　　　1）取引総数最小原理（principle of minimum total transaction）　68
　　　2）集中貯蔵原理（principle of massed reserves）　70
　3　商品分類と商業における意義 ………………………… 73
　　　1）概念的・実務的分類　74
　　　2）理論的分類　76
　　　3）サービス商品が含まれる商品分類　80
　　　4）商業における商品分類の意義　84

　第3章を読んでさらに考えてみること　85
　ミニコラム　商業活動の理論と論理　86

第4章　流通構造と物流 ─────────────── 87

　1　社会的流通構造 ………………………………………… 87
　　　1）流通経路の構造　88
　　　2）商業と流通の違い　89

2　物流とその機能……………………………………………90
1）流通構造における物流　91
2）物流の形態について　92
3）物流の機能　95

3　物流センター………………………………………………98
1）物流センターとロジスティックスの違い　99
2）物流センターの形態　100
3）物流センターの進化　101

4　サプライチェーン・マネジメント ……………………102
1）サプライチェーンによる垂直的統合　103
2）SCMのグローバル化　105

第4章を読んでさらに考えてみること　106
ミニコラム　「天下の台所」は集散地か消費地か　107

第5章　卸売業──────────────108

1　伝統的問屋と日本の商業伝統 ……………………………108
1）問屋の誕生　109
2）問屋の種類　109

2　流通革命と問屋無用論 ……………………………………111
1）流通革命　111
2）問屋無用論　112

3　卸売業の構造と分類 ………………………………………114
1）産業分類基準による分類　115
2）商品構成による分類　116
3）立地による分類　117
4）商圏による分類　118
5）機能による分類　119
6）製造卸売　121

4　卸売業の集積 ………………………………………………121

　　　　1）問屋街　122
　　　　2）卸売団地　122
　　5　卸売市場……………………………………………… 123
　　　　1）中央卸売市場　124
　　　　2）地方卸売市場　125
　　6　現代卸売業の機能………………………………… 127
　　7　卸売業のマーケティング………………………… 128
　　　　1）品揃えの強化　129
　　　　2）PB商品の企画　130
　　　　3）物流・配送サービス　131
　　　　4）プル型販売促進　131
　　　　5）小売業事業サポート　132
　　第5章を読んでから考えてみること　132
　　ミニコラム　今日の問屋―問屋と卸売業の異同　133

第6章　小売業 ―――――――――― 134

　　1　原始的行商と日本小売業のルーツ……………… 134
　　　　1）行　商　134
　　　　2）店舗型商業と無店舗型商業　135
　　2　現代小売業の構造………………………………… 137
　　　　1）経営構造と組織形態　137
　　　　2）小売業の集積形態　143
　　3　小売業の諸形態…………………………………… 149
　　　　1）業種と業態　149
　　　　2）伝統小売業　150
　　　　3）新興小売業　155
　　　　4）その他の小売業態　164
　　4　小売業の機能……………………………………… 168
　　　　1）消費者に対する機能　168

　　　　2）卸売業者・生産者に対する機能　169
　　　　3）地域や社会に対する機能　170
　　5　小売業のマーケティング………………………………170
　　　　1）顧客の声を聞くから顧客の参加へ　171
　　　　2）少子高齢化社会の新戦略　172
　　　　3）顧客に近づく新出店戦略　173
　　　　4）インターネットツールの活用　173
　第6章を読んでから考えてみること　174
　ミニコラム　古き「行商」と今時の「移動販売」　175

第7章　商業のグローバル化と日本的商慣行 ──── 176

　　1　商業のグローバル的展開………………………………177
　　　　1）グローバリゼーションの経済環境　177
　　　　2）商業企業のグローバル的展開　187
　　2　日本の商習慣と非関税障壁問題………………………190
　　　　1）日本の商慣習（Japanese Business Practices）　191
　　　　2）販社と流通系列化　192
　　3　日米の商業・流通の比較………………………………194
　　　　1）幌馬車由来の大型商業　194
　　　　2）風呂敷由来の地域密着型商業　195
　　4　商社と商社のマーケティング…………………………197
　　　　1）日本の商社（Japanese Business Company）　197
　　　　2）商社の機能とマーケティング戦略のポイント　199
　　　　3）今後の新たな商社機能について　201
　第7章を読んでさらに考えてみること　204
　ミニコラム　我々の生活における些細なグローバリゼーション　205

第8章 中小商業の現状と今後の展望 ────── 206

1. 中小企業と中小商業の実態……………………………… 206
   1) 企業の規模と中小企業　206
   2) 中小卸売業　213
   3) 中小小売業　214
2. 中小商業の存続問題と社会的必要性………………… 215
   1) 後継者難問題　215
   2) 中小企業の共通的問題点　219
   3) 中小商業の社会的役割と存続の必然性　223
3. 中小企業のマーケティングの可能性と必要性……… 227
   1) 自立的経営の貫き　227
   2) 中小商業同士の助け合い　228
   3) 大手商業企業との協力，または地元との共生　230

第8章を読んでさらに考えてみること　231
ミニコラム　商業近代化の流れの中のパパ・ママ店　232

第9章 情報化社会とネットビジネス ────── 233

1. 情報化社会の高度進展と商業環境の変化………… 233
   1) 情報化社会の止まらぬ進展　234
   2) 情報化社会の生活　237
   3) 商業環境の変化　238
2. 社会のネットワーク化…………………………………… 240
   1) ユビキタスと社会の情報化　240
   2) SNS の商業利用　249
3. 商業企業のネットビジネス……………………………… 251
   1) 手動操作型ネットビジネス　252
   2) 自動完結型ネットビジネス　255
   3) 実店舗との結合型ネットビジネス　257

4　情報化時代のマーケティング……………………………… 262
            1）メーカーの視点　263
            2）卸売業の視点　264
            3）小売業の視点　265
            4）ネットビジネスによる小売業の宅配サービス　271
    第9章を読んでさらに考えてみること　277
    ミニコラム　バーチャルリアリティー　278

参考文献　279
索　　引　285

第1章
商業の存立と役割

　人は産声を上げてからこの世を去るまで，形はともかく日常に目に見えやすい物的商品（商品）を買ったり使ったり，目に見えにくいサービス（サービス商品）を受けることは絶えない。この世に生活している老若男女，誰もが商業の世話になるに違いないし，よりゆとりのある日常生活を送るのも人々の共通な思いであろう。そうした中で，商品を買おうとすると，商業の主役である小売店は我々の生活に最も身近な存在である。若者に人気のコンビニエンスストアから主婦たちを引き寄せるスーパーマーケット，贅沢に買い物できる百貨店や色々なこだわりに応えようとする専門店まで，商業がなかったら，現代人の極普通の日々の生活さえ満足にできないと言わざるを得ない。

　バブル経済がはじけてから30年も過ぎて，昨今のコロナ禍にも相まって，国内経済の回復は多くの期待を裏切ったように見通すことはできない。それなのに，小売店舗の数は年々減りつつも，全国にはまだ100万店弱が存在している。商業の創業や開業に手軽さがあるかもしれないが，「脱サラ」やベンチャービジネス，また個人やオンラインによる創業などで商売を始めようとする人々が後を絶たない。それだけで商業の魅力や市場の潜在力があると言っても過言ではないのであろう。

　本書の冒頭として，この章では，商業，市場そして経済の相互関係を分析していきたい。

1　市場メカニズムと商業

　商業というものはあくまでも市場というメカニズム（本章2節）の一部分

で，商業は社会的経済の仕組みを構成している欠かせない存在で，生産と商品の架け橋である。

1）経済の仕組み

若い人たちは「経済」とか「経営」とかを聞いたら難しいと拒否反応が生じやすくなるが，実は，自分たちが確実に経済の中に生きており，自分たちも含めて回りの個々の人々の日常生活や様々な企業の日頃の事業経営が地域や一国の経済活動の消費と生産を構成している。

（1）生産者と消費者

我々日頃の買い物は物質的で外形が見えやすい物的商品（有形財）を購入して使い，見えにくい要素を多く含むサービス（無形財）も頻繁に受け入れる。経済学的にこれらを消費と言い，商品を使ったり，サービスを受けたりとする個々の個人を消費者と呼ぶ。

一方，消費者に買い物ができるように様々な物財を作る人々は生産者である。生産と消費は場所的・距離的・時間的に離れるのが常識になっている現代社会では，場合によっては海外で生産された商品も遠く離れる我々の消費生活をスムーズに続けられるように役立てる。その立役者は常に我々の身の回りに存在する様々な小売店である。これらの店は生産者と消費者をかけ橋のように結び付けるような役割を果たし，商業・流通構造（広義の商業）として経済循環の一部分になっている。広義の商業の詳細についてはその後の章節で多くの事例を挙げて解釈していくが，ここでは，まず，広義の商業が機能する土台となる社会経済全体の仕組みや広義の商業活動が実際に行われる市場と市場のメカニズム（仕組み）について見てみる。

現代人である我々は，毎日の生活を続けていくうちに，衣食住を始め，多くの物事に関しては自分だけでは解決できないことが多い。今日では，我々消費者は何か欲しくなると，買い物と言う行為を通じて周りの他人や遠方の人，さらに外国の誰かに頼ることにする。こういうことは，経済用語では「取引」や

「売買」，あるいは「貿易」と呼び，一人の消費者は日常に多種多様な商品を購入し，色々なサービスの受入れを通じて自分の生活を充足させ，豊かにしようとするのが常識になっている。買い物のできる場所は，前述した小売店ではあるが，経済学には市場メカニズムの一部である。

（2）取引と交換

はるか昔の原始的社会では，人間は自分の生活を営むために様々なモノを作り，それらを自らの消費に当てるため，そのような社会構造を自給自足経済と言う。その後，生産力の進歩や生産性の向上の結果，人々の生産活動に余剰物が生まれる。人間は社交的な動物であるので，互いに行き来し助け合うのは古来の習性である。それぞれの家族や村落，部族の余剰物が異なるため，他人の余剰物を欲しがる欲望が生まれ，それらを手にするには，自分の余剰物を手放しして物々交換にもなるし，互いに助けることにもなる。

最初の交換は偶発的であっても，こうした原始的余剰物の交換は今の時代になってもバーター取引（現代的物々交換）と呼ばれ，現代人も相変わらず物々交換を続けている。物々交換は現代経済の極めて重要な社会的役割を果たしている商業のルーツであるにのみならず，現実では，個人レベルでも組織レベルないし国家レベルの「貿易」としてもしばしば行われている。

（3）ギャップとかけ橋

人間社会は原始時代の自給自足経済から進化してくるプロセスにおいて今日の経済・社会構造に最も大きな影響を与えるのは恐らく社会的分業（本章2節）である。社会的分業の確立は今日のような市場経済と呼ばれる社会構造の土台ができあがる。分業が進展すればするほど，他人消費のために専門に特定の製品や産品を加工したり作ったりする製造業や生産者が続々と現れてくる。そのような専門技能を有する職人と言われる人々が集まって自然に生産地が成り立つ。反対に，ヨーロッパの遊牧民の定住，日本などの農耕社会の都会化における市町や大都会の出現はもっぱら生産物の製品や商品を使用する消費地の形成

を拍車する。また，現代になると，企業の都合で消費地と遠く離れる場所で新たに生産地を作り，生産と消費の間の距離（ギャップ）はますます離れていくことになる。

そこで，このギャップつまり距離的・時間的な隔たりを埋めようとする形で，もっぱら生産物を消費者の手元に届くなどの社会的働きを担う多種多様な業者は広義の商業として現れてくる（本章3節）。商業者または流通業者の事業活動は生産と消費の間にかけ橋的な存在となり，生産された製品や産品は消費する人々の手元に届いた時点でやっとその生産物の価値が社会的に認められる。

2）市場のメカニズム

経済学によると，人々の行動は日常に生産や販売などの利益追求に絡んでいるため，経済活動と見做される。経済活動に従事する人々は常に経済や市場の原理・原則にしたがって合理的に行動すると仮定される。こうした「経済人（homo economics）」は典型的に見られるのは商業者・流通業者である。そして，経済活動が行われる場所は一般に市場という。

（1）市場とは

市場とは現代社会における経済活動の要とも言われるが，経済とは，簡単に言うと，ある国またはある地域における様々な日常的消費とその消費を維持するための人々の間の社会的相互作用の全体的構造である（図1-1）。我々は自分の能力と意思によって日常に生産物を作ってそれを必要とする他人に提供する。同時に自分が欲しがるができない物財を他人から購入する。経済学的には，他人のための物づくりを生産活動と言い，作り出された製品や産品を生産物（財・サービスなど）と言う。それらを必要とする人々の買い物，商品の使用やサービスの受け入れを消費活動と言い，市場の需要と言う。図1-1の矢印のように順調に生産から消費へ回ることは社会の経済循環である。そして交換や取引という経済活動が実際に行われる市場では，取引に係わる人々は市場参加者と言う。市場参加者は狭義的には交換や取引に関わる生産者，商業者・流

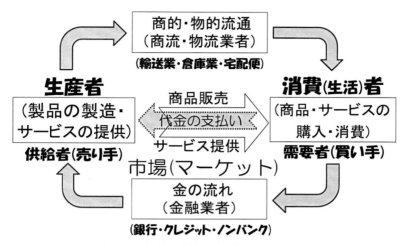

図1-1　経済の仕組み（生産・流通・消費）

通業者（卸売・小売業，貯蔵・輸送などの物流業），消費者によって構成される。しかし，タバコの副流煙やカラオケによる騒音，またはショッピングセンターの買い物に出掛ける人々による交通渋滞などのように，ある物財を消費はしていない周りの他人がその物財の消費に影響されるため，地域住民ないし国民も広い意味で市場関係者と見ることができる。

　市場という言葉には，日本語では，二通りの読み方がある。それは「いちば」と「しじょう」である。「いちば」は，一般に毎日または定期的あるいは不定期的に取引や売買が行われ，それに参加する人々が集まって実際に商品などの売買が行われる場所である。「しじょう」と呼ばれるのは，狭義と広義の2つの意味がある。狭義的には，昔は小売市場というものもあったが，現在では，主として卸売が行われる場所（卸売市場など），例えば，水産物市場や青果物市場などを指し，広義的には，より広範囲でまたは抽象的な取引や売買が行われる経済活動を指し，具体的な場所が定められないのもしばしばある。

　例えば，「国内市場」や「国際市場」，「外為市場」や「労働力市場」のような「しじょう」は経済全体に対しては，確かに重要な影響を与えるが具体的に

はどこにあってどういう形になっているかと聞かれると簡単に差し当てられないマクロ的な経済活動あるいはそのプロセス全体を指すことになる。

(2) 市場の役割

　では，市場の役割はどう説明すれば分かりやすいかを考えてみよう。一言で言うと，市場では，消費者が何か欲しいという需要に対して生産者が何を作れるという供給との間の駆け引きである。また，何個買えるとどれくらいの量が売れる，それにいくらで買えるといくらで売ろうとするとの競い合いでもある。市場はこうした数量と価格に絡む需要と供給のバランスを調整する役割を果たしている。マクロ的には，自由かつ公開の市場において，生産者は需要側の実情（実際の需要＝実需）に係わる情報によって生産や加工の数量を調整して市場に提供し，消費者も供給の状況や情報を見ながら自らの需要を調整する。もちろん，ここに生産者と消費者が互いに必要な情報を手にすることができるかどうかにポイントがある。情報化時代と言われる今日の情報交換については第9章で議論する。

　こうした需要と供給の互いのバランス調整の結果としては，日常的に安定した商品などの供給と消費の需要が保たれる。こうした相対的に安定している「相場」とも呼ばれる平均的な市場価格のもとで取引が行われるのが一般的である。しかし今日では，個々の消費者はこうした市場取引における駆け引きには参加することなく，商業者・流通業者に代行してもらっている。

　市場取引は売買とも呼ばれ，ある商品に対して，販売する売り手と購買する買い手が同時に存在することが必須条件である。そして，多くの売り手と買い手が同じ場所に集まって売買あるいは取引を行うことになれば，それは市場になる。取引においては，モノを売りたい人は利益を追求することつまり金儲けを目的とするため，できるだけ売り出す商品などを高く売り捌き，売価と原価との価格差（商業ではマージンと言う）を多めに取りたいのは一般的である。これに対し，商品などを買いたい人はできるだけ安い価格で出費を少なめにして手に入れたいのも当然な考え方である。

（3）需給関係

　市場参加者が増えれば増えるほど，また同じ商品に対して売りたい人と買いたい人のイメージしている価格が違いであればあるほど，いわゆる市場競争が生まれる。一方，商品の売り出し量が一定の場合，売りたい人が増えれば，供給が増えると言うことで，買いたい人にとっては有利に働き，市場価格は低下する傾向に動く。逆に，買いたい人が増えれば，需要が増えることを意味し，売りたい人にとっては有利となり，市場価格は上昇する傾向に動く。

　このような動きは経済学的に言えば，それは市場原理あるいは市場法則という。それは市場経済の最大な原則でもあり，市場はこうした原理あるいは法則に従って図1-2のような価格形成の市場メカニズムを作り上げる。

　売り手と買い手の間の相互関係においては，個別的には売り値と買い値に係わる駆け引きが生まれ，互いに自分の狙いを達成するために交渉する。市場全体を見れば，多くの売り手の間の平均的な売価と多くの買い手の間の平均的な買価が個々の駆け引きの結果として表れる。こうした結果は全体的に市場価格として表れて，一般に相場と呼ばれる。

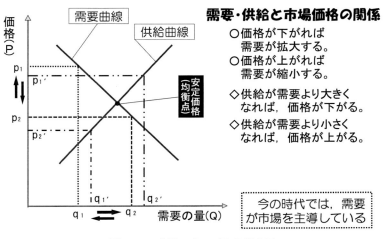

図1-2　市場メカニズムの概念図

総じて言えば，需要と供給をバランスよく調整することによって商品などの価格が形成することは市場の究極的な社会的役割であり，市場参加者が増え取引や売買の数量や金額が拡大すれば，市場競争が激しくなっていく。市場競争の結果として価格が相対的に安定に保たれ，消費者に有利に働くことになり，経済循環も安定に維持できる。こうしたことは商業・流通の土台となる。

2　社会分業と商業・流通の発生

　自給自足の原始的な経済では，人々は個人単位あるいは家族単位，部落単位で行動し，自らの日常生活を維持するために狩猟や漁獲または作物の栽培などの生産活動を行う。自然条件や天候変化への頼りしかできない自給自足経済の時代では，生産性が低かったため，生産活動の結果である獲物や収穫物などの生産活動の成果をすべて自分たちの生活に充ててやっと毎日の生活が維持できる。しかし，人類文明の進化とともに，生産の道具や工具など生産手段の進歩に伴ってそれまでの生産性が徐々に高まってくる。生産性向上の結果は，生産活動の成果が人々の自らの生活維持ができても有り余ることができていわゆる余剰物が現れてきた。

1）社会的分業の確立

　人間は決して日常生活が賄ったことだけに満足してそれ以上を求めないことには止まらない。余剰物の発生は自然により贅沢に生活しようとする願望が生まれてくる。ところが，自給自足が基本とする時代では，生活のレベルアップとは言っても決して物財の大量消費によって達成するものではなく，これまでのない物財の獲得だからこそ達成する。原始的な欲望というものは，自分が持っていないが他人が所有しているものに対する物財への欲しさに現れる。もちろん，他人も同様な心理があり，これまでよりもよい生活を狙おうとする人々が自分の欲望を満たすために，欲しがる他人の物財と引き換えに自分の余剰物を差し出す，という形で物々交換発生が必然的に生まれてくる。

第1章　商業の存立と役割　◎——　9

（1）分業の発生

　狩猟する人と漁獲する人，農作業する人と農作業の道具を作る人，もちろん，その他の異なる生産活動を行う人々の間においても他人にあって自分にないものがある。他人の有り余るものは自分にはないためそれだけで魅力的である。一方，自分の有り余るものは手放ししても特に今までの生活にマイナスなことにはならないし，むしろそれらを魅力的なものと交換ができるならばなおさら生活の豊かさが高まっていく。このような誰にもありそうな心理状態に駆使されて，人々が喜んで自分の手放したい余剰物と他人が手放してくれるものとの物々交換することに迷いがないのであろう。こうした物財であるモノとモノの直接な交換が今日まで様々な形態に発達している商業発生の源である。こうした物々交換は今日になっても，個人レベル，企業レベル，さらには国際貿易の中で国家間においても続けられている。

　自給自足の原始時代においても，今日と同様に，人々の間には，知的，技能的，能力的など，それぞれ長けるものと苦手なものがある。また，同じことを毎日のように繰り返し行うことができれば，さらに他人よりも豊富な知識や知能，熟練な技術や能力を習得するように成長していく。こうした毎日の積み重ねによって身に付けてきたものは生活を支える収入に伴う経済的活動につながり，個々の個人の職業になっていく。そして，それらの技術や技能を持つ人々を集めて組織し，社会的にも影響力あるように拡大していくことになれば企業とも呼ばれ，さらに，企業の集まりは産業になる。

　生産や流通・消費がはっきり区切りされていなかった時代では，特定の技術や技能を磨いた人が職人的な存在となり，または特定の物作りにおける生産力の向上によって，一部分の人々はもっぱら自分たちの得意なことを職業にし，さらにそれを事業として拡大して行くうち，今日の言う職業や職種，商売や事業が成り立つ。このように，人々の日常生活に必要とする多くの物財の一部分をそれぞれ専門的に生産したり，売買したり，運んだりすることは社会的分業と言う。こうした社会的分業によって確立されたものは事業と認められ，それらの人々は今日，事業者と呼ばれる。

（2） ギャップの拡大

　社会的分業により，人々がそれぞれの長ける知識や知恵，得意な技能やわざによって様々な分野に分離される。分業された専門的な生産活動に従事する人々はその専門分野の知識をさらに増やし専門技能を一層磨いていくうちに，社会構造の全体に大きく転換が起きて，生産活動がより効率的に行われ，広義の商業（国外貿易も含む）の機能は積極的に働き社会的に認知されることになる。ところが，製造業の生産性のさらなる向上と産業全体の進展は近代社会形成の基礎を築きあげた一方で，生産（地）と消費（地）の分離もさらに拍車される。その結果は，後述のように生産と消費の間の様々なギャップと呼ばれる隔たりもますます拡大して行くことになる（本章3節）。

2） 産業の形成と分類

　特定の仕事に従事しそれを事業として営む人々は事業者または経営者と呼ばれる。今も昔も，うまく行ける会社には求職者の人気となり，儲かる仕事への新規起業や他分野からの新規参入に熱が高まる。もちろん，成長が速く将来性が見込まれる事業には大勢の事業者や投資者が集まって，新しい事業分野や新たな業界に成長してしまう。

　こうした人々が集まる企業はさらに成長して行き，経済的・社会的に注目され，新規起業者や参入者のさらに集まる業界はやがて新たな企業集積を形成する。経済統計上では，同様または類似の生産活動を行う企業の集積は産業と呼ばれる。

　産業は図1-3のように分類することができる。今日でも広く使われる産業分類の考え方は，イギリスの経済学者コーリン・G・クラック（Colin Grant Clark）が1941年に提唱されたものである。しかし，産業分類とは言うものの，各国が自国の経済実態に合わせて独自に決めたもので，国によっては異なるものでもある。図1-3は現行の日本標準産業分類の大分類で，著者は第一次産業と第二次産業の分け方に独自の見解（薄い影の部分）を示し，第一次産業と第二次産業の区分は，資材や原材料を生産して提供するか，資材や原材料を加工して

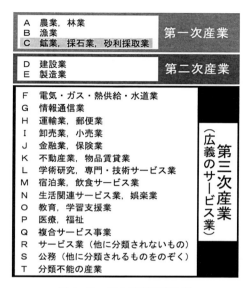

図1-3　日本標準産業分類

部品や半製品，完成品に仕上げるか，というような経済活動の特徴に共通性があることを基準に区分けすべきと考えている。

　経済活動に従事する人々は当然自分の得意なことを事業とする。前述の狩猟や漁獲，農作業や農作業の道具作り，または木の伐採や鉱物などの掘り当てて集めることに長ける人々がそれらの資材や原材料収集の活動に集中して特化する。このような事業者の集まりは統計上で第一次産業（農林漁業，鉱業など）と呼ばれる。また，獲物や水産物，農産物や鉱物などを原材料にして，加工や製造のプロセスを経てそれらに付加価値を付け加え，それぞれ製品として仕上げる事業者の集まりは第二次産業（製造業，建築業）という。

　さらに，それらの原材料を消費者の要望に応えるべく加工し提供することなどもできるし，それらの原材料や製品を生産地から消費地までの運搬と一時保管，そして販売もできる。また，製品や商品の売買や取引に関わる代金決済や高額商品購入への融資や信用供与などの手助けもできる。そして，運搬途中のリスクを軽減させるための商品の保障や保険，消費者が購入した大きな買い物

の自宅配送など，ありとあらゆる仕事がある。こうしたことに役立つのは広義の商業と言う。また，商業者・流通業者も含む事業者の多くは形がはっきりしている物的商品を買って再販売する物販業，または他人の代行や仕事の補助や補完をするなど形のないサービス商品を提供する産業はまとめて第三次産業（広義のサービス業）と称される。

3）商業の誕生

　生産と消費の分離は前述の社会的分業のきっかけでもあれば，結果でもある。特定の物作りに集中すること（生産）は作った生産物（製品）が誰かに使ってもらうこと（消費）に支えられ，製品を使う人々（消費者）から回収された購入代金の一部（付加価値あるいは利益）は次の生産に再投入して生産を続けるには必要不可欠なのである。生産された製品は消費されなければそもそも生産の意味がなくなり，生産そのものの持続もできなくなるからである。

　一方，生産者が持続的に製品の提供や品質の安定を維持するためには，生産に集中することが必要条件であり，自ら製品を消費者に売り捌きに出かけることは生産の持続や品質の維持・向上には望ましいことではない。そこで，生産に集中する事業者（生産者）の代わりに生産された製品を売り捌き，製品を使う人々（消費者）の手元に届いてくれる人々（商業者・流通業者）が自ずと必要になる。そこで，生産という分業とは別に新たな社会的分業が生まれ，商業と呼ばれる産業が誕生する。

　第一次産業や第二次産業との最大な違いと言えば，商業は，自ら生産もせず消費もしなく，購入（仕入れ）した生産物を自らの消費に回すこともしない。商業はもっぱら生産者と消費者の間に介在して，物財（製品・商品）やサービス商品または製品や物的商品の交換あるいは売買（取引）を通じて仕入れ価格と販売価格の差から自らの利益として獲得するための事業者の集まりである。しかし，売買が終わっても商品そのものが消費者の使える場所までに届かなければ，商業の社会的存在とその役割が認められない。このために，商業発生の初期では，商業者が販売した商品を購入した消費者の手元に運ぶ役割（物的流

通）までも担っていた（第4章）。これは，今日になっても商業と流通はくっきり分けるのが難しいわけでもある。

　本書は，経済の仕組みにおける社会的役割の視点からでは，生産と消費のかけ橋になる商業および流通構造（図1-4）を略して「商業」（広義の商業，図1-7）と称し，個別企業の事業展開や産業界のビジネス実態からでは，個々の企業や事業者を広い意味で「商業企業」または「商業者」と呼ぶ。そして，本書で言う商業は物品販売業（物販業）を中心とし，また，取引（商的流通＝商流）後に物的商品の輸送に機能する物的流通（物流＝第4章2節）についても触れる。しかし，商流の一部となる代金決済や信用貸与に役立つ銀行・金融業に関しての解説は割愛する。

　近代社会における商業の役割は経済の一層の発達と社会のさらなる進歩に伴い，規模が次第に拡大してきて，経済における重みも増してきたのが周知の通りである。20世紀初頭に入ると，欧米中心の現代工業の大量生産体制の形成や人口の集中による都市化の進展，また，1960年代以降急速に拡大してきて，今日には大国間の大きな利益争いに揺れ動きつつあるグローバル化の結果，生産地と消費地はさらに遠くなり，遠方や海外との取引（国際貿易）も珍しいことでなくなる。

図1-4　商業と流通の相関と相違

そして，日本を含め多くの国々は海外貿易あるいは国際貿易（第7章1節）など国内よりも遥かに遠距離の諸外国との取引も盛んになり，売買されてから消費するまでには，商品が国境を超え，異文化の地・他国に渡り，この間の輸送や転送，一時保管による不確実性，途中での損害や滅失など様々なリスクの軽減や排除などの保険業務も担うようになっている。今日では，このような役割は広義の商業において，情報化社会（第9章1節）の急速な進展に伴い次第にその重みが増してきている情報の加工や処理・伝達，情報サービスを担う事業者とともにさらに細分化されている。

4）貨幣の機能と商業の拡大

俗に「金（かね）」（正式は「銀行券」）と呼ばれる貨幣は実に商業の発生・発展と今日のように商業の高度化・多様化に深く関わっている。物々交換の原始的商業の成長は，人間の経済活動においては，非常に制限されていた。結論的に言えば，貨幣がなければ今日のように発達している商業経済はあり得ないと言っても過言ではない。

(1) 貨幣の誕生と機能

貨幣は商流の完成つまり代金決済の必要な手段である。簡単に言うと，貨幣には基本的に3大機能がある。それらは，①価値尺度，②流通手段，それに③貯蔵手段である。

貨幣の価値尺度とは，人々の生活に必要とする様々な物財の価値を量ることである。これは，今日の欲しいものと後日の欲しいものとは全く関係なくても同じまたは似たようなものであれば，価値に相当する貨幣と交換する機能である。貨幣の流通手段とは，特定の人に限らず，市場において人々の間に自由に行き渡る（交換・流通する）ことができる。海の産物と交換した貨幣はまた山の産物や他の欲しいものとの交換もできる。貨幣には賞味期限や消費期限のような鮮度や味わいに係わりなく，永遠とは言えないが差し迫る時間的制限もない。貨幣の貯蔵手段とは，前述にもあるように，貨幣を持っている人が交換場所の

第1章　商業の存立と役割　◎── 15

```
原始貨幣：石，貝，羽毛，鼈甲，鯨歯，絹
            ↓
金属貨幣：青銅，鉄，銅貨，銀貨，金貨
            ↓
紙幣（銀行券）：国家権力による価値保障
            ↓
有価証券：手形，国債，社債，株式など
            ↓
電子マネー：ICチップ型，磁気型，仮想型
```
図1-5　貨幣進化のプロセス

市場に出かける際，今日に欲しいものがなければ無理やり他のものと交換する必要がなく，後日なり，来週なり，来年になっても自分の欲しがるものとだけ交換することができる。一方で，手放したいものを持っている人にも，ひとまず貨幣と交換して後日に他のものと交換することもできる。貨幣はこうして商業の成長に大いに助力してくれる。

原始的な貨幣が誕生してから今日までには数千年以上の歴史があると言われるが，その変貌の流れは図1-5のように表すことができる。原始的貨幣には，主に貝殻や獣の皮，鼈甲など長期保存の効く自然物だったが手に入れるのがより難しいものが使われていた。その後，人工的な加工や製造に係わるような一層複雑で付加価値の高い絹や青銅製貨幣に移行した。そして，存在そのものに希少性価値があり，加工・製造にはさらに高価な設備や製錬の技術が必要とする金・銀などの貴金属や銅のような製錬金属が歴史的に長い間にわたって世界各国の貨幣の代表的なものであった。

（2）紙幣の出現と貨幣の多様化

近代に入り，特に産業革命以降，社会的に財やサービスの生産や提供が爆発的に拡大してきたのに対し，数量的制限のある貴金属や製錬金属の産出が追いつかなくなった。それに，金属性の貨幣にはまた重いゆえんに携帯に不便などの欠点に加え保存にも場所がかかる。特に，遠方や諸外国との貿易においては，大量の金属製貨幣を運ぶために商品を運ぶ余力が少なくなる欠点もある。

さらには，途中での海難や強盗などの不慮事故や事件で大金がなくなることもしばしばある。そこで，近代貿易の発達も後押しがあって，今日には常識に使われる紙幣の登場が求められる。

紙幣は，一国の国家権力が支払いを保障する形で，数量的制限のある貴金属や金属貨幣の代わりに使用され，世界各国にも通用され流通される。もちろん，国際貿易の場合は，確実に代金の回収ができるように，経済力が中心とする国力が国際的に認められるようなアメリカドルやEUのユーロのような国際通貨が使用される。また，日本の円も経済力を背景に国際的に使用されることが多い。こうして，貨幣の紙幣化は特に国際貿易に大いに機能しているのが分かる。

今日では，インターネットの日常化により，遠方との取引さらに国境を越えてのネット取引もグローバル的に広がっている。紙幣とは別に電子マネーのような形式貨幣の出現と幅広く導入・使用は，色々な問題点がありながらも，キャシュレス（無現金化）という世界各国の流れもあるように，形式貨幣は貨幣の主役に取って代ろうと言わんばっかりの勢いが日増しに強まってきている（第9章3節）。こうした貨幣の進化に裏付けられ，商業経済のさらなる拡大に違いがないのであろう。良くも悪くも貨幣の更なる変貌を背景に，商業は今後ともさらなる成長と規模拡大が期待される。

（3）貨幣の商業的役割

国内における物々交換の原型と言い，そのルーツとも言われる静岡市登呂遺跡周辺，今から約2000年前の弥生時代にも，すでに海の物産と山の物産との交換場所があった。このような物々交換には代表的なものと言うと，取れたての魚介類などの水産物と捕れたての小動物のような獲物や採れたての新鮮な山菜や果実には，それぞれの交換物の新鮮さが商品価値の最も重要な要素ではあるが，鮮度の日持ちは短い。それゆえ，交換する際，手に入れたいものには，今日の分だけが欲しいやら今日は欲しくないと言った個々の個人の思いが違う。一方，手放したいものに対しても同様に相手に思われる。もちろん，干物

や乾物に加工して日持ちをできるだけ長くしてから交換に出す方法もあるが，それは生鮮な味わいがなくなり，鮮度や味覚から見ればまるで別のものになる。その上，干物も乾物にも消費期限がある。海の物産やら山の物産やら，「とれたて」という新鮮さに価値があるため，鮮度が傷んだら使い物にならなくなり，価値そのものがなくなる。そこで，価値が落とさず長期の保存が効き，それに交換の時間や場所の制限がなく，かつ自由に他のものと交換できる貨幣の登場が社会的に強く望まれてくる。

　かつての金属製の貨幣は，その貯蔵的機能で自宅に長く固有価値を保存し，自分の世代に使え切れなかったら子孫の世代に使ってもらうこともできる。一方，自宅で保存することでは貨幣は増やすことはできないので，銀行に持ち込んで貯金したら安定した貨幣の増殖（銀行からもらう利子）もできる。さらに，貨幣を事業の資本金に使うこともでき，他人への投資（社債や株の購入）もできる。それに，貨幣の運用として，事業に成功し，投資先が大儲けしたら予想もしない大金の配当を手にすることもできるが，本書では，主として商業の売買や取引に機能することに注目する。

（4）貨幣の形式化と商業への影響

　2009年以降，インターネットにおいて価値を持つ電子データとしてネット送金や決済に使われる仮想通貨（virtual currency; digital currency; cryptocurrency）が実体経済までに影響与えるほど騒がれていた。その代表格と言えば，サトシ・ナカモト（Satoshi Nakamoto）と称する人物の論文に基づくプログラムで管理される「ビットコイン Bitcoin」である。

　仮想通貨は，従来の紙幣や硬貨のような目に見える法定通貨とは違って，特定の国家の価値保証がなく形式化された記号のような交換価値としてインターネット上では「現金」のように送金や決済に使用される。電子データの形態で存在し，不正防止のために暗号技術を用い，ネット上の複数コンピューターで記録を共有しながら相互監視するブロックチェーンで管理される。このために，暗号資産とも称されている。一方で，インターネット上の専門取引所など

では，円，ドル，ユーロ，人民元など各国の法定通貨との交換を通して入手することもでき，一部の商品やサービスの決済にも利用できるようにその流通性も広がってきている。

仮想通貨は「デジタル通貨」や「暗号通貨」とも呼ばれているが，決してどこかの政府に保障されるものではない。また，前述のビットコインのほかに，1,000種類も超える仮想通貨が存在するほどである。しかし，需要と供給の変動に強く左右され，乱高下することもしばしばある。2022年11月に，わずか5日間で仮想通貨の推定時価総額は150兆円から110兆円へと暴落し，約30％の価値が失われたほど取引相場は非常に不安定である。

にもかかわらず，銀行などの金融機関を経由せずにグローバル的に送金や決済ができ，手数料も安くすむほか，送金・決済時間も大幅に短縮できるなどのメリットがある。そのほかに，金融危機時に資金の一時逃避先ともなれるのでリスクが高いと思われても高い人気がある。一方，ネット経由で国境越えのやりとりが容易で取引の匿名性も高いのに対し，対応の法律が未整備で，違法取引や脱税，マネー・ロンダリング（不正資金の洗浄）などの犯罪行為にも利用されやすいほか，テロや麻薬組織などの資金源となる危険性があると指摘されている。このために，日本では，2016年に『資金決済に関する法律』が改正され，仮想通貨の取引所・交換業者を登録制に決め，取引所に口座を開く時の本人確認が義務化された。

要するに，仮想通貨に乱高下があったとしても，国内では円に換金しなければ，百貨店やスーパー，コンビニなどでの支払いはできないので実体商業への影響は直ちにはないとも言える。また，バブル経済時期の株取引ブームとは違って，あくまでも極一部分の人々にしか係わらず，前述の大損をした人が否定できないが社会経済全体への波及効果と言えばそれほどではなかった。また，国家が保証している紙幣担保で発行され，利用中止時には残高分の払い戻しのできる電子マネーとも異なるので，現時点では一般消費者には馴染みがないと言ってもよいのであろう。

以上の仮想通貨にはいくつかの問題点があるとともに，その流通性と利便性

は経済的にも金融的にも認められている。このために，現在では，すでに中国やカンボジア，そしてナイジェリアなど一部分の国の中央銀行がデジタル化した法定通貨のデジタル通貨（digital currency）を発行し流通し始めている。中央銀行が発行したデジタル通貨は通常の紙幣や硬貨と同様にその国の政府が担保していると同時に，発行の手間とコストが省かれ，支払いなどの流通性も変わらず，納税などの手続きも簡略化される。日本やアメリカなどでは，まだ検討・研究の段階に止まっているが，デジタル通貨が正式に導入されるとなると，商業経済はさらに拡大していくと期待されている。

3　商業・流通の社会的存在と機能

　これまで見てきたように，商業とは，我々の身の回りに大量に存在し，人々の日常生活に浸透している。物品の販売を中心とするスーパーやコンビニ，貨物や個人の荷物の輸送を専門的に取扱う運輸会社や宅配便業者，本書は詳細な記述をしないが飲食やコミュニケーションの場を提供してくれるレストランや飲み屋，等々数え切れない事業者が広義の商業として社会的な役割を果たしている。しかし前節にも触れたことで，商業は物作りもしなく，ものの消費も目的としない。にもかかわらず，商業企業はそれほど社会的に大量に存在する根拠，いわゆるその社会的機能はどうなっているのか。
　商業の社会的機能と言えば，多くの側面から色々と取り上げることができるが，ここでは，大きくは経済的機能と生活的機能の2つの側面について見てみる。

1）経済的機能
　商業の社会的機能については，研究者の認識や研究視角によって，理論的な仮説や主張による諸説があるが，本書は基本的に大きく売り手にとっての経済的機能と買い手にとっての生活的機能の2つに分けてみることにする。
　まず，経済的機能であるが，個別企業を見ると，企業そのものが経済的な組織で，金儲けのような利益追求は商業企業にとっても当然な経営目標であり，

社会的にも商業企業を含めすべての企業にその経済的役割が求められる。前述のように，近代社会に入ると，生産と消費の分離が絶えず進行・拡大していき，経済の循環を完成させるには，分離された生産部門と消費部門の間にあるギャップ（隔たりまたは懸隔）を埋め，両分野をつなげるようなかけ橋が必要とされる。このような社会的役割はこれまでもこれからも流通業を含む広義の商業によって担っている。

商業の役割分析をする前に，まず経済循環における社会的ギャップの実態を見てみよう。

（1）生産と消費のギャップ

社会的分業の確立をきっかけに，生産者と消費者が徐々に離れていき，社会的には大きく生産部門と消費部門とに分かれたのをきっかけに，両部門の間に多くのギャップが生まれてくる。それらは，原材料の生産地や生産者の都合，生産規模の拡大など多くの要因があるため，特定地域への生産者の集中や移転による生産地の形成，そして都市化を主因とする消費地が形成されることから，生産と消費の間に多様なギャップが生まれさらに拡大していくことになる。生産地と消費地の間のギャップは市場・取引的ギャップと情報・知覚的ギャップの2大類があるが，図1-6のように，さらに5つに細分してみることができる。これらのギャップを埋め，生産と消費をつなげてくれて経済循環を実現させるのは流通業を含む広義の商業の最も大きな社会的機能である。

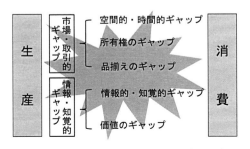

図1-6　生産と消費の間の五大ギャップ

① 空間的・時間的ギャップ

　生産（地）と消費（地）の間には，決して国土が広いと言えない日本列島でさえ南北数千キロにも及ぶ地理的（距離的）または都市部の高層ビルなどの開発で生まれた空間的隔たりがある。それに，消費期限や賞味期限のような生産と消費の時間的隔たりがあるから必然に生まれてくる問題もある。今日では，国内の生産地と消費地との間のギャップはもとより，食糧自給率は40%に過ぎぬ日本にとっては，我々の食卓に上がる食材の60%以上が海外からの輸入物である。

　言うまでもなく，国外の産地からあらゆる物産を買い集め我々の毎日の食卓までに届いてくれるには決して一朝一夕でできるシステムではない。特に国際貿易の場合は，距離的・地域的なギャップはもとより，さらに文化や伝統，国家の体制や社会的ルール，異なる国々の法律や条例のように，生産と消費の間には我々には想像以上のギャップが存在する。そこに，商業の働きがなければ，我々の日常生活は維持できなくなるということすら感じられる。

② 所有権のギャップ

　我々の社会はものの私有制が前提に存立している。ものを作った生産者にはその所有権があり，買い物しようとする消費者との間には所有権に関するギャップが当然に存在する。我々の日頃の何気ない買い物は学問的に言えば，それは所有権の移転と言う。買い物つまり売り手と買い手の間の交換や取引が成立するまでには消費者の買いたいものの所有権は売り手にある。特に小売業のような商業者は生産者や卸売業者から物的商品を仕入れて個々の消費者に買い物（物販）できる環境を提供し，商品代金の支払いが済ませれば，商品の所有権が移転される。これは所有権のギャップを埋める機能である。こういう意味では，商業は消費者のために買い物代行というサービスを提供しているとも言える。

③ 価値のギャップ

　商業経済の社会には，すべてのものに価値がある。生産者がその価値を欲しがる消費者に価格として代金の支払いを求める。しかし，同じものに対しても立場が違えば価値への認知が違う。そこで，生産者側が意識する価値と消費

者側が認知する価値の間にギャップが生まれる。つまり，買い物行動には，商品代金の支払いに係わる金銭的・価値的ギャップが存在する。売り手と買い手の価値に対する認識の不一致は次のようなことに要因がある。

　生産者側は，主として製品の生産や加工，製造に投入した原材料や人件費などのコストを製品価値の根拠にするが，消費者側は，購入しようとする商品が自分の日常生活や自分なりの消費需要に使い道（効用あるいは有用性）があるかどうかという使用価値を中心に価値を判断する。商業者が生産と消費との間に介在し，ある製品または商品に係わる消費側の需要と生産側の供給実態を根拠に市場価格の形成や産地や消費地に係わる情報などのコミュニケーションを通じてこのギャップを埋めることに働きかける。もちろん，前述した需要と供給のバランスも価格形成の一大要因である。

　④　情報・知覚的ギャップ

　一方，商品の情報に関して知りたい消費者と知らせたい生産者との間にもギャップが存在する。情報化社会の進展でインターネットはすでに我々の日常生活に浸透しているとは言え，個々の消費者としては知りたい情報をすべて手に入れることには限らない。いわゆる情報のアンバランス（情報の不対称）はしばしば生じてくる。また，消費者の立場から知りたいが生産者から見ればさほど重要ではない情報，または公開したがらない情報など，いわゆる生産者と消費者間の情報についての行き違いや情報の格差も少なくはない。多くの場合，こうしたギャップを埋められるには，消費者は買い物先のスーパーやコンビニなどの小売店で知りたい情報または知ってよかった情報の入手ができる。

　⑤　品揃えのギャップ

　現実では，世の中にある製品や商品はとてつもない多い上，他社との差別化や自社の個性化，さらに消費者の新たな需要に応えようとしても，日々新製品の開発や市場投入など，すべての製品や商品の数は恐らく数え切ることができない。しかし世の中の企業のいずれには，自社の製品あるいは自店の取扱商品，提供するサービスの手持ちには限界がある。そこで，特定の企業の品揃えに関して，生産者と消費者の間，または商業者と消費者の間に需給上の都合で

ギャップが生まれてしまう。

つまり，商業者の提供できる商品と消費者が求めたい商品とはしばしば違うのが市場の常識かも知れない。それだけに売り手と買い手の間にギャップがある。そこで，商業者は消費者の要望に応えられるよう取扱商品の品揃えの調整や特定の需要に応えるために特化する。例えば，洋服屋や電気屋のような専門店を開業するか（業種），商品販売の形態の違う百貨店か総合スーパー，または取扱商品の幅の調整などで食品スーパーかコンビニを開業するか（業態）という異なる商業形態によって品揃えのギャップを埋めることができる。もちろん，自社や自店の経営資源や企業の能力に制限があるが，共通して経済循環の完成に貢献させることに機能している（第6章3節）。

(2) 産地と消費地のつながり

以上のように，生産と消費の間に5つのギャップが存在していることに対して，それらを埋めるのは経済社会における広義の商業の存立根拠になる（理論的な解釈第3章で分析する）。言うまでもなく，現代社会の一層の進化，農村部の都市化の進展などによって，農産物であれ，工業製品であれ，生産地と消費地の間の隔たりはますます拡大して行くことには果てしないと言える。今日では，生産と消費が直結するようなサプライチェーン（SCM 供給連鎖管理，第4章4節）においては，経済における広義の商業のかけ橋的な役割がさらに重要視される。

広義の商業による産地と消費地とのつながりの機能と言えば，前述の5つのギャップを埋めるのに当たって，下記の五大機能がある。

① 商的流通の機能

前述のように，商業者は消費者の買い物代行である性質から生産と消費の間に介在し，生産者から製品を購入して消費者に再販売する。このような交換や取引は商取引あるいは商的流通と言う。これは，所有権のギャップまたは商品の価値的ギャップを埋めるための商業の最大な機能でもある。

② 物的流通の機能

所有権が移転された製品や商品は消費地に輸送して消費者の手元に届けられるのは，不動産などの特殊のものを除いたら，製品や商品には必要である。こうした距離的または空間的な移動は産地での集荷や消費地での分荷，産地から消費地への輸送，そして，商品の一時保管なども含まれる。これは，時間的・空間的ギャップを埋めるための広義の商業の重要な機能である。

③ 情報流通の機能

情報化社会の進展によって，ユビキタス社会という情報ネットワーク環境が整備され（第9章2節），一般消費者は常に自由に情報の受発信や多くの人々の間の情報共有ができる状況にある。とは言え，前述のように，消費者には知りたい情報は決してすべて入手できず，生産者にとっても製品の品質や消費に関する消費者の反応は決してたやすく収集することはできない。こうした生産者と消費者の間に多様に存在する知覚的・情報的なギャップを埋めることができるのは，やはりそれぞれ生産者と消費者と直接取引関係を持つ卸売業や小売業などの商業者である。

④ 付随活動の機能

生産者から商業者までの製品の移動は一般に大口（大量に）で行われるため，貯蔵や運搬のコストを考えると，小売販売用の形態のままだと非効率的だと思われる。しかし，最終消費者に商品をスムーズに移動させるには，輸送や貯蔵時の商品保護，陳列や販売時の消費者購入の利便性や使い勝手などが商品が売れるかどうかの1つのキーポイントである。このために，卸売段階での大口輸送や大量貯蔵に適した商品梱包は，小売段階での再販売に適する商品の小分けや小売用包装，再度の検品や値札付けなどの流通加工機能が求められる。

それらの機能は当然のように広義の商業者に担ってもらうしかない。

⑤ 補助活動の機能

生産と消費の分離は日増しに高度化されている今日では，生産地と消費地の距離はグローバル的に離れることも珍しくはない。国内の長距離移動はもとより，国際貿易などでの国境越えの商品移動においては，輸送中の貨物の減失や

損害の可能性，様々な原因によって想像以上に輸送の時間がかかり，売り出しタイミングがずれたり，過ぎたりすることも十分に考えられる（第7章1節）。一方，消費者が大型商品や高価商品を購入しやすいため，特に小売業での販売促進的働きとしては分割払いやクレジット支払いなどの消費信用，または，昨今，普及されつつある電子マネーを中心とするキャッシュレス決済も日常に求められる。こうして，商品の保険や代金の支払いに係わる消費信用も商業者の重要な補助活動機能である。

2）生活的機能

ところが，商業者は決して自分が好き勝手に商品を選んで仕入れ，それらをむやみに消費者に再販売すればよいことはできない。前述のような消費者の買い物代行に過ぎない商業者のコンセプトからでは，消費者の需要や要望あるいはニーズやウォンツを根拠に商品の仕入れや一時保管，販売を行わなければならない。つまり，消費者の日常生活を十分に理解して消費者の代わりに品揃えを行うのは商業者の根本的な社会的機能である。

（1）消費者の物的充足・拡大・向上

広義の商業は，繰り返しになるが自らは生産もせず消費もせぬ産業ではあるが，それでも社会に幅広く存立できるのは社会的に生産と消費の分離拡大によって生まれてきた多くのデメリットでもあるギャップの存在とその解消が必要だからである。生産と消費の間に介在する商業者は単なる生産者の経営コストを削減させるなどに機能するのに止まらず，生産と消費のギャップを解消できるのも存立の依拠である。また，消費者の購買代行（買い物代行）という役割から我々の日常生活に大きなプラスの役割も果たし，最終に経済循環を完成させるのにその存在が必要である。理論的説明は第3章2節に譲るが，ここでは，消費者に対する生活向上への機能を見てみたい。

人間の欲望は果てしないと言っても過言ではない。一人の消費者にとっては，自分の収入増加による生活ゆとりの拡大に伴ってこれまでよりも新たな欲

望が生まれてくるのが一般的である。戦後経済の高度成長に伴って国民の経済的収入増大につれて，国内各地の名産品などに対する消費欲求が次第に生まれ拡大するのにとどまらず，海外にある世界的有名なブランド品や高価商品に対する消費欲求も次々と現れてくる。国民所得の急拡大を背景に，バブル経済最盛期では，欧米ブランド品を求めてヨーロッパへの日本人の買い物ツアー，2015年流行語大賞ともなった来日中国観光客の「爆買い」，そして今進行中なのは，いわゆる「悪い円安」とポストコロナにらみの入国規制緩和による来日外国人の爆買いなどはその典型例として挙げられる。現在では，国内消費者のニーズやウォンツを満たせるために，欧米ブランド品の並行輸入や個人輸入代行なども日増しに拡大している（第7章2節）。

　言うまでもなく，日々増してくるこれらの物的商品やサービス対する消費者のニーズやウォンツを満足できるのは，広義の商業者ほかにないのであろう。

（2）日常生活コストの軽減

　消費者の日常生活においては，物質的充足，豊かさの拡大，生活レベルの向上などに貢献してきた広義の商業は個々の消費者の日常生活に欠かせない商品やサービスを提供しながらも自らに利益をもたらすことは当然である。商業者の儲けた利益は消費者の買い物コストの増加につながるのではないかと思われるが，国内の遠隔地からさらに海外から商品を取りそろえて我々に提供することは消費生活の改善に働いている。また，これにとどまらず，それらの商品を入手するための消費者の手間とコストの節約にも役立っている。さらに，前述の市場メカニズムによって，自由競争の市場経済においては，儲かるビジネスには新規創業者や他分野からの参入者が増える。それゆえに，同業者間の市場競争が生まれ，市場参加者の間には，自社の既存顧客を維持し，新規顧客を獲得するためにも，新商品の開発や新価値の提供などはもとより，企業の経営管理に合理化策を取入れ，コストの削減による企業努力が進んで推し進められる。結果的に市場価格が合理的レベルに安定することにつながり，消費者の生活コストが軽減されることになる。

一昔は東京のような大都会の消費者には，世界各地の物産の購入ができ，各国の料理を楽しめ，世界中の文化に接することができるなどと言われる。今日では，一人の消費者はどこに居住しても，国内の遠隔地から，世界各地からの物産を手に入れることができる。また，多種多様な異色的・他国や他文化との交流もできるのが個々の商業者の事業活動の結果でもある。インターネットの日常化による高度情報化社会では，国内各地方都市や過疎地域に生活している人々，さらには大都会の生活に疲れて地方移住する人々さえ世界各地の物産を手にすることができる。一方で，世界各地に居住する人々もネットビジネスを通じて日本の物産を享受することができるようになっている。こうした経済グローバル化の流れの中で，広義の商業の生活的役割はさらに拡大して行くと期待される。

4　現代商業の構造

　ここまで説明してきたように，社会の経済循環における生産と消費の分離は社会全体の経済規模が今日のように拡大してきた源である。分業による一部分の人々の物作りの特化は今日のような多業種・多産業の製造業の形成につながる。また，生産特化により社会的生産性が向上し，人々の日常生活における物質的な選択肢が大幅に増えてきた。そして，経済拡大による人々の収入増加が消費需要の拡大をもたらした。

　また，社会的分業は科学技術の進歩や人類文明の進化，社会制度の近代化の原動力でもあった反面，これらの社会的進歩や進展によって元々一体化していた人々の生産活動と日常生活の間には多くのギャップ（隔たり）が生まれ，人々の生活に不便をももたらした。多様な社会的ギャップを埋めるには生産部門とは別に生産と消費のかけ橋的な社会的構造が自然に求められ，それが商業発生の根本的な要因である。

　広義の商業はまさにこのような社会的要望に応えるべく誕生したものである。商業は生産も消費も目的とはしないが，人々の生活に存在する不便や不満

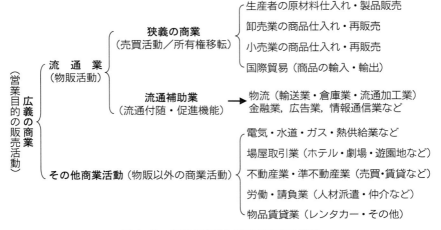

図1-7　広義の商業と狭義の商業の構造

を解消するために，生産と消費をつなげることに働きかけている。このような社会的な大役を果たせる商業は狭義的には，人々のあらゆる要望に応えることに機能している。取引と言われる買い物に止まらず，買ったものの運びや一時保管・貯蔵，買い物代金の決済や支払い方法の多様化，商品リスク軽減のための保険など，広義の商業の社会的機能は枚挙しきれないほどある。

　こうした広義の商業が果たしている大切な社会的役割または機能を理解するに当たって，本章の最後に，図1-7をもって広義の商業のマクロ的な全体構造を整理して表している。

第1章を読んでから考えてみること

1. 商業者（卸売業・小売業）がなければ，我々の日常生活はどうなるのかを意識しながら，流通業を含む広義の商業の社会的存在価値を考えてみよう。
2. 貨幣の流通に係わる諸活動は商業とは別に金融業として社会的に認知されているが，それは商業から派生してきたものだという考え方について，論じてみよう。
3. 商業も流通業者も生産せず消費もしないので，製品あるいは商品に付加価値を加

えると言われるが，究極的に言えばそういうものは要らなくても生活できるんじゃないかという考え方もあり得る。それについて，経済循環の全体における商業および流通業の役割を考えてみよう。

> **ミニコラム**　「士農工商」の今昔
>
> 　江戸時代までに続いていた封建的な身分制度とされる「士農工商」という「四民」の階級順序は昔から言われてきた。ところが，1990年代には，それは身分階級ではなく，江戸時代までの社会的職分（人々が就く様々な仕事の社会的違い）に過ぎないとの検証結果が出た。にもかかわらず，社会的には，「士農工商」という言い方は部落差別に連想されるため，放送禁止用語とまでされている。商人のイメージの低さは日本だけではなく，世界中の国々にも昔から共通的で，商売を職業とする人々は社会的に見下されるようである。思い出させるのは，かつて，再婚しようとしたダイアナ元妃の相手はイギリスの大富豪の御曹司なのに，商人（最大な百貨店オーナー）の子息だったから，イメージダウンの指摘から皇室離脱まで迫られていた。
>
> 　ところが近年，日本では，わざわざ脱サラをして個人事業主として創業する人々が後を絶たない。会社の都合で早期退職募集に応じる形だった人もある一方で，自ら社会的にも名の知られている会社を辞め，カッコよく，安定な仕事を投げ出すまで中年で自立し創業して夢を追いかけ，夢を実現したい人々も居る。
>
> 　こうした出来事は広義の商業にはよくみられることである。昔から，今の仕事はうまく行かなかったら商売でもやろうかという言い伝えがある一方で，「士農工商」のように見下されるかも知れない商売に残りの人生をかけることから，いかに国民の生活に密接して，いかに社会的な需要が高いというのを理解できるだろう。
>
> 　脱サラの人々の心理を考えてみると，自営業とは言え，思う存分に自由に仕事ができるし，経済的にもサラリーマン時代より豊かになれるかも知れないというような魅力もあるのだからやりがいが大きい，と言っても過言ではないだろうか。

第2章
マーケティングとマーチャンダイジング

　現代企業の経営には，マーケティング手法の取入れは常識になっており，広義の商業にも例外がない。マーケティングの発生については，諸説もあるが，一般に，18世紀末のアメリカにおいて，西海岸に向かった国土拡張する西漸運動（「フロンティア」[frontier]とも言う）が西海岸（太平洋東沿岸）に到達したと同時に終結し，アメリカの国内市場がそれ以上広げることができなくなったのが大きな契機だと思われる。一方，20世紀初頭，アメリカにおける産業近代化進展の結果は大量生産体制ができあがったため，大量に生産された製品の大量販売と大量流通が市場に求めていたことも大きな要因であった。このように，マーケティングの初期段階では，主に商業や流通構造の効率化が中心的テーマであった。

　西漸運動（西へ徐々に国土の推進）による国土の拡張が大量生産体制を形成したアメリカ企業の市場開拓や事業拡大に恰好の土台を築いてくれたが，西漸運動の終結が一気に市場の飽和という結果をもたらした。それ以上の市場拡大が見込めないと気付いたアメリカ企業の間では，自社の規模拡大を維持するため市場シェアの争奪が始まった。そこで，戦略的に競争を制するための手段として，マーケティングの手法が開発されていた。今日では，企業の市場戦略と言えば，メーカーでは，製品の企画段階から消費需要や消費意識，市場の潜在的規模などに関するリサーチで収集したデータを根拠に戦略的に企画立案して，実施統制するという4P中心のマーケティングである。商業企業の場合は，消費者の購買代行を念頭に消費者のニーズとウォンツに基づき商品の品揃えを中心とするマーチャンダイジングが活用される。

1 マーケティング（marketing）

　発生当初から今日までのマーケティング進展の流れは図2-1で示すことができる。19世紀末葉から20世紀初頭にかけて，初期のマーケティングの着眼と言えば，今日の広義の商業者もよく活用するマーケティング戦略で，有効な広告宣伝や流通経路の整備を中心とした販売活動強化による大量生産された製品をいかに迅速に売り捌くことであった。しかし，第二次世界大戦前までになると，製造業の大量生産体制の確立により生産中心のマーケティングをもとに市場はメーカー主導となった。戦後では，大規模の小売業が世界的に支社や支店を開設して，徐々に商業主導の市場環境に移り，その後，買い手市場が不動の地位が定着され，次第に消費者中心へと企業経営の戦略的大転換が行われていた。もちろん，今日では，図に示されたように，メーカーから広義の商業までの経営戦略は，日本にのみならず世界的にも，環境配慮のコンセプトに基づいていかなければならない時代に突入している。

1）マーケティングの定義

　マーケティングは，本来，競争が激しくなってきた市場において，あらゆる

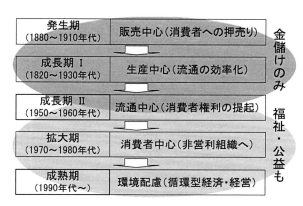

図2-1　マーケティングの流れ

手法を駆使して競争相手に勝ち取り，市場における自社シェアを拡大し，自社の市場優位を獲得し他社を排除し独占しようとする手法である。こうした企業のビジネス実務で生まれたコスト削減や効率高めに役立った企業の金儲けの方法論は，今や，行政組織や教育機関，医療機関や福祉団体，そしてその他の非営利組織にまでも活用されることになっている。

　理論研究分野を見ると，現在は世界各国の高等教育機構にもマーケティングの研究が行われ，講義やゼミナールなどの専門的な教育や研究が実施されている。また，マーケティングコンセプトの誕生・展開と同様に，世界初のマーケティングの大学講義を取り入れたのもアメリカである。それは，1905 年に開講したペンシルベニア大学の「ザ・マーケティング・オブ・プロダクト」(The Marketing of Product）であった。

　今日では，ビジネスの実際においては，各国の大企業をはじめ自社の経営戦略に市場競争のために開発されたマーケティング手法を企業戦略の中心に据え置いて企画立案し実施統制している。一方で，学問的には，世界中にわたって，大勢のマーケティング研究学者が理論的研究成果を出し合いながら，ビジネススクールにおいては，企業の実例研究を中心に調査・分析の手法としてビジネスの実践に積極的に関与している。

　マーケティングの定義に関しては，学問的な研究とは言え，経済成長や市場環境の変化，ビジネス現場での必要，そして消費者意識や消費者行動など時代の進展に伴って変わりつつあることに影響される。また，個々の研究者は各自の研究成果に基づき，独自の視点や主張が様々あるため，ここでの定義論展開は割愛する。次では，日米の両国に止まらず世界的にも学会やビジネス実務により影響力のあることから，アメリカマーケティング協会（AMA）の定義（図2-2）と日本商業学会（JSMD）の定義（図2-3）を見てみる。

　AMA は 1935 年に，世界初とも言うべく最初にマーケティング定義を公表した。その後，時代の変化を追って定義の修訂を重ねてきて，その最新版の定義は 2007 年の五度目の改定である（図2-2）。注目しなければならないのは，AMA の定義では，マーケティングの主体が従来の営利企業より適用範囲を大

> Marketing is the activity, set of institutions, and processes for creating, communicating, delivering, and exchanging offerings that have value for customers, clients, partners, and society at large.
> 和訳：
> 　マーケティングとは，顧客，依頼人，パートナー，及び社会全体にとって価値のある提供物を創出・交流・配達そして交換するための活動であり，一連の制度，そしてプロセスである。

図2-2　AMAの最新マーケティング定義

> 　マーケティングとは，企業および他の組織[1]がグローバルな視野[2]に立ち，顧客[3]との相互理解を得ながら，公正な競争を通じて行う市場創造のための総合的活動[4]である。
> 注：
> 　1) 教育，医療，行政（政府・地方自治体）などの機関，団体を含む。
> 　2) 国内外の社会，文化，自然環境を尊重する視点。
> 　3) 一般生活者，取引先，関係する機関・個人，および地域住民を含む。
> 　4) 組織の内外に向けて統合・調整されたリサーチ，製品，価格，プローモーション，および顧客・環境関係などに関する諸活動をいう。

図2-3　JSMDのマーケティング定義

きく拡大したが，マーケティングの対象は従来の商品（財）・サービス・アイディアなど（1960；1985年定義，内容紹介は省略）の製品または商品などの物財や事柄などの明記を避け，「一連の活動」「制度」や「プロセス」と曖昧に表現して，ハード的（側面）にもソフト的（側面）にもマーケティングの適用ができるのをイメージさせようとする。それは，偶然的かもしれないが1990年に公表されたJSMD定義の発想と共通したところである。

　JSMDはマーケティングについて，1990年に，これまでたった1回の定義を制定し公表したことがある（図2-3）。しかし，定義の内容，そして定義本文に対する4つの注釈を見てみると，構造的には決してAMAの最新定義に

も遜色することなく，今日の経済のサービス化や情報化社会の高度進展，そしてグローバリゼーションの普及など経済・社会情勢変化にも対応できると考えられる。

2）マーケティングミックス

　マーケティングは戦略的に企画立案してビジネス実践において実施されるには，多くの構成要素が必要である。企業自身が所有する経営資源や市場環境との係わりなど，多くの要素を要約して，最初に4Pとして集約しマーケティングミックス（Marketing mix）と名付けたのは1960年当時，アメリカミシガン州立大学教授だったエドモンド・J・マッカシー（Edmund Jerome McCarthy）である。マーケティングとは，最小限のコストを駆使して最大限の利益やメリットを獲得しようとする方法論でもあるように，今日では，JSMDの定義の注釈にも指摘されたように，利益を目指す企業のみならず，教育・医療・行政など非営利組織にも，その他の多くの分野にもマーケティングの手法が導入されるほど，4Pコンセプトの適用が拡張されている。

　因みに，今日では，意欲のある1人の個人でさえ自らの人生をデザインして，そして人生の理想やゆめ，またはそれぞれの成長段階に達成したい目標に向けてマーケティング手法を活用して最終的に到達することもできる。また，日常生活でも，1人の個人が日頃複数の小売店を使い分けして買い物することや，飲食店にいくのも利用目的や同行するのは家族か親戚，同僚かビジネスの相手かによって使い分けすることも自分の生活資源を合理化にするためのマーケティング手法と言える。

　ところが，マッカシーの4Pミックスには，AMAの最新定義からも読み取れるように，アイデアや発明などの知的財産権，また，サービスのような外形や全体像がつかめられず見えにくい製品や商品には適用しにくいという問題点もある。とくに，サービスマーケティングのような分野では，従来の4Pのほかに，さらに3P（participants 接客要員や顧客のようなサービスの生産と消費への参加者，physical evidence 物的環境および process of service assembly サービス構成のプ

第2章　マーケティングとマーチャンダイジング　◎── 35

ロセス）を加え7Pまでに構成要素が必要という主張もある。本書は，主に物販業である広義の商業を議論するので，図2-4のようなマーケティングミックスの4Pを取入れる。

　マーケティングは，モノの生産や販売に携わる企業にとっては，自社独自の戦略を企画立案して実施するに当たって，上記の4Pのどれかが最も大切，あるいはそれら要素の重要さの順番はどうなっているかという発想にしてはならない。個別企業は各自の経営資源（ヒト・カネ・モノ・情報など）を有するため，また各社の具体的な事業領域も経営目標，さらに経営環境もそれぞれ異なるため，その企業の実態に合わせて，自社特有の経営資源を持って，自社の経営環境に適応しながら自社独自の戦略的なマーケティングミックスを構成するのができる。もちろん，製品や商品の品質に係る評価それと製品や商品供給の安定性はその他の3つの要素を支えるが，個々の消費者の好き嫌いや価値判断，そして購買行動の傾向や市場流行などによっては，消費嗜好や訴求，商品特性への注目や狙いも決して共通することはあり得ない。

　例えば，自動車や家電製品などの専門品（第3章第3節）あるいは耐久消費財の場合は，消費者は主として長持ちや壊れにくいなどの特性に注目するため，企業は特に製品の品質保証と販売促進（消費者への説明や説得）に経営資源の配分を優先にする。食品や日常用品などの最寄り品あるいは非耐久消費財の

Product（製品）
　製品の品質・機能・形状・原材料・加工方法・産地・生産者・ブランドなど。
Price（価格）
　製品の価値・用途・社会的評価・製品特有の評価などを含む。
Place（販売経路）（チャネル［channel］とも言う）
　製品流通の経路。卸売・小売（百貨店・スーパー・コンビニ・DS・DIY・SC）など。
Promotion（販売促進）（コミュニケーション［communication］とも言う）
　製品販売の具体手法。人的販売・広告・パブリシティ・消費者との相互作用など。

図2-4　マーケティングミックス（4P）

場合は，消費者は製品価格の手頃感や店舗へのアクセスなどの入手の便利さに注目しやすいため，適切な価格設定と販売経路の簡素化，また店舗へのアクセスの利便性の改善に関して経営資源の集中的配分が大事である。

マーケティングミックスは基本的に個々の企業の経営戦略における経営資源の合理的な組合せなので，個別企業によっては他社と全く異なる構成であっても問題ではなく，むしろそれが差別化として考えられる。

マーケティングミックスは次の４Pで要約することができる。

（１）製品 (product)

製品は売買や取引の主体で，製造業のような物作り産業や商業のような物販業の取引成立の根拠でもある。やや混乱されやすいのは，同じものであっても，企業の立場が変われば呼び名が変わるということである。流通構造においては，生産者や製造者の立場で製品と呼ぶものは，商業者の立場になると，商売の主体であるため，商品といい，売り手の立場だと売る目的の「商材」とも言う。

製品または商品にも構成要素があり，製品の品質はもとより，原材料や加工方法，産地や生産者，それにブランドやアフターサービスなども商品の内容に含まれる。買い手市場が定着した今日では，主として注目される要素も消費者の判断で決められる傾向が強い。ものの品質や材質にこだわる人もいれば，生産者やブランド意識の強い人もいる。いずれの製品や商品でも人々の好き嫌いまたは市場での人気度によって売行きが決まる側面が強いため，あらゆる製品や商品は特徴的または独特の性質（使い道）が注目されるならば，それを認めてくれる消費者の好みによって購入され消費される。

また，戦略的に考えると，製品ミックスという具体的な製品の戦略的な組合せがある。それは基本的に製品の幅，奥行きと一貫性である。製品の幅とは，製品のラインアップあるいは商品群と言われるようにいくつかの製品系列つまり個々の製品の品種や種類の集約である。企業の規模が大きければ大きいほど製品の幅が広くなる。製品の奥行きとは，それぞれの種類の商品に含まれる具

体的な品目である。例えば，自動車メーカーの場合は，バスやセダーンなどは品種であり，大型バスやマイクロバス，そして普通車や軽自動車などは品目である。品目には，さらに型番やデザイン，色彩などの細分もある。また，製品の一貫性とは，製品群の用途（使い道），生産条件，販売経路などと密接しているバスやセダーンなどの製品の関連性の度合いをいうものである。

　個別企業は自社が提供する製品の組み合わせに関わる独自の意思決定は一般に製品政策と呼ばれ，商業企業の場合は商品政策とも言い，後述のマーチャンダイジングになる。

（2）価格 (price)

　価格は，消費者が製品や商品を購入する時に支払う金銭的対価ではあるが，その裏付けになるのは製品自体の価値である。価値はまた使用価値と交換価値に分けることができる。使用価値はモノの使い道や有用性で，人々の欲求に満たすことができる。交換価値は他の商品と交換できる数量的に量るもので，値打ちと一般的に思われる。しかし，交換価値は需要と供給の関係や市場の相場，生産者やブランドなどの社会的評判などと関わりがあり，使用価値は消費者個人の好き嫌いや使い勝手などによる価値判断で決めるものである。

　今日のような買い手優位の市場では，消費者の感覚で価格が高いか安いかが決められる。生産者側はいくら高価の材料が使用されたから，時間を掛けて手を込んで作ったからと言っても，消費者側では，自分に使い道が見当たらなければ，買う気にならないというのは現実である。したがって，売れるものは決して安いからでもなければ，売れないものは決して高いからでもない。

　価格にも戦略的な価格ミックスという考え方がある。これは，価格の設定と調整で，図2−5に示されたように多くの選択肢がある。新製品の場合，高収入階層をターゲットとする上澄み価格設定とも言われる高価格の戦略的設定ではあるが，その後，生産性向上や製造数量の増大，製品の販路拡大や販売の量の増加などにより徐々に価格を低下させる方法もある。もちろん，世界的なブランド品の場合は，高価格帯を維持させるために製造・販売の数量を一定に維

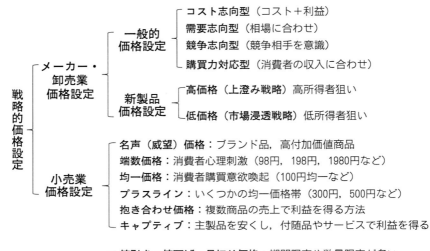

図2-5　価格ミックスの選択肢

持してむやみに拡大しない方法もある。一方，低所得層を狙う市場シェアを中心とするのは市場浸透価格設定とも言われる。メーカーでは，大量生産を背景に生産性の向上や生産コストの削減などを通じて市場需要に人気ある製品を大量に生産して市場に投入すること，また，商業者の場合は，売れ行きのよい商品を大量に仕入れしてまた大量に再販売することが多い。いわゆる「薄利多売」的な低価格戦略である。

　価格とは，決して生産者あるいは商業者が勝手に製品または商品の売価を決めることではなく，それは，製品または商品の本来の価値や品質，市場におけるイメージや人気度，流行やブームの有無，売れ行きなどに合わせて決められる。また，製品の開発や発売のタイミングに合わせて戦略的に価格を設定する方法もあれば，既存商品の販売状況や競合他社の経営実態，とくに小売業の場合は，市場の変化や消費需要の動向に即して戦術的に販売価格を調整することも大切なのである。

（3）販売経路（placeまたはchannel）

　消費者は日常生活においては，小売店に行き買い物をするため，特に買ったものを作った生産者がどこにあるかには気にすることは多くない。消費者は買い物に行く際，まず気にするのは，自宅または現在の居場所から行きたい店舗までのアクセスルートや利便さである。対して，生産者は自社の製品をどこで売ればより多くより効率的にターゲットとする消費者の手に届けられるかが真剣に考える。これはいわゆるメーカーによる流通経路の選択である（図2-6）。一方，

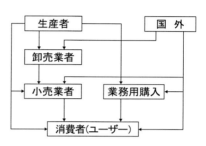

図2-6　流通経路の社会的構造

商業者である小売業者の立場では，店頭で商品を販売するため，消費者来店の利便さは商品の売れ行きに大きく影響を与えるのが小売店舗の立地（place）である。もちろん，今日では，ネットビジネスの手法も同時に取り入れて商品販売することも多くなっているが，なかなか立地産業から脱出できぬ小売業には実店舗としての対面販売を最優先にするのが主流である。

　製品や商品がどこで売れば，速くかつ多く売れるかという販売経路の選択に関しては，メーカーであれば，卸売や小売業を経由する流通経路の選別である。卸売業の場合は，消費者の人気のある小売店を優先に選択し，小売業者では，消費者来店の利便さが最優先に考える。一方，消費者は各自の都合に合わせて，百貨店やスーパー，コンビニやディスカウントストア（DS）などに関わらず，小売業の使い分けをするのが当然である。さらに，後述のように，情報化社会が高度に進展している今日では，小売店頭に出かけなくても，ウインドウショッピングをしなくても，第9章1節で検討されるようにネットワークに接続して，ネットショッピング業者を通じて，時間を気にせず場所を考えずに手軽に買い物ができることもあり得る。

　今日では，販売経路は多様に存在し，また経済のサービス化や社会の情報化なども日進月歩に進んでおり，さらに多くの販売経路が新たに開発される。こ

のために，販売経路にもミックス（組合せ）がある。図2-6にもあるように，世の中に多くの流通経路の選択肢があり，メーカーがそれぞれの流通業者を自社に都合よく組み合わせるかどうか，また，自社の経営目的達成に有利であるかどうかによって決められる。このような意思決定はマーケティングのチャンネル政策と言う。

　ところが，一口で販売経路とは言っても，卸売業（第5章）にも小売業（第6章）にも多種多様があるので，流通チャネルの選択は製品の売れ行きひいては企業の営利目標達成に直接影響を与える。但し，どれかの1つの経路に集中してものを販売するのが決して賢い選択ではないと言わざるを得ない。今の時代では，メーカーも商業者もオムニチャネル的な考え方（第9章4節）が必要である。何故ならば，日常生活には，消費者はごく普通に多くの流通経路の選択ができ，多種多様な購入方法を駆使して自分の都合や自己へのメリット最大化のもとに買い物行動をしているからである。

（4）販売促進（sales promotion）

　モノの質が良く，消費者が手軽に買える価格が決められても，消費者が小売店頭に来店しなければ物が売れない。しかし，生産者としては作った製品をできるだけ早めに売り切り，回収した代金の大部分を次の生産に投入し，資金の回転率を高めようとする。卸売業も小売業も仕入れた商品を再販売するのがビジネスの基本なので，仕入れた商品を素早く販売して次の商品仕入れに資金を回したい。このために，生産者も商業者も製品や商品の販売促進に余念がない。しかし，販売促進とは言え，製品を製造するメーカー，商品を取り扱う卸売業，小売業ごとに方法は異なる。その選択肢は図2-7のように多くあるからである。

　① 広　告

　販売促進手法に最も知られているのはおそらく広告である。広告には，自社製品の良さなどを突出して宣伝する生産者（メーカー）広告もあれば，品揃えの豊富さや価格の安さなど企業や店舗の良さを主張して宣伝する商業者広告も

第2章 マーケティングとマーチャンダイジング ◎── 41

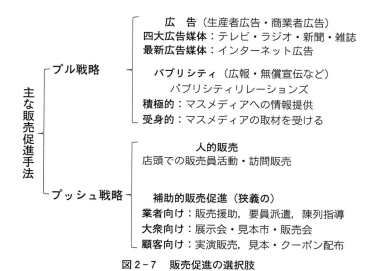

図2-7 販売促進の選択肢

ある。近年では，一部分の部品や半製品メーカーが自社製品は社会的に知名度の高い企業の製品，または社会的に普及されている製品に使用されているような広告も増えてきている。その狙いは情報ネットワーク化社会への自社製品の寄与度や環境保護などの分野での自社の貢献度を宣伝して企業イメージを高めようとするほか，自社の他の製品の販売に役立つことである。

　広告は文字通り，広くづけることで，できるだけ多くの人に特定の製品や商品に関する情報を提供し，企業の存在や社会的イメージの向上，さらに，製品の質の良さや商品の価格の手頃感などを知らせる目的として，まだ自社の顧客でない一般消費者のすべてにそれらの情報を知ってもらうため，新聞・雑誌・テレビ・ラジオなど代表的なマスメディアを利用することが多い。広告を利用する際に，重要な項目は図2-8に示される。しかし近年では，情報ネットワークの普及と情報技術のさらなる高度化を背景に，インターネット広告の急増は，今後広告業界にも大きな構造転換が起こるのが期待されるが，販売促進は広告だけではない。

　商業企業の販売促進には広告の進化版とも思われるような手法もある。それ

広告媒体	印刷物（新聞・雑誌・チラシ・DM），電波（ラジオ・テレビ・インターネット），屋外
選択基準	ターゲット顧客，メッセージの信憑性，媒体到達範囲・距離，広告コストなど
露出度	メッセージの反復率（放映・放送回数），注目度，メッセージの情報量，認知度など
効果測定	売上高効果測定（質問法・費用と販売高の時間的比較）法，利益率測定法など
測定方法	広告の露出度，イメージ，一般大衆の知名度，顧客認知度，関心度合いなど

図2-8　広告利用の重要項目

は，近年ますます多く見られるテレビやラジオなどの電波メディアを使い商品販売特別番組（通販番組）である。その狙いは，主婦の視聴率が高い時間帯や正規や非正規会社員が帰宅した後の深夜時間帯において効率的に商品の広告をしながら販売することである。しばしばその時間帯を貸し切ってまで，社会的注目されるトレンド的な単独商品または複数の商品を従来の実演販売と思わせるようにテレビやラジオなどの電波手段によるリアルタイムでの商品の集中販売を行う。

　本来，広告とは図2-7のような「プル戦略」のように，製造業や商業が製品や商品の情報を広く提供してからその情報に反応した消費者にその商品を求め小売店に出向いて購入すること（指名買い）が狙いである。通販番組は，電波手段を活用しながらリアルタイムでの電話による注文が短時間に商品の大量販売が可能になる。こうした通販番組は，従来意味での広告というよりも実演販売という補助的な販売促進手段に近い。さらには近年，電波よりもコストの安いインターネット中継型の実演販売も次第に拡大してきている。

　②　人的販売

　商売または取引は人と人の間に行われる金銭的やり取りを絡む経済的活動であるため，前章で紹介した原始的な物々交換の商業が発生してから今日まで続けてきた最も馴染みな販売促進手法と言えば，それは人的販売である。物々交

換の時代や行商が主流だった時代では，売る人と買う人の対面的駆け引きが商売成立の大前提である。今日になっても，小売店頭での店員による人的販売が相変わらず小売業の重要な販売促進手段である。また，広告の良い効果も親切な店員による店頭の人的販売に支えられなければ，実際の売上につながることはあり得ない。したがって，人的販売は商業者の欠けてはならない販売促進活動である。

③　パブリシティ

一方，多額の経費がなければ利用できない広告に対して，企業や製品に対する新聞や雑誌の取材による新製品動向や商品の市場トレンドや売れ行きに係る報道や記事，テレビやラジオのニュース番組や特別報道番組などによる個別企業や個別製品・商品などの紹介は，潜在的にも顕在的にも広告などの販売促進手法に負けない宣伝効果がある。このような企業や製品・商品の効果的な宣伝はパブリシティと言う。パブリシティは広告のように多額の経費を掛けずに企業や製品・商品の宣伝ができることと第三者による企業や製品・商品の紹介であることから，より客観的と思われ信憑性が高いというメリットがある。ところが，第三者であるマスメディアが自己都合や自分の価値判断で物を言うため，取り上げられた企業や製品にとっては不利な情報や消費者への誤解をもたらすなどの情報発信を阻止することができないというデメリットもある。

④　補助的な販売促進

そのほかに，複数企業の出展による各種の展示会や見本市，個別企業が単独主催する販売会や即売会，商品の使用や注意事項の説明などの消費者教育的なイベントも販売促進の重要な補助的手法である。また，個別商品やシリーズ商品の実演販売，商品の試飲・試食や無料試用品の配布，それに，割引券やクーポン券などの配布も販売促進に必要不可欠な手法である。さらに近年，モニターを募集して製品や商品を試用してもらい，その実体験を企業に報告させ，ネット上に公開するような販売促進も次第に増えてきている。

3) マーケティング戦略

　前述したように，企業のマーケティングは戦略的に立案することが大事なのである。市場経済の自由競争原則のもとで，市場そのものはマクロ的に無計画なため，個別企業の生産・販売には計画的に行うことが必要である。そして，自社の経営目標を達成するには，自社の製品やサービスを購入し利用する一部分の顧客を標的とするターゲットを設定するのが必須である。当然なことで，ターゲット（標的）の設定の裏付けと言えば，市場調査あるいはリサーチである。

　市場に係わるあらゆるデータの収集や緻密的かつ合理的な分析，市場の潜在規模予測などの手法が確実な生産・販売計画に必要なのである。マーケティング戦略の立案から実施までのサイクルは図2-9で表すことができる。もちろん，実施段階に入ると同時にその実効性や実際の効果や成果をリアルタイムでコントロールしなければならない。なぜならば，いくら周到に考案され立案した企画や計画とは言ってもそれはあくまで事前の予想的または推測的なことである。ビジネスの実践では，企画や計画は実施に付すると予想しなかったことや予想外なことも多々ある。戦略で定められた企業経営の目的や事業目標を確

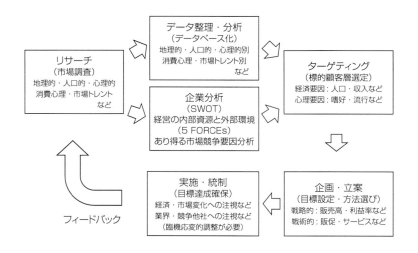

図2-9　マーケテイング戦略の企画・実施のサイクル

実に達成させるにはそれらの変数的な実態に即して迅速的な対応または修正が求められ、そしてその結果をフィードバックする必要がある。

　マーケティングは、市場において企業が自分の利益確保のため、あらゆる選択肢の取捨選択を通じた競争優位獲得のための積極的な人為的行動である。それらの行動は能率的かつ効果的に目的や目標の達成を目指すため、計画的・戦略的に企画立案して実施されるのが求められる。計画的立案にはまず市場の実態を知ることから始まる。それゆえ、標的市場の実態を客観的にリサーチすることから着手するわけである。調査で入手できたデータの集計・分析はその次の段階で活用される。

　もちろん、市場実態をよく知ると同時に自社の持つ経営資源に対する客観的な分析も重要なプロセスである。市場も知り、自社の実態も良く認識ができれば、次の段階へ進み、ターゲット（標的市場とする消費者層）の選定に着手することができる。客観的な外部市場のデータ分析は後述のSWOTによる機会と脅威を分析することができ、自社内部の実態の客観的な把握は、より効果的、実効性のある自社独自のマーケティング戦略企画立案の土台ができあがる。

(1) 市場調査 (Market research)

　市場調査はマーケティング戦略の企画立案にとっては、最初かつ重要なプロセスで、戦略企画立案に必要な根拠となる市場トレンドや消費流行などに関する経営情報を集めることである。調査項目には、社会の人口動態、市場や経済の状況、産業の技術革新、文化的・社会的要因、それと政治的・法律的要因などがある。近年では、世界的に環境要因を重要視する流れの中で、環境に対する消費者の意識調査も看過することはできない。

　市場調査の基準には、一般に地理的基準・人口統計的基準・心理的基準の3つがある。地理的基準と人口統計的基準は、マーケティング戦略を企画・立案する際のより客観的なデータの裏付けになるに対して、心理的基準は個々の消費者の個人的な気持ちつまり主観的な要素に強く左右され、把握するのが容易ではない。近年では、心理的基準の変化が要因に消費者の買い物行動が大いに

影響されることが多くなるのも否めない。一方で，メーカーも小売業などの商業者も日々変わりゆく消費者意識を少しでも読み取れるように，市場調査の重要な一環としてSNSなどのインターネット手段を活用して，可能であればリアルタイムで消費者とのコミュニケーションを通じて，自社の製品または商品が消費者のニーズに合致できるよう企業努力を惜しまない。

　企業はより実効性のあるマーケティング戦略を企画立案するために，市場リサーチで得たデータをベース化にし，それをもとに，消費者の買い物習性や行動パターンなどを地道に分析して市場細分化を行うことに力を入れる。そして，自社の経営資源に合致するマーケットセグメント（細分化によって分割された部分の市場や消費者層）を決めて，ターゲットとして選定する。

(2) 経営分析 (business analysis)

　ビジネスの実践において，企業は外部市場に対しては慎重に科学的かつ緻密に分析を行うのが，いわゆる「敵を知る」前に「己を知る」ことである。自社の社内実態に関する分析はおろそかにしてはならない。したがって，企業は戦略の企画立案に当たっては，まずできるだけ客観的に自社の実態を分析するのが必要不可欠である。ビジネスの実践では，客観的という結果を求めようとして規模に関係せず，多くの企業は外部の専門企業や組織に分析してもらうことも少なくはない。規模や資金力において如何なる大手企業ではあっても，自社所有の経営資源だけでは決してすべての事業領域に活用できることはなく，必ずうまく行ける分野とそうでない分野があり，いわゆる事業展開に限界がある。当然なことで，製造業と広義の商業の経営目標も経営形態も大きく違うからである。

　企業の自己分析は市場調査と同様にマーケティング戦略の企画立案に欠かせない事前の準備ではあるが，その手法については，多種多様な研究結果や学者個人的な主張がある。もちろん，紙面の制限もあるのでここで幅広く検討するのはできない。次では，スタンフォード大学が1960年代に開発したSWOT分析とハーバード大学教授のマイケル・ポーター（Michael E. Porter）が1980

年に提唱した5FORCEs分析，という一般に知られている2つの手法を検討する。この2つの企業分析手法は，ビジネス実践において，市場または産業や業界における自社のポジショニング（市場における自社の位置付け）がより客観的に認知することができ，マーケティング戦略の企画立案がより実態に合い有効的に実施できると考えられる。

① SWOT分析

SWOT分析は，企業の経営目的や目標達成に必須とする企業経営をめぐる内外の諸要素の分析を中心とする。それは，いずれの企業にも必ずあるような経営環境として，目標達成に貢献できる企業内部にある強み（Strength）や目標達成の不利要素になり得る自社の弱み（Weakness），そして，企業外部に実在する目標達成の障害となりうる脅威（Threat）や目標達成に有利になりそうなビジネスチャンス（Opportunity）に関する分析である。SWOT分析はマーケティング戦略の企画立案プロセスにおいて企業の目標達成に当たって，企業の内部資源と外部環境をより客観的に把握することができれば，より合理的かつ実効的マーケティング戦略の企画立案が可能になる。

それぞれの企業には各自の経営資源があるが，企業が置かれる市場において，自社の経営資源では打って出たほうがいいかどうか，または自社の事業展開にチャンスがあるかどうかについては客観的に検討分析する必要がある。図2-10のように，すべての企業には内的要因として自社の強みと弱みがあり，外的要因としては市場における事業展開の機会と自社への脅威もある。

市場に自社へのチャンスがあれば，企業内部の実態に照らして強

図2-10　SWOT分析による戦略設定

みと認めるならば積極的に打って出ることができ，強気の経営ができる。逆に，弱みと判断すれば段階的に進めるように段階的な戦略設定が必要とされる。一方，市場に脅威が現れる場合，企業内部の要因分析は強みと判断すると差別化戦略を取って対応することができる。逆に，企業内部の要因分析は弱みと結論付けであれば同事業からあるいは同市場分野から撤退する意思決定が必要とされる。

　因みに，市場からの事業撤退と言うのは，決してマイナス的思考で失敗だと見るだけではなく，自社は弱い分野あるいは経営効率が悪く成果はあまり出ない分野から撤退して，その分の経営資源が強みとして分析された分野に集中的投入するという意思決定もマーケティング的に必要である。現在，日本のパソコンプリンター分野の寡占的な二強の実例を見れば，いずれもかつては抱えていたが決して競争に勝てそうもないパソコンやワープロ事業を撤退してプリンター事業への集中的経営資源の投下へと戦略的に事業転換を行ったから今日のような同事業領域においては，他社を圧倒するような成功をおさめ自社の強みをさらに確かなものにしたと言える。

②　5 FORCEs 分析

　5 FORCEs 分析は主として外部における市場競争に関する分析である。その着目は，市場における企業が直面するそれぞれの競争を5つの側面から分析することである。企業をめぐる競争には，業界内に実在する企業間の既存競争はもとより，新規参入企業や供給源である企業，販売先企業のほかに，自社の経営や自社製品や商品の代替になり得る他の業種や他の分野に実在する企業や製品・商品も存在する（図2-11）。

　一般に既存の競争相手ははっきりと顕在する場合，見逃すことはないと思われる。新規参入企業も特にヒット商品が現れた業界や事業分野への新規参入に熱がこもってくるので看過することはなかろう。また，自社に原材料や部品，または完成品を提供する企業，それに自社の製品または商品を仕入れて再販売する得意先企業も互いに取引における力の関係が存在しており，経営陣から従業員までに熟知しているのも一般的である。最も見落とされやすいのが，カメ

第2章　マーケティングとマーチャンダイジング　◎―― 49

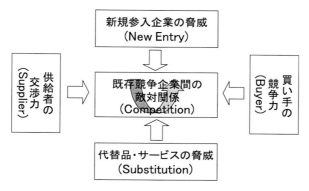

図2-11　5 Forces 分析

ラ付きの携帯電話はデジタルカメラ業界にとどまらず，従来の固定電話業界に対しても壊滅的な衝撃を与えるように，他業種や他業界，あるいは全く関係ないと思われる他業界や他分野に存在する自社の代わりになりうる企業である。

　交通産業の事例を見ると，従来の普通乗用車の製造企業にとっては，電車や地下鉄，バスやタクシー，船や航空機などの事業拡大や利用する乗客の増加などは自社の生産にマイナス影響を与えると認知ができる。しかし，環境保護や石油価格の高騰などによって，原付バイクや自転車の利用増加，それにバッテリーなど新エネルギーを導入する公共交通機関の事業拡大などは，従来のガソリン自動車の製造企業には間接的あるいは潜在的競争相手になり得る。つまり，消費者の意識が変われば，自動車製造企業にとってはこう言った企業が提供する交通手段に取って代われる可能性が高くなる。

　また，レストランにとっては，弁当屋やファストフード店，ラーメン店やそば屋などははっきりとした自店の顕在的競争相手であるのは誰が見ても分かる。しかし実に，百貨店やスーパーの惣菜売り場，コンビニの弁当やそのたの食品加工・販売業者など食品・食べ物を取扱う企業でも自店の間接的または潜在的競争相手と見ることができる。要するに，経済状況や市場トレンドの変化，消費者意識や消費行動に変化があれば，レストランは他業種や他業界，そして他分野の業者に取って代れる可能性も十分にあり得る。

商業においては，今日のようなグローバル化されているインターネット環境を存分に活用している電子商取引（EC）はまさに従来の実店舗で展開している小売業の代替的な役割を果たしている。

　要するに，同業種における水平的競争，流通経路に係わる垂直的競争のほか，今日では，従来は異なっている業界や産業に分類されている企業の間にも間接的な競争が起きる確率が高くなっている。また，それは知らぬ間に自社の直接的な競争と変わり，自社の存亡につながることもあり得る。これは，異業態競争とも呼ばれ，市場競争がますます激しくなる今日では，マーケティング戦略の企画立案段階から，こうした代替材的な要素を決して見逃すことができない。

(3) 標的設定（Targeting）

　前項で議論してきた個別企業の経営分析はマーケティング戦略の企画立案の前提条件ではあるが，経営分析が終わって直ちにマーケティング戦略の企画立案に取り掛かるのはまだ早計だと言わざるを得ない。なぜならば，需要（ニーズ）と欲求（ウォンツ）の根底にある人間の欲望に限りがないから，市場には無限と言えるほど分野が多く，人によって異なる需要と欲求は一国や一地域の人口数と同等に多いと言っても過言ではない。対しては，企業の経営資源が限られており，かりに1つの業界，あるいは1つの市場分野に限定しても，1つの企業が人口同等規模の消費者のすべての需要や欲求を満たすことは不可能である。

　例えば，自動車産業や航空機製造業などの企業は規模が非常に大きいと同時に，資金・人材・技術・知識・情報なども他業界の企業より優れると思われる。しかし，これらの企業は決して安易に個人でもできそうな伝統小売店や飲食店に乗り出すことはしない。それは，自動車や航空機はあくまで人々の距離的移動など移動手段に対する需要しか応えられなく，小売業や飲食業界は人々の日常の買い物行動や食事への需要にのみ満足させることしかできないが，両者には必要とされる経営資源はまったく異なるものだからである。

　要するに，個別企業のターゲティングとは，それは自社が提供する製品や商

品，サービスなどを満足できそうな消費者，つまり，標的顧客を設定することである。ターゲティングは，自社の経営資源に根拠としている。なぜならば，1つの企業は，自社商品を購入し自社サービスを受け入れる意欲のある消費者に対しても，その中の一部分しか対応できないからである。したがって，個別企業は基本的に自社の商品やサービスに対して満足できそうな人々を狙って，この顧客層を自社の標的顧客として絞り，事業展開や営業活動を遂行することの重心とする。

　マーケティングにおけるターゲティングには，次のような5つのポイントは重要である。

　1つ目は，市場細分化に基づき，自社の提供できる商品やサービスを顧客の需要に応えるよう絞ることである。たとえ飲食業に限定したとして，定食屋かラーメン屋かにさらに絞る。それは，標的顧客の選択肢として分かりやすいと同時に，商品やサービスを提供する企業の事業活動や業務管理も明確かつ簡潔な実施ができる。当然，生産性の向上や経営目標の達成にも大いに役立つことができる。

　2つ目は，標的顧客の需要を理解することである。特定の顧客層の需要を明確に理解することができれば，その需要に応えられるような商品販売やサービス提供は，顧客の購買意欲を引き起こしやすくなり，そして購買意欲をもとにした購買行動は確実につながれてくる。

　3つ目は，分かりやすいキャッチフレーズを作ることである。せっかく一部分の顧客を狙って事業を展開するので，自社の提供できる商品やサービスを標的となる顧客に対して分かりやすく伝えるためのキャッチフレーズ不可欠である。顧客に自社商品やサービスに理解してもらうと同時に，他社との差別化も必要である。これは，商品を売り続け売上を大幅に向上させる必須条件でもある。

　4つ目は，顧客への利得つまりベネフィットを強調することである。供給は需要より大幅に超えている今日の買い手市場では，目の前に多くの選択肢がある顧客に対して，なぜ自社商品の購入，自社サービスの受け入れを納得させる

には，顧客が実感できるような買い得感を明確させる必要がある。消費者は誰しも自分の利益にならないものには手を出さないからである。

5つ目は，競合相手を明確にすることである。買い手市場とは，売り手が多いことだから，同様または類似商品を販売しているのは，自社以外にも多くの同業他社が市場に存在することである。標的顧客を限定することは自社の選択肢が少なくなることも意味するので，自社のライバルをよく研究して，ライバルが自社と競争ならないように製品や商品の差別化から販売，さらにアフターサービスの独自化など他社が競争させられないことはこれ以上のないマーケティング手法である。

2　マーチャンダイジング（merchandising）

決してものの加工や製造はしない広義の商業はこれだけ多くしかも歴史長く社会に存在できるというのは，消費者の需要を根拠に購買代行の役割を担い，商品を最終消費者の手元に届けるのができるからである。こういうわけで，商業では，メーカーの作ったものを製品と言わずに商品と言う。また，商業者がビジネスの実践に活用するマーケティング手法はマーチャンダイジングと呼ぶ。

マーチャンダイジングとは，一言で言うと，商業者が取扱う商品・サービスの計画的品揃え（組合せ）である。メーカーが製品・サービス（物販業は主に商品）に対する市場の需要動向を調査して把握し，市場予測のもとに生産計画を企画立案して実行する4P中心のマーケティングミックスに対し，商業企業の場合は，5Rと呼ばれるマーチャンダイジングミックスを重んじる。

ゆえに，マーチャンダイジングとは，図2-12のように，消費者のニー

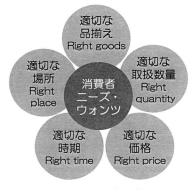

図2-12　マーチャンダイジングの5R

ズとウォンツを中心に，適切な取扱商品，適切な仕入数量，適切な販売価格，適切な販売時期（タイミング），そして適切な販売場所の原則のもとで，行われる仕入・販売および在庫管理に係る総合的な事業活動である。また，主にメーカーが行うマーケティングの製品化計画に対しては，商業では商品化計画と言う。

次では，メーカーのマーケティングミックスとの違いを意識して，商業企業のマーチャンダイジングミックスについて見てみる。

1）適正な商品（right goods）

メーカーの製品開発は製造業の事業活動の中心とも言われるが，製品生産の前提条件は生産設備の完備や原材料の安定的供給であると同時に，生産技術に対しても熟練性を求められ，製品の品質安定と維持に係わるものである。こういうわけで製品の製造や原材料などの急な入れ替えは決して容易にはできない。対して，商業企業の場合は，市場の流行や商品の売れ行きなどに合わせて，購買代行や再販売などの業界的特性からも人気ある商品の緊急仕入や売れ筋商品と死に筋商品の入れ替え，市場消費のトレンドに合わせての商品品揃え調整は可能である。

適切な商品とは，商業企業のマーチャンダイジングの最も重要な要素で，消費者のニーズやウォンツを満たせるための基本でもある。市場の売れ筋や消費者の要望に応じて新たな仕入先の開発や潜在的な需要が見込まれる新商品の仕入れや入荷は市場における経営上の適応能力や柔軟性としても必要である。もちろん，自社の経営方針や経営能力，店舗施設とその適応可能性やこれまでの取扱商品との一貫性という制限も実在する。さらに，経営環境の面でみれば，新商品の開発や仕入れに際しては，立地する地元社会の常識や風土・伝統や社会的通念，そして行政や法規制などによる制限もある。

2）適正な数量（right quantity）

製品の製造や販売の数量はメーカーのマーケティング戦略において大切な指

標であるように，商業企業にとっても，取扱商品の数量が企業自身の身丈に会う必要がある。日々消費者に個単位を基本に商品を提供する場合もあれば，まとめて買い物をする消費者への対応も必要である。したがって，適切な数量とは言え，決して単なる取扱商品の数量的問題に限ることはない。特に小売業の場合は，消費者に対しては，個別顧客が購入しやすいと同時に，全体的には，品切れにならないよう取扱商品を取揃いそして十分な手持ち在庫を保有するのが原則である。

　商品供給の安定性が第一と求められる小売業では，競争が日々激しくなって行く中で，品切れは店舗の存続や企業の生死存亡に係わる重大な結果を持たせうることになる。一方，企業自身に対しては，経営コストの低減や商品回転率の向上による利益率の上昇を目指す原則のもとで在庫の適正化や仕入頻度の適正化などの意味もある。したがって，適切な数量とは，以上のような諸要因をもとに商品の売れ行きやこれまでの来店客の購買行動など自店の実態に合わせて決めなければならない。

3） 適正な価格 （right price）

　メーカーの製品にも価格の適正さという原則があるが，それは主として原材料コストや製造原価などのより客観的な基準がある。価格の適正さはメーカー製品にも商業企業の商品にも売れ行きに与える影響が計り知れないことになる場合がある。しかし，商業企業の場合は，仕入れも販売も基本的に最終消費者の購買代行という性質がある。商業企業の事業活動の利益と言えば，マージンやコミッションと言われるような仕入れ値と売値の価格差に関わる取引の仲介手数料であって，適切な価格とは言え，調整の範囲はメーカーより幅が狭いと言わざるを得ない。

　このために，マーチャンダイジングにおける適切な価格は，市場における消費者が認めた価値（使用価値）によって決められる傾向がある。もちろん，商品の品質的裏付けが必要ではあるが，市場競争の実態や消費者の心理的認知効果は最も注目される。

こういう意味で，適切な価格はいかに適切な商品と密接するものだと分かるのであろう。例えば，ブランド品のマージンや売れ筋商品の利益率などが目立つほど他の商品より利幅がよいが，その価格の高安は消費者の間の人気度や消費者独自の価値判断が決め手になるので，決して高すぎるから売れないということにはならない。ところが，経済の低迷でデフレ状況からなかなか脱出しきれない時代では，国内市場の価格競争が横行しており，企業間の値下げ競争はほぼ商品やサービスのコストが無視される境地に突入しているとも言える。いわゆるデフレスパイラルは企業間の価格競争の悪い結果でもあるが，それは，その時代に生活している消費者の心理的認知による価値判断の結果でもある。

　もちろん，資源の乏しい日本にとっては，国際商品の相場変動，原材料やエネルギーの価格変動は直に影響を受けることとなる。特に，円ドルレートの変動は国内物価に対する衝撃は，他の国際通貨の変動よりも大きいと言わざるを得ない。

4）適正な時期（right time）

　適切な時期とは，メーカーのマーケティングミックスにとっても商業企業のマーチャンダイジングミックスにとっても重要な構成要素である。前述の生産と消費の時間的ギャップにのみならず，商品そのものには賞味期限もあれば，商品によっては市場投入のタイミングは決定的な要素になりうる。ファッション性の高い商品はさることながら，市場には消費のトレンドや商品の売行きと発売のタイミングがある。商品には，耐久財である自動車や電化製品などもあれば，非耐久財の食品や生鮮食材などもある。それに，季節的要因や需要の時期，食品などはさらに時間帯など販売のタイミングも重要である。いずれの商品にも販売のタイミングが少しでもずれたら，値引きや値下げ，厳しい場合では，特売やバーゲンなどで利益を削ってまで，場合によっては投げ売りまで安売りせざるを得なく，それらのタイミング的なズレは経営上には大きな利益損失につながることになる。

　他方，タイミングは商業企業の利益確保にだけ重要にととまらず，メーカー

にとっても製品の市場投入タイミングの適切さが製品の売行きや目標とする生産高の達成に直結し，経営目標や利益目標の達成にもつながるものである。したがって，タイミングよく製品の出荷や商品の提供は消費者にとっての大きなメリットだけではなく，メーカーにとっても商業企業にとっても利益追求目標の達成に関わる極めて重要なポイントになる。消費者は，自分の消費需要に合わせて行動するので，商業企業にとっては，市場の流行や消費トレンドに遅れることなく買い物ができる環境を整備することは消費者の心理的満足度が高まることにつながる。

5）適切な場所（right place）

　適切な場所とは，メーカーのマーケティング4Pの立地（place）あるいは販売経路（channel）と合致するもので，いわゆる流通経路における製品または商品の販売チャネル選択的なマーチャンダイジングの要素でもある。メーカーにとっては，自社製品は消費者が最も行きやすい場所で販売されることを目指して流通経路を構築しそれをシステム的にして維持することにポイントを置く。対して，商業企業の場合は，よりミクロ的な視野で見なければならない。卸売業であれば，再販売先である小売業がターゲットになる消費者の最も気軽に訪れる場所に立地する店舗選択を最優先に考える。

　小売業の場合は，再販売する商品の売れ行きをよくさせ自店の利益を確保するためにも仕入れ先を卸売にするかまたはメーカーより直接仕入れるかのような選択肢がある。一方で，せっかく来店した顧客に見えやすく手に取りやすい場所に商品を置くことに工夫して店舗の売上を高め営業利益につながることに全力を挙げる。これは，いわゆる店舗内売場全体のレイアウトや個別商品の配置や陳列にかかわるフィールドマーケティングでもある。したがって，店舗の売場設計や商品棚の配置，そして商品棚に個々の商品の具体的な置く場所などによって商品の売れ行きが変わるかもしれない。さらには顧客入店後の動線なども含めて，意図的な売り場デザイン効果も考慮して総合的に企画しなければならない。

第2章　マーケティングとマーチャンダイジング　◎──　57

　要するに，マーケティングは，メーカーの立場でリサーチから製品の設計や製造，価格の設定，販売経路の選択そして販売促進活動遂行など一連の市場活動を展開しているのに対し，自社や自店の顧客の購買代行の立場に立っている卸売業や小売業が自らの役割を果たすためには，顧客が求めそうな商品を自らの取扱能力に合うような数量を決め，手頃な価格を決め，顧客の購入利便性を配慮しながらの売り場陳列を決め，タイミングよく商品を仕入れて販売することはマーチャンダイジングである。もちろん，マーチャンダイジングも多くの顧客に対するアンケート調査に加え，これまでの販売実績を反映するデータベースなどを根拠に行われるものである。

第2章を読んでから考えてみること

1. 日本は昔から町人（商人）の国と呼ばれる。マーケティング的な発想は昔から日本にもあったといわれている。マーケティングには「配給論」や「販売促進」という和訳もあるにもかかわらず，なぜ学界でもビジネス界でも「マーケティング」を好んで使っているのを考えてみよう。
2. 広義の商業にとって極めて大事な戦略であるマーチャンダイジングには，日本語の「品揃え」に対応できるんじゃないかという考え方もあるが，なぜわざわざカタカナ語を使わなければならないのかについてその理由を考えてみよう。
3. マーケティングの4Pとマーチャンダイジングの5Rとは，それぞれメーカーと商業者の戦略的経営手法であるが，その違いを通じて経済循環のシステム全体における広義の商業の役割の重要性を考えてみよう。

> **ミニコラム**　マーケティングと販売の違い

　マーケティングには、「販売」あるいは「販売促進活動」という和訳がある。ところが、販売促進とは、マーケティングミックス４Ｐの１つに過ぎない。定義論には触れないが、マーケティングとは、市場調査で集めたデータをもとに売れそうな製品の開発や商品の仕入れをもとに、消費者にとっての手頃な価格を決め、顧客の行きやすい場所で商品を販売し、こうした良い商品の存在を消費者一般に幅広く知らせて宣伝し、購入してもらうよう働きかけるという一連の企業活動である。つまり、企業と顧客の間にコミュニケーションを通じて共通な価値的認識を生み出し、それが需要になってもらいながら、多くの消費者を集めながら、需要をさらに拡大し、市場を作り出す活動の全体である。

　マーケティングを日本語で平易に言い換えれば、「売れる仕組み作り」という表現が適切かもしれない。これは、商品やサービスが「売れる」ようにさせるために、特定のターゲットに絞る顧客のニーズを知り、ニーズを満たせるような製品を開発し、市場に投入して、さらに顧客にその製品や商品の存在を知ってもらい、製品や商品の買い得を理解させ、手に入りやすい場所で商品を販売して、入手できる適切な価格で提供される必要がある。これら全体は「売れる仕組み作り」という表現に集約することができる。

　一方、販売（sales）とは、商品を売る活動自体に過ぎず、マーケティング的にはそれは所有権を移転する行為と言う。小売業に限らず、メーカーや卸売業でも販売を行い、店舗の有無にも問わない。ただし、企業内の職種には営業と販売があり、店舗担当者や消費者を対象とする営業行為は販売と呼ばれる。販売とは、相手とのコミュニケーションを通じて、購入が決まってない来店者に対して購入するという決断の手助けによって顧客になってもらうことにつながり、商品を販売し、サービスを提供するという一連のマーケティング活動における「一部行為」に過ぎない。

第3章
商業の理論仮説と商品分類

　ここまで読んできたら，今日のような商業はいつ，どこで生まれたのかを知りたくなるのであろう。商業の発生については研究者や著作により諸説があるが，ここでは，ヨーロッパルーツのクレタ島（Creta）発生説とアジアルーツの商王朝発生説を見てみる。

　クレタ島は地中海東部からエーゲ海南部にわたるギリシャ領の最大な島で，現在はギリシャ共和国ペリフェリア地方の一部ではあるが，ヨーロッパ最初の文明の1つミノア文明（紀元前約30〜12世紀）発生の地でもある。クレタ発生説によれば，温暖な気候に恵まれたミノア文明の後期，紀元前1600年頃に青銅器時代のクレタ島に都市国家が樹立され，原始的商業の支えである農業が発展した結果行商の土台が出来上がった。商人たちが島内での行商はもとより，海を渡り地中海沿岸からエーゲ海の島々，イタリア半島やバルガン半島，エジプト，さらには黒海諸国までも足をのばし，島内特産物のぶどう酒やオリーブ油などを船に積み大海原へ行商に出かけていた。その後，ローマ帝国に統治され，その商業文明はベニス商人の誕生につながったとも言われる。

　商王朝発生説では，世界四大古代文明の1つである中国の黄河文明（紀元前約70〜前16世紀）後期（紀元前1600年頃）に，当時，高度の青銅器文明と古代文字の甲骨文を持つ殷王朝（約前1501〜前1023年）における農業・手工業など経済活動が発達して結果的にそれら多くの物産を売り歩きの行商が発生した。商業の発達で殷の人々が「商」と自称していた。「商」という文字は，店を構える形になっている象形文字でもある。その後，殷王朝が周王朝によって滅ぼされたため，国を失った殷の人々が陸地で広くつながっている古代中国の諸国に流転する生活を余儀なくされた。ところが，各地転々しながら安定しない生

活を維持するために，それまでの商業の技能を生かし，各地の物産交換を生活の糧に行商に回り，商業という新たな職業を古代中国に広めることになった。

　後世は，殷王朝を「殷商」と呼び，商業のルーツという記しを今日までに伝わってきている。古くから中国の文化を深く影響された日本にもその商業ルーツの流れを引き受け継がれ，遣隋使・遣唐使などに始まり，古代から近代にわたって中国との経済・文化など多面にわたって交流が重なってきた。日本語の商業も中国語が語源になっている。

　商業は世界各国においても古くからあったものではあるが，理論的に商業を解明したのが近代になってからである。今日世界的に普及されている西欧発の近代文明と同様に，近代商業に関する理論仮説もほとんど欧米諸国に誕生したものである。

　理論とは，本来，個々の現象を法則的，統一的に説明できるように筋道を立てて組み立てられた知識の体系であるへぎが，商業に関する理論には下記の分析からも見られるように研究者各自の研究結果をもとにしている。現実では，「統一的に説明できる」状態にはなっていない。なので，ここでは，理論仮説と称することにする。商業に関する理論仮説には成長理論や機能論，またそのたの理論も多数がある。以下では，商業に関して，3つの成長理論仮説と2つの社会機能理論仮説，合わせて5つの理論仮説を検討分析する。

1　商業の成長理論仮説

　商業成長に関する理論仮説は主として小売業の発生・発展を中心としており，表3−1のように諸説がある。マクロ的には，商業の社会的構造や構造的な変化など，ミクロ的には，商業の起業や創業，小売業の経営など，また，消費者の購買行動に関する研究もある。本書はより実践的な小売業の発生・発展・成長に着目する理論仮説に焦点を当ててみる。もちろん，成長理論仮説は一般的には小売業に関する理論的研究ではあるが，小売業の社会的成長には卸売業の成長・発展をなくしては説明がつかなくなるものである。

研究方法＼全体像	小売経営	マクロ小売業	マーケティングチャネル	社会的構造
起業者関係	✓			✓
構造変化関係	✓	✓	✓	✓
マクロ小売業		✓		✓
小売の経営	✓			
小売購買行動	✓		✓	✓

表3-1　小売業理論の全体像と研究方法

　次では，現代小売業の成長に関して最も代表的だと思われる3つの理論仮説を見てみる。1つは，小売業は時代の進展にも関わらず，その構造変化には発展の周期があると主張する「小売の輪」理論仮説で，もう1つは，小売業は時代の進展とともに社会経済の発展を背景に段階的に発展し成長していくと唱える「成長段階論」仮説である。3つ目は，社会の経済環境や商業そして流通構造の変化に伴い，小売企業は自らの経営形態を調整し環境に適応しながら発展を遂げていくと提唱する「真空地帯論」仮説である。この3つの理論仮説は，いずれも小売業の取扱商品とそれに付随するサービスに着目するのが共通する。

1）小売の輪（The Wheel of Retailing）

　小売の輪という理論仮説は，1958年に，ハーバード大学教授マルカム・マックネア（Malcolm P. McNair）が19世紀後半，前述のマーケティング手法が誕生してから戦後の20世紀半ばまでの欧米，特にアメリカにおける小売業の業態進化を時系列的に総括して，マクロ的な観点から小売業の社会的構造を解釈したものである。

　小売の輪仮説によると，既存の小売業に対して，新規参入する業者は基本的に低コストに低マージンを最大な武器に，また低価格という衝撃的なイメージをもって登場し既存小売業態に価格競争を仕掛けて，既存小売業から顧客を奪い既存企業の市場シェアを奪取する。しかし参入後，自社経営を安定させるた

め，また，顧客との取引関係を長く維持させるため，そして，他の追随者などの新規参入者を阻むために，次第に差別化戦略を取り入れる。低価格を主張する参入時とは変わり，店舗内装のグレードアップや売場レイアウトの整備などに力を入れ，各種の商品に付随サービスの追加や顧客満足度向上への努力などの非

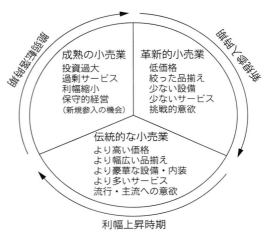

図 3-1　小売の輪概念図

価格競争戦略へと方向を転換し始める。その結果，参入時に比べ，企業利益を確保できるように利益率を引き上げ，また，顧客満足を高めるためにフルサービスに転向する。ところが，これらの経営方針の転換は，実に次の小売事業に新規参入を狙っている企業にとっての絶好の参入機会を提供することになる（図3-1）。

　この理論仮説で最も説得力ある事例としては，かつての日本のよろず屋に似たような伝統的欧米の中小規模の小売店舗である雑貨店（Grocery）に対し，巨大な店舗かつ幅広い品揃え，低価格で参入した百貨店の出現 → 店舗の豪華化・高級志向に転じた百貨店に対し，簡単な設備に低価格かつセルフサービスで参入してきたスーパーマーケット（SM）の業界参入 → 総合化し，フルサービスになりつつあるスーパーに対し，絞った品揃えで簡素な陳列に大量販売を武器とするディスカウントストア（DS）のような小売業態の新規参入，というようなサイクルに見られる。

　つまり，ディスカウントストアまでの業態進展の流れを見れば，いずれの新業態も参入当初では，低価格かつ少ないサービスを武器としていたが，事業の安定や経営の成熟につれ，次第に高価格とともにサービスの強化ないしフルサ

ービスへの経営スタイルを転換してしまう。それがまた次の新規参入者の新たな登場のきっかけとなる。このような繰り返しは，それまでの社会的小売業の業態進化を周期的にまわる「輪」のような軌跡に見られるという。

　以上のような周期的かつサイクルのような進展を見せていた小売業態の成長モデルは欧米にだけあったものではない。戦後国内小売業界においても欧米との時代的差があったものの，ほぼ同じような業態進化現象が発生していた。時代的差と言えば，それはアメリカでは，第二次世界大戦前の1920年代にスーパーマーケットがすでに出現したのに対し，国内では，スーパーの誕生は戦後の1950年代の経済高度成長期になってからであった。

　ところが，戦後の高度成長が終了して1973年（アメリカでは戦後間もなくの1946年）に，百貨店やスーパーマーケット，ディスカウントストアなどの既存小売業に対して，コンビニエンスストア（CVS）の誕生は，決して小売の輪仮説のように店舗規模の広さや品揃えの幅広さなどそれまでの規模的経営でもなく，また低価格やセルフサービスなどの競争上の利器も利用せずに小売業に新規参入してきた。コンビニが誕生してから急拡大を成し遂げ，国内小売業の代表的業態にまで成長してきた。しかも今日になって，いわゆるバブル経済崩壊から「失われた30年」とも言われる持続的な景気低迷の中でも，コンビニは相変わらず小売業界での最も力強く成長している業態の1つである。

2）小売成長段階論（The Stages of Retail Development）

　小売成長段階の理論仮説は，1964年当時，サンフランシスコ州立大学准教授のウィリアム・レガン（William J. Regan）が提唱したものである。この理論仮説によると，図3-2のように，物販業である小売業の経営には「商品コスト」と「サービスコスト」の2大要素がある。個々の小売企業はこの2大経営コスト要素の組み合わせを調整させながら自らも成長し小売業態そのものも進化していく。小売業の発展は一国あるいは一地域の経済における消費者所得レベルの向上や消費市場の規模拡大を背景にしているというのがこの理論仮説のポイントでもある。個々の小売企業は消費者行動や消費市場の変化に合わせ

て，自社の経営資源に上記の2大要素を組み入れながら「相対的に高い」，「平均的」，「相対的低い」の3つの組合せレベルに調整するのができる。それらの組み合わせはさらに次の3つの段階に進展させていくと，あらゆる小売業態の形成ができる。

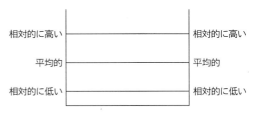

図3-2　小売業発展の要素と組合せ

　第一段階は「単一結合」レベル（図3-2）である。小売業はそれぞれ単一に「高品質／多量サービス」，「平均的品質／平均的サービス」，「低品質／少量サービス」の3つの選択肢をもって消費者に商品を販売する。この段階にある小売業態は，それぞれのレベルに散在し，専門店，バラエティストア，伝統的雑貨店を事例として挙げることができる。

　第二段階は「多量結合」レベルである。消費者に提供する選択肢が拡大され，「複数商品の販売＋薄利多売」，「複数サービスの提供＋薄利多売」，「複数商品の販売＋高利益／低回転」，「複数サービスの提供＋高利益／低回転」，「複数商品の販売＋高利益／低回転／薄利多売」，「複数サービスの提供＋高利益／低回転／薄利多売」，「品揃えの拡張＋サービスの拡大」，等々のように，スーパーマーケットやディスカウントストアから専門店や百貨店，通信販売など多種多様な小売業態の出現を説明する。

　第三段階は「全面結合」レベルである。小売業に提供される選択肢は図3-2に示された2大要素と3つのレベルとの総合的な組み合わせになる（図による説明は省略）。小売業は商品のコストよりも商品の品質とそれに付随するサービスの質における差別化を行い，消費者に対しては，独自の，差別的かつ個性的な商品販売とサービスの提供に力を入れる。

　要するに，小売成長段階論と小売りの輪との最も大きな違いと言えば，それは，前者は同じ市場環境においても個々の小売業は自社の経営資源と2大経営

コスト要素との調整によって，それぞれ異なる業態に進化することができる。対しては，後者は一味に業態全体の成長に主眼を置いている。

　小売業界の今日の実態を合わせてみると，消費者生活水準のさらなる向上を背景に，消費者は小売業の取扱商品の品質を追求するとともに，小売業の提供できる付随サービスに対しても，各自のニーズやウォンツを基準にして求めることにする。小売成長段階論は経済が安定成長に定着している今日においては，利便性の提供を主張してきたコンビニエンスストアの成長と進化が止まらない現象の裏付けにもなると考えられる。

3）真空地帯論（Vacuum Theory）

　1960年代に入ると，第二次大戦後の欧米社会には，東西冷戦時代において，相対的に安定していた社会情勢が続いており，経済開発に成功を収めた国々の国民収入が大幅に拡大してきた。経済的豊かさを背景に，それまでの消費者がこぞって低価格にセルフサービスを求めるような消費スタイルに大きな変化が起きた。生活の豊かさによる消費需要は多様化になりつつ，消費者の生活スタイルにも多様化や個性化が現れてくる。特に，欧米では，1日8時間勤務体制，週休2日制の普及によって夜の自由時間や週末の余暇時間が著しく増えてきて，深夜まで娯楽を楽しめる若者が大幅に増加して，小売業に対する規制の厳しいドイツなど数カ国のほかに，長時間深夜まで営業するコンビニエンスストアの普及に拍車をかけた。

　コンビニエンスストアの経営モデルは「小売の輪」理論仮説で説明することに説得力が欠く事態が生じてきた。こうした社会的経済状況の変化，消費者行動パターンの変化を背景に，理論的研究においてもそれまでの小売業成長に関する理論仮説の見直しが課題となってきた。1966年に，デンマークのオルラ・ニールセン（Orla Nielsen）が「小売業の輪」理論仮説の問題点を指摘し，前述のレガンの「小売業成長段階」理論仮説を発展して，より明解な「真空地帯論」を唱えたのである（図3-3）。

　真空地帯論仮説によれば，小売形態の発展は社会的経済状況の進展や市場環

境の変化つまり消費者の需要や消費者行動パターンの変化に伴ったものである。小売業は消費者のニーズやウォンツを満足させるために存在するもので，経済規模の拡大，売り手市場から買い手市場への進展や消費生活スタイルの変化などに伴って，消費者の需要も絶えず変わっていく。消費者の新たな需要に対して，従来の小売業形態は決していつでも満足できるように適切に機能を果たせない事態

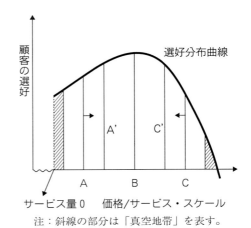

注：斜線の部分は「真空地帯」を表す。

図3-3　真空地帯論概念図

が生じる。消費者行動や消費市場そのものの変化がもたらした消費者の新たな需要に対応できなくなった既存小売業が，新需要に対応するためにこれまでの経営スタイルを変え，うまく対応できた小売業態の経営スタイルに近寄ってしまうことが，新規参入者の参入チャンスとなる。つまり，既存小売業の経営スタイル変化はこれまでの小売業態の間に隙間が現れ，ニールセンがそれを「真空地帯」と称することにした。

　図3-3のように，小売業界に代表的なA・B・Cの3種類の既存する小売業業態がそれぞれの商品価格と付随サービスの組み合わせをもって消費者に対し，独自の選択肢を提供している。中では，Bの業態が最も消費者の需要に合致して市場での支持を得られ，成長が著しくなる。このために，小売業のA業態もC業態もBに近づくように経営の戦略と戦術を転換しようとする。もしも，AはA'へと，CはC'へと移動すると，Aの左の斜線部分とCの右の斜線部分には既存小売業態の提供する商品やサービスの存在がなくなり，「真空地帯」（隙間）が生じる。

　その隙間を埋めるような形で新規参入が現れてくる。最も左の隙間には「低価格に最小限のサービス」のような参入チャンスとなり，最も右の隙間には

「高価格に多様なサービス」の可能性が秘めている。またそのほか，「適正の価格に適正のサービス」のあり方も考えられ，新たなビジネスモデル出現の可能性が多く生まれてくる。

　この理論仮説に最も説得力のある事例としては，コンビニエンスストアの出現と急成長である。コンビニは決して低価格でもなく高価格でもない。それに，商品の幅が広くもなく，売場面積も決して広々とはしない。さらに，商品に付随するサービスは専門店や百貨店などより上回るどころか膝元にも及ばぬセルフサービスである。しかし，コンビニ誕生当初はまさにスーパーマーケットの巨大化や総合化で総合スーパー（GMS）の業態が進展するため，適正価格に適正サービスの選択肢が次第になくなりつつある時代であった。

　コンビニは住宅地に近い立地で来店アクセスの利便性に加え，深夜まで営業しているという買い物時間上の利便さの提供で小売業に新規参入し，すぐにも消費者の支持を得ることのできた最大なポイントであった。今日では，コンビニは一層その利便性を拡大し，一般消費者の日常生活のあらゆる面において，物販業という本業よりその他の生活に必須のサービス提供の拡大によって利便性の幅がますます拡大している（第6章3節）。

　一方で，近年のコロナウイルス感染拡大がもたらした「三密」を避けようという呼びかけが代表的に，他人との接触をできるだけ少なめにする消費者行動変化への対応，また，人手不足の解消も狙い，現在は，国内の各大手コンビニはAI技術を導入して，自動決済までできる無人店舗の実験も進んでいる。これは，まさに新たな隙間を見つけて新業態台頭の兆しになるかもしれない。

2　社会機能理論仮説

　一方，商業の社会機能を中心にその存在を理論的に解明しようとするものもある。なお，社会機能の理論仮説は小売業の社会的存在価値の説明にも通用するが，主としては卸売業の存続根拠に係わる研究で，「取引総数最小原理」と「集中貯蔵原理」の2つがある。この2つの理論仮説はともにイギリス学者マ

ーガレット・ホール（Margaret Hall）が1949年に提唱されるものである。目的は大型小売業の出現と市場におけるポジショニングの確立を背景に卸売業の存立が疑われるのに対して，社会的経済循環における生産と消費のかけ橋的役割を果たしている商業には，小売業に限らず，卸売業の社会的存在価値を裏付ける。

1）取引総数最小原理（principle of minimum total transaction）

　繰り返しになるが，商業の社会的役割は決して物作りではなく，また自分の消費のためにものを買うわけでもない。特に，卸売業の場合は，後述の「問屋無用論」の論調のような認識は社会的にも根強い（第5章2節）。にもかかわらず，卸売業は長い歴史にわたって社会的にその存在価値が認められている。この理論仮説は商業における卸売業の基本的な社会的機能を解明するものである。

　生産者が製品を作ってから，それを卸売業に販売し，小売業がそれを商品として卸売業者から購入して小売店頭に置き，最終消費者が来店してそれを購入して消費してしまうというプロセス全体は，流通構造と呼ぶ（第4章1節）。言うまでもなく，1つのもの（製品または商品）は生産者（または製造業者）から消費者の手元に届けられるまでには，卸売業と小売業の経費がかかり，両方の利益も上乗せられる。場合によっては，国内流通構造における卸売業の多段階特質からでは，卸売業だけでも何重もの経費や利益が上乗せられてしまうことになる（第7章2節）。その結果は，消費者の手元に届いた商品の小売値は平均的に生産者が卸売業に販売した時の値段は生産者の出荷原価よりは数倍になるかもしれない。

　このような価格の上乗せは生産者の利益減少に加え，消費者にも不利益になるのではないかと素直に思われるのであろうが，実は，生産者と消費者の間に流通構造の存在は社会全体の流通コストが削減されるというプラス的機能を果たしている。取引総数最小原理は小売業の存立の必要性を説明することもできるが，ここでは，卸売業の社会的機能を中心に分析する。

　図3-4を見て分かるように，生産者と小売業者の間に卸売業存在の有無に

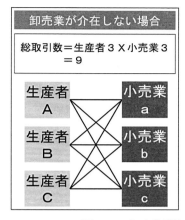 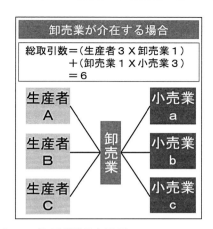

図3-4　卸売業機能その1（取引総数最小原理）

よって，社会的流通コストに大きな影響を与えることになる。図のように，仮に，1つの地域に生産者A・B・Cと小売業者a・b・cが存在する。もちろん，生産者のいずれが自社の製品をすべての小売業に購入してもらい消費者に販売してほしいというのは事業の最終目的である。同様に，小売業者もすべての製品を手に入れたく，よりよい品揃えにして消費者によりよい魅力のある店づくりをしたい。そこで，生産者と小売業者全員の間に，それぞれ交換あるいは取引を通じて自分の目的を達成しようとする。

さて，卸売業者が要るか要らないかを見てみよう。

図の左部分は「卸売業が介在しない場合」である。この場合，生産者と小売業の間にそれぞれ1回ずつの取引があるとすれば，すべての生産者の製品がすべての小売業に販売するのに，取引回数は合計9回になる。これに対して，右側の「卸売業が介在する場合」を見てみると，すべての生産者とすべての小売業が1回ずつ両者の間に介在する卸売業としか取引を行わないことになる。この場合は，地域全体の取引総数は左側の9回より6回に減り，全体の取引が3分の1が減少されてしまう。

図3-4は，流通構造を簡単に説明するために，事例を単純化して説明する

ので，対象数極力に少なめに設定したものである。もしも，自営業も含めて国内約99万社（平成28年＝総務省「日本の統計2022」）の小売業と45万社強の製造業との間に約36万社強の卸売業を除いて，一対一の直接交渉を行うならば，天文学的数字のような取引が計上されるのであろう。さらに，世界約250ヵ国を考えてみると，社会的なモノの流通の数量と流通コストが想像を絶することになるのではないか。

2）集中貯蔵原理（principle of massed reserves）

　卸売業は前述の取引総数最小原理によって社会的流通機能を担っていると同時に，社会全体の商品在庫の最小化あるいは最適化の役割をも果たしている。これは集中貯蔵原理と言い，または不確実性プールの原理（principle of pooling uncertainty）とも称される。この集中貯蔵原理は以下の解説を通じて，理解できるのであろう。

　消費者は各自のニーズがあると同時にそれぞれの都合がある。いつ，どんなものが欲しいに関しては，その都度の都合によって決めるもので，極端に言えば，人口の数がある限りそれぞれ異なる需要がある。こうした消費者の個別需要に応えられるのは各地に大量に存在する小売店舗である。それは，小売店舗は消費者の近所に立地して来店する顧客に対して個々の商品を販売するからである。来店顧客の買い物が満足させるため，日常生活に必要とする取扱商品をいつでも欠品（売り切れ）がないように備えるのが小売業存立の前提である。こうした安定して持続的に買い物できる環境の確立と維持は，小売店舗の取扱商品の在庫（手持ち在庫）に支えられている。

　ところが，企業経営効率の観点からでは，最も理想的なのは「無在庫経営」モデルである。製造業であるメーカーの場合，できあがった製品を在庫せずにすべて卸売業に売り渡せば，製品の代金はすぐに全部回収ができる。利益を確保した上で，次の生産の原材料などの購入や従業員の賃金支払いもできるし，売れ残り製品の一時在庫に掛かる倉庫費用や管理のための設備や人件費も要らなくなる。小売業の場合は，できるだけ取扱商品のすべてを商品棚に陳列

して速やかに消費者に販売して，仕入原価と店の儲け分を回収したい。こうすれば在庫費用を持たずに済むし，在庫管理の手間暇も掛かる必要がなくなる。つまり製品あるいは商品の在庫がなければ，流動資金の滞りもないし，在庫のための倉庫の確保や保管経費などの経営コストも掛からなくなる。

　しかし一方，在庫を圧縮してまたは無在庫にしてまで製品または商品を販売する場合を考えてみよう。メーカーの場合は，原材料や部品の調達や製品の製造に時間が必要なので，生産を持続的に行うためには最低限の在庫が必要不可欠である。仮に，卸売あるいは小売から注文を受けてから，現在の製造を一時中止してすぐにも注文された製品の製造ができるとしても，その注文に必要な原材料や部品が手元になければその製品の製造ができない。一方，小売店の場合は，手持ちの在庫がなければ，来店して求めの商品を立ち待ちで購入して持って帰りたい消費者の要望に応えることもあり得ない。なお，小売業の場合は，在庫の圧縮また無在庫経営に切り替えることになれば，消費者が自己都合で買い物するので，予測する商品の売れ行きが実際とのずれつまり小売業における不確実性が高まるのも当然となり，店内商品の品切れが避けられなくなるのであろう。

　小売の大事な役目はいつでも取扱商品が切られずに販売していることにあり，品切れと言う事態は決して許されることではない。そこで分かったのが，流通全体においては，製造業段階での製品であれ商業および流通段階での商品であれ，最終消費者の需要に即して応じるためにも，企業自身の事業を成り立つにも，製品や商品の手持ち在庫は必要で，避けては通れない現実な問題である。問題のカギは流通プロセス全体のどこにおいてその在庫を保有するのが最も合理的なのかにある。

　図3-5は流通プロセスにおけるメーカーの段階を除いて，商業および流通段階を例にしてある地域の商業の川中と川下を見る場合を示している。前述のように，小売店来店客の立ち待ち持ち帰りの要望に応えるために各店舗の手持ち在庫は必要不可欠である。その在庫には，基本的に図の左側の「小売業各自在庫持ちの場合」と右側の「卸売業集中在庫持ちの場合」の2つのケースが考

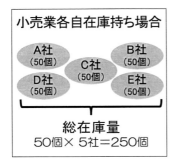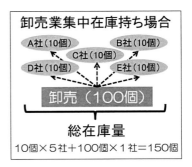

図3-5 卸売業の機能その2（集中貯蔵原理）

えられる（もちろん，左右2種類の方法を組み合わせて取入れることもあり得るが，ここでの分析は割愛する）。

　ある一定の期間中，商品の品切れを防ぐため，図の左側は，小売店が事業の継続性を影響されないようにそれまでの販売実績よりも多めに手持ち在庫を保有するのが一般的考えられる。これに対して，図の右側は，その地域の卸売商圏（例えば24時間内に注文を受け，商品が届けられるエリア）に卸売業が商圏内の小売店の代わりに集中的に商品在庫を保有する場合である。図解の通り，小売業各自手持ち在庫するより卸売業が集中的に在庫を持って各小売店への在庫切れが発生しないように調整するほうが在庫総数は遥かに減ることができる。つまり卸売業がそれぞれの小売業の在庫リスクを背負い，各店舗の需要と在庫の数量を調整することができるからである。それがいわゆる集中貯蔵原理あるいは不確実性プール原理で，これこそが卸売業の社会的必要性と存在価値である。

　この原理はまた，第5章の「問屋無用論」の予測に対して，なぜか現実に卸売業がなくならない理由にもなるのであろう。言うまでもなく，卸売（チェーンオペレーションの場合［第6章2節］は小売企業の本部に当たる）が集中的に商品在庫を持つことになれば，各チェーン店全体的商品在庫総量の削減ができ，企業全店の在庫が減ると同時に輸送回数を減らすこともできるので，それはさらに交通渋滞の回避など社会的流通コストの削減にもつながることになる。

　以上の理論仮説は，商業（卸売業と小売業）の存在は社会全体の取引総量を最

小化する働きを有すると同時に，社会全体の商品在庫総量を減らすこともできるとの解釈である。

なお，図3-5は，小売業に対する卸売業の在庫調整機能だけを示しているが，実は，小売業が消費者に対して，各家庭の日用必需商品の手持ちの最適化を調整する役割を担っている。小売業は店舗の適正な手持ち在庫をもって消費者が必要とする商品をいつでも購入できる買い物環境の整備によって，日常生活を安定して持続するため，消費者の買いだめなどをなくすことができる。それが各家庭の生活コストの削減になると同時に，消費者各自の日常的消費のための在庫持ちで起因する非耐久消費財のような商品の傷みや賞味期限切れなどのリスクの軽減や回避にも役立つことになる。

3 商品分類と商業における意義

商品とは，本来物質的生産によって作り出され，人々の欲望を満たせる労働生産物である。それは交換関係が現れてからはじめて商品と見なされる。第1章で検討されたように，社会的分業の確立で生産と消費の分離によってもっぱら他人消費のために商品の交換や取引を行われる市場が形成され，市場経済とも呼ばれる商品経済が確立された。今日では，経済活動は必ず何らかの形で商品と人々の活動に係わってくるように世の中の商品は数え切れないほど存在している。そこで，商品の交換や取引に携わる商業企業にとっては，各自の業務に応じて商品を分けて管理することが必要とされる。

商品分類とは市場に売買される商品を一定の基準に基づいて整理・分別することである。商品分類には様々な基準や手法があるが，それは商業者とくに小売業者の事業活動をスムーズに展開するための大前提である。マーチャンダイジングにおいては，商品分類は商品の企画や取揃えから，仕入管理・在庫管理・販売管理など，さらには，商品が販売されてからのアフターサービスをも含めて各段階においてもすべてなくてはならないほど重要な意義がある。同時に，商業企業の管理やマーケティングにおいても基礎的かつ必須の条件であ

る。また，適正かつ合理的な商品分類は，前節で述べた社会的流通コストの削減にも役立つことになる。

商品分類は以下のような種類がある。

1）概念的・実務的分類

概念的と実務的とは相反して対立されているように思われるが，それは理論と実践のように裏と表の組み合わせなのである。マーケティングのコンセプトは具体的なビジネスの現場で応用されるものでもあるからである。

（1）概念的分類

経済学では，概念的分類という手法を用いて，主に商品を使う主体によって，生産財と消費財に2分類する。生産財は，メーカーなどの製造や加工に使われる原材料や部品などをはじめ，製造または加工途中の半製品も含む。製造や加工のプロセスを終えて，完成品として市場に投入し最終消費者に手渡して使用されるものは消費財である。消費財には，さらに長い年月にわたっても使え続けられ，長持ちできる耐久消費財と1回の消費で使い切るか，または短い期間で消耗されるような非耐久消費財に分類することもできる。

一方，よりマクロ的な視野で，一国の経済活動の各分野を監督・管理する行政の立場に立つと，製造または生産され，流通され販売されるすべての商品を統計的角度から分類することも必要である。このような管理的分類は国によって異なることがあるが，日本の場合は，「日本標準商品分類（JSCC）」を基準に行われている。それは統計調査の結果として商品を分類する位置づけではあるが，結果的に商品統計の基準にもなっている。

日本標準商品分類は，昭和25（1950）年3月に最初に制定されてから最新版の平成2（1990）年5月までに5回にわたって改訂された。この分類は国内産業統計のためのもので，大分類，中分類，小分類，細分類，細々分類に加え細かく6桁分類までと決められ，かなり実務的ではあるが制度的分類として「商品群」に集約している。しかし，価値ある有体的商品（外形のある商品）で市場

において取引きされ，かつ移動できるもののすべてという原則もあるため，電力・ガス・用水などは含まれるが，サービス，土地，家屋（組立家屋を除く），立木，地下にある資源等は含まれていない。

（2）実務的分類

　また，消費の立場に立って，よりミクロ的実用的に，商品の使い道つまりその使途によって分類することもできる。それは消費者用商品と産業用・業務用商品という分け方がある。消費者用商品は，前述の経済学での消費財を指し，最終消費者が利用する商品を意味する。消費者用商品は自己の家庭用，娯楽用その他の目的で消費することを基準とし，再加工したり，再販売しないという原則がある。消費者用商品はさらに，マーチャンダイジング分類，マーケティング分類，管理分類の3つに分けることができる。

　マーチャンダイジング分類は，実務上で特に企業の仕入や在庫，販売管理に必要な分類基準であり，さらに商品群・品種・品目・集合単品・絶対単品などの区分がある。マーケティング分類は顧客の具体的なニーズを探る分類で，クラス・サブクラスに分類されることが多い（表3-2）。管理分類は企業や部門の売上や利益の管理単位，つまり組織分類における社内の部門・課・係などの管理部門によって分類されるものである。ところが，特に多数の商品を取扱う大型小売業では，自社の取扱商品にそれぞれの特徴があり，独自に商品を分類し，数値管理を行う場合が多い。どの単位で分類するか，なにを管理するかなどについては，かなり実務的なものであるため，業界で統一され明確に定められているものはほとんどないぐらい，企業や店舗の個性的な取

部　門	ライン	クラス	サブクラス
食品	生鮮	青果	野菜
			果物
		精肉	鶏・豚
			牛・馬
			加工肉
		鮮魚	生魚
			塩干
		総菜	揚げ物
			煮物
○○	○○	○○	○○
			○○

表3-2　マーケティング分類事例

り決めによって異なるものである。

2）理論的分類

以上のような概念的・実務的な商品分類のほかに，広義の商業，マーケティングを研究する学問においては，商品分類に係わる理論枠組もある。本書は諸説の中から次の代表的な2つを検討する。

（1）コープランド（Copeland, Melvin T.）の商品3分類

経済学的分類や商業における実務的分類には1つの共通点がある。それは生産財であれ，消費財であれ，分類の基準は基本的に製造業者または生産者の視点に立って行われるものである。これらの分類に対して，コープランドの分類は消費者の購買意図や購買行動に基づくものである。1924年に，ハーバード大学のコープランドはマーケティングにおいて最初にすべての商品を消費者の購買慣習や購買パターンによって分類を行った。それは，今日でも幅広く活用される最寄り品，買回り品，専門品の3分類である。

① 最寄り品（Convenience Goods）

最寄り品とは，毎日のように購入頻度が高く，手軽くて，できる限り最小の努力で購入しようとする商品で，文字通り，消費者にとっては生活圏における最も近い店舗で習慣的に購入するものである。食料品・日用品・生活雑貨といった購入頻度が高く，消費期間が短く，価格が安い，いわゆる非耐久消費財はそれに当たる。

小売業にとっては，消費者の最寄り品の購入頻度を高めるため，商品の入手機会を拡大するために多店舗展開（チェーンオペレーション）の形で各地に販売店を増やし，品揃えを充実させ店頭で各種の陳列手法で個々の商品の露出を高めることが重要である。さらに，欠品が起こらないようにサプライチェーン（第4章3節）を強化することも必要とされる。

② 買回り品（Shopping Goods）

買回り品とは，消費者が自身の嗜好や商品価格などを基準にして，買い物を

するに当たって自分に納得できるようにいくつかのこれまで購入経験のある店舗やその他購入したい商品が取扱っている店舗を見て回り，数多くの商品の比較・検討などを通して行動する末に最終に購入する店舗を決め購入しようとする商品である。このために，1つの商品購入を決める際に，複数の店舗を見て回わられ，商品の機能や価格，デザインやその他の幾つかのこだわりのある指標を基準に複数の同類や類似商品を比較して決めていくという共通点から，日本語では買回り品と訳した。家電製品や衣料品，家具やインテリアといった商品は最寄り品に比べて購入頻度が低く，価格が高く，使用期間が長いのがこの商品分類の特徴でもある。なお，購入する際に，商品の価格と商品の機能や品質などを悩みながらじっくり考えて，いわゆる商品のコストパフォーマンス（費用対効果の比較）をもとに購入するかしないかという傾向がある。

　小売業は買回り品の購買意欲を高めるためには，製品のスペック（仕様）や特質などの詳細情報を消費者に提供することやら，店頭販売員による人的販売において消費者とのコミュニケーションを通じて製品知識使用方法などを伝え，商品の選好度を高めることが大事である。もちろん，商品の展示や販売実演，試着，試飲や試食などの購買意欲に刺激する手法によって実際の使用で感触を確かめてもらうことへの工夫なども重要である。

③　専門品（Specialty Goods）

　専門品とは，独自の製品特性やブランド価値を有しており，消費者が購入に当たって，特別な購買努力を惜しむことなく購入しようとする行動に値する商品である。多くの場合，機能的ベネフィット（利得），消費者に対する価格以外の魅力や個人的なこだわりなどのプレミアム（製品の付加価値）を持っており，その製品を所有していることや，その店舗で買い物に行くといったこと自体が一種のステータスや特別な満足感としての価値を有する商品である。高性能や高付加価値，幅広く名の知られる高価なブランド品などが専門品に当たる。

　なお，高級ブランド品のほか，著名なブランドでなくとも，普段，贅沢品と思われる高品質のカメラや高性能の時計，住宅や自動車，美術品やジュエリー，といったものも専門品に分類される。専門品の購買欲を高めるには，商品

のブランド形成および維持，商品の希少性，同類または類似商品の価格の参照基準などを高く保ち続けることなどが重要で，ステータスや購入後の優越感など購入者の心理効果も十分に高めるためのマーケティング手法も必要である。さらには，購入後の品質保証，修理や保全・保障などのアフターサービスの確保と充実も欠かせない要素である。

ところが，注意すべきは，今日では，生産技術や人々の価値観の変化によって，個々の消費者にとっての専門品は一律してはっきりと分類することはできなくなることも事実である。また，いわゆる専門品メーカーもマーケティング戦略を大いに活用して，一部分の消費者のニーズへの応えにもなるが，自社製品の購入層拡大を目指して，複数のカテゴリーまたは複数のブランド管理を手法に現有製品の幅を広げようとする努力も地道に行っている。例えば，自動車の製造企業は，高級車のほかに小型車や軽自動車の発売，カメラメーカーも高性能カメラのほか，大衆向けの低価格汎用品や使い捨てカメラの市場投入，住宅に至っては，狭小敷地に3階建てにして価格を抑えて低所得層や若年層に販売するなども多くみられている。さらには，ジュエリーの場合は，人工宝石の開発や加工技術の向上などの手法で，元々専門品と思われる商品を手軽い価格で若年層への販売を拡大している。

（2）バックリン（Bucklin, Louis P.）の商品2分類

コープランドの商品分類は，マーケティングにおける最初の試みだが，提唱されてから百年になろうとする今日までもその影響力が続いている。消費者の購買意欲や購買の行動パターンが主導する今日の買い手市場では，企業はビジネス実務の展開において，コープランドの発想のもとに消費者の選好や嗜好，行動パターンの変化に対して最大限に配慮して，製品または商品の開発を行い続けている。

しかし，コープランドの分類はより消費者行動の実態に合うように修正すべきだと唱える研究結果もあった。1962年に，カリフォルニア大学のバックリンはコープランドの分類基準，つまり消費者の購買行動による分類に賛成する

ものの，分類には非合理的な部分があると指摘し再分類とも言うべく次のように主張した。

彼の研究によると，商品を購入する際，消費者には基本的に「買回り」行動をするかしないかという２大パターンがある。「買回り品」を購入する時に，消費者は言うまでもなく複数の店舗を見て回り，商品の購入は比較された結果でもある。これに対して，「最寄り品」の購入では，消費者は習慣的に最も身近の店舗に行くので複数の店舗を回らない。このような買い物行動は実に「専門品」の購入パターンと同じものである。専門品の購入では，消費者は，一般に行きつけの店に行くか，あるいはこれまでの経験で信用できる購入先の店舗に行き，複数の店舗を見て回る行動は稀である。

しかしながら，バックリンの時代では，さらに無数の新商品の開発や市場投入，多様な新業態が小売業に新規参入してきたので，消費者の買い物行動に利用できる選択肢もコープランドの時代と比べられないほど増えている。それらの社会的背景のもとで，その時代の消費者にとっては，買い物行動に当たっては，商品に限って買回りをするかしないかに止まらず，店舗に関しても，買回りする店舗とそうしない店舗がある。したがって，バックリンによると，消費者が商品を購入する際，図３－６に示したように，商品にも店舗にも「買回り」と「非買回り」のような行動パターンがある。

結果的には，バックリンの商品分類には，図のように，理論的に①最寄り店の最寄り品，②最寄り店の買回り品，③最寄り店の専門品，④買回り店の最寄り品，⑤買回り店の買回り品，⑥買回り店の専門品，⑦専門店の最寄り品，⑧

商品＼店舗	買い回り店	最寄り店	専門店
買回り品	⑤服・家具など	②	⑧
非買回り品 最寄り品	④	①米・野菜など	⑦
非買回り品 専門品	⑥	③	⑨時計・電器など

図３－６　商品分類と店舗分類

専門店の買回り品，⑨専門店の専門品の9つの分類があり得る。バックリンの商品分類を理解するには，1960年代の欧米諸国において，戦後の持続的な経済成長による好景気に支えられる個人消費の好調にその背景がある。商業における百貨店や総合型のスーパーマーケット（GMS）なども普及されていた時代には，小売店舗が続々と新規出店して，個々の店舗とも総合的に幅広い品揃えに競い合うため，消費者の買い物行動に対する選択肢が多種多様に現れていた。

　ところが，コープランドの商品分類にしても，バックリンの修正的分類にしても，共通して重大な欠落があると言わざるを得ない。それは，いずれの商品分類とも物販業の物的商品に限定しており，サービス商品は考慮されていないことである。もちろん，サービス企業の経営そしてサービスに関するマーケティングでは，探索財，経験財，信頼財のような分類に関する研究結果もある。サービスの経済化やGDPにおける広義のサービス業（第3次産業の全体）の巨大化から見て，サービス商品についての分類も必要である。次では，サービス商品も含まれる商品分類を見てみよう。

3）サービス商品が含まれる商品分類

　前述もあるように，経済学では，すべての商品あるいは財を有形財と無形財に分けている。そして，経済学の観点に基づいた商品学では，図3－7のような商品分類が行われる。有形財には，また可動財と不動財に分けて，可動財にはさらに物質的商品などの実質財と有価証券や商品券などの形式財に分類する。マーケティングにおいては，主として前述のコープランドが主張したいわゆる物販業が取扱う物的商品の分類に限られる。商業学では，図のように，無形財も分類に入れているが，その説明を見れば，経済学のようにサービスはまるで付属的なものとされている。

　第二次世界大戦が終わり，いわゆる東西冷戦が続いていても全体的に世界の多くの国には社会の平和と安定が相対的に保たれていた。日常生活の安定ができる社会環境では，国民収入の向上などが背景に一般大衆の生活水準も高まれて，それまでは考えられないよい生活を求める欲求が生まれてきた。モノが足

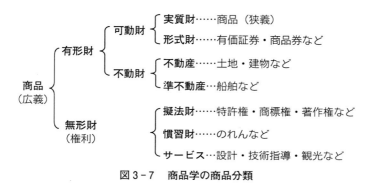

図 3-7　商品学の商品分類

りない時代では，よりよい暮らしができるような物質的充足は真っ先に求められている。

　欧米でも日本でも戦後 20，30 年にわたって経済発展にまずは消費財の大量生産に国力を注いでいた。日本では，戦後の経済高度成長期において，テレビ・冷蔵庫・洗濯機のようないわゆる国民生活の「三種の神器」に対する爆発的な需要拡大が経済成長の起爆剤とも言われていた。その後，3C とされるカラーテレビ・クーラー・マイカーという「新三種の神器」はバブル経済期の 1980 年代半ばまで経済を持続的高度成長に威力を発揮し続けていた。日本が 1968 年に西ドイツを抜き去り，世界第二の経済大国に登り上がるまで物財中心の商品が国民経済における重みは否定できなかった。

　しかし，バブル経済がはじけて，1990 年代以降，国内総生産（GDP）は一向に横ばいしながら低調に増加して今日までに辿ってきた。今日までの「失われた」と言い続けて 30 年あまりに，国内産業構造が激しく変化し，最も拡大してきた産業と言えば，狭義的も広義的もサービス業であった。物販業である商業（卸売・小売・物流）を含む広義的サービス業は第三次産業とも称され，物作りはしないが，製品や商品の交換や取引，消費者への商品販売，それに大型商品を中心に購入者や利用者の手元に届くような物流や運搬などの役割を担っている。

　さらには，物的要素と人的要素を組み合わせて顧客と面と向かってその場で

サービス商品の生産と提供を行う飲食業などの狭義のサービス業も含まれる第三次産業が，景気低迷が続いていながらも GDP における割合は，60％から70％ を大きく超えるほど伸びている。変化し続けている消費者行動に伴い，従来型の物的商品の購入と所有を中心とする「モノ消費」から消費者の買い物パターンが大きく変わった。今後では，イベントへの参加やどこかへ出掛けて体験しようとする「コト消費」への消費需要に伴う物的商品が売られるような動きは次第に拡大していくのであろう。こうしたように，サービス商品を中心に，少なくともサービス商品をも含めた商品分類の必要性は研究者の間においてもビジネス実践においても求められている。

　経済におけるサービス産業の急拡大傾向は欧米では日本より一歩先で，1960年代からすでに注目され始めていた。1963年に，前述の「小売成長段階論仮説」を提唱したレガン（Regan, William J）がサービス革命（The Service Revolution）という論文を発表し，サービス業に対する関心を呼び掛けた。その後，多数の学者の研究による多くの成果が蓄積され，初めて物的商品とサービス商品を含めた総合的商品分類を提唱したのは，アメリカのザイタムル（Zeithaml, Valarie A.）が 1981 年の論文「消費者はどうやって商品とサービスを区別し評価するのか」（How Consumer Evaluation Processes differ between Goods and Services）であった。ザイタムルによると，サービスも含めたすべての商品は探索財，経験財と信頼財の 3 種類に分けることができる。

（1）探索財（search goods）

　探索財とは，ほぼ経済学的分類の物質的財に当たり，購入する前に，商品に関する価格や性能・特性，さらに外形や色彩など有形性質などの情報はより簡単に入手できる。また，商品の品質についても，いわゆる口コミのような他人の情報がなくても，自らの目で見たり，手で触ったりすることができる。そしてこれまでの経験もあるため，確認しやすいものである。図 3-8 に列挙される衣料品，宝飾品，家具，家屋，自動車などの耐久消費財と呼ばれる高価商品のほかに，食料品や食材などの非耐久消費財である日常必需品も，共通して目

図3-8 消費者行動による商品・サービスの分類

に見えやすいため物的商品に属する。消費者は自分の知識や手にした情報などを手掛かりに，購入時，買回りのような探索行動が有効である。

(2) 経験財 (experience goods)

経験財とは，図3-8の真ん中の部分に示されているレストラン，レジャー，ヘアカット，託児サービスなどのようなサービス商品である。経験財にはパンフレットや説明会，近年では，ホームページやブログなどから事前情報の入手ができる。また，すでに経験した人々の口コミのような情報獲得も可能である。ところが，経験財というサービス商品は規格が統一されにくく，また，提供する企業や従業員の個人差も大きい。そのほかに，演劇やライブ，ホテルや遊園地なども同様に，自ら一度経験しなければその良し悪しはとうてい分からない。こうしたサービスには，建物や設備，遊具や道具，料理やその他の物的要素があるが，これらの物質的要素を使い，提供者の人的情感や接客態度，提供技術や熟練度合いなどの差で同じサービス商品でも品質が変わってくる。

(3) 信頼財 (credence goods)

経験財の場合は，一度体験したら，個人差があるとは言え，ある程度の良し悪しの判断ができるが，図3-8右側に挙げられたテレビの修理，弁護士，歯科医，自動車修理，医療診断などのサービス商品は，より専門的・高度な技術

が必要とされ，一回経験したとしてもその良し悪しははっきりと判別するのがなかなかできないことも多々あるため，信頼財と呼ばれる。こうした商品には，いわゆる非物質財の性質が強く，修理に出されるテレビや自動車の故障が違ったり，弁護される事案が異なったり，患者の歯の状況，病気の原因や具合などには患者によってはほぼ全く同じことがないから，こうしたサービス商品を提供してくれる企業や個人については，これまでの実績やら，他人の口コミ情報やら，自らの経験でさえ正確に評価しがたいので，サービスを提供する側の人間性や受けいれる側との人間関係における信頼関係にしか頼れない。

4）商業における商品分類の意義

　多種多様な商品をある基準によって，共通性を持つ同類または類似する商品と異なる品種や品目に分別することは商品分類である。商品分類は決して産業統計上あるいは学問的研究上においてしか意味のないことではない。商業および流通の実践においては，個別の企業は無数の商品から自社の経営資源の活用に適する商品を絞っていくことは順調かつ効率よく業務展開できることの大前提である。

　商品分類に基づいた商品の品揃えまたはマーチャンダイジング戦略の企画立案そして実施は商業企業経営のキーポイントと言っても過言ではない。卸売業や小売業の場合は，商品の仕入や販売，商品の棚卸や在庫管理，売場レイアウトや商品棚の配置・陳列，そして，商業企業の全体的管理などの日常事務の展開においても，基本的に商品分類を軸に行われている。さらに，商品の物的流通に従事する商品の一時貯蔵や輸送・転送活動などにおける業務管理にも商品分類の活用は欠かせない。

　一方，商品分類は今日の商業企業のみならず，第5章1節で議論する歴史上の日本の単品問屋や総合問屋などの卸売業，また酒屋や八百屋など伝統的小売業も実に商品分類の基準によって商売が成り立っている。商業企業の具体的な事業活動において，それぞれの産業や業界，個別の企業によって独自の商品分類が実用されるものの，商品の仕入管理，在庫管理，販売管理などの日常業務

活動においては,大範囲で共通する商品分類は欠かせなく,企業の経営管理の重要なツールでもある。

📖 第3章を読んでさらに考えてみること

1. 日本の広義の商業の現実を踏まえて,「小売の輪」,「小売成長段階論」,「真空地帯論」のそれぞれの理論仮説で説明できる事例の中から1つを挙げて分析してみよう。
2. 卸売業の実例を1つ挙げて,「集中貯蔵原理」あるいは「不確実性プール原理」について,あなたなりに分析してみよう。
3. 「経験財」と「信頼財」の違いを区別して,「買回り品」と「非買回り品」との関連性について,具体的な事例を1つ挙げてみよう。

> **ミニコラム**　商業活動の理論と論理

　理論とは，これまでの個々の事実や認識を統一的に説明し，今後の変化やあり方の予測もできる普遍性をもつ体系的知識である。このために，「小売の輪」や「小売成長段階論」，「真空地帯論」のような研究結果には，説得力があるものの，多くの小売業現象についてはそれぞれ説明できない部分もあるため共通的と言えず，商業の理論仮説と呼ばれている。

　論理とは，思考または考え方の形式や法則，またそのつながりである。人間には，社会活動や文化活動，経済活動や日常生活など多くの活動がある。それぞれの活動にかかわる論理つまり人々の考え方は異なるのも当然である。商業活動は経済活動の一部分ではあるが，生産活動や消費活動などとは異なるものである。商業活動は生産者から生産物を取得して消費者にそれを転売して利益を得る仲介あるいは代行業者であるため，商品の仕入原価と販売価格に差益（価格の差＝マージン）がなければ，その商品の取扱いはできないという論理がある。それは，生産者が独自の技術や設備によって自社だけができる製品の製造や加工を通して利益を得るとの考え方（論理）とは異なるものである。

　しかし今日では，商業者は単なる生産者から品物を仕入れて消費者にそのままで販売するだけでは，生き残れないと言わざるを得ない。生産者に対して消費市場の情報伝達や消費者に対して生産者または製品の製造や加工，使途や使い方，そして苦情や要望なども含め，消費全般にかかわる情報の提供という最低限の付加サービスとして，生産者と消費者の間の情報伝達の架け橋に機能するよう求められている。また，市場競争が激しくなる一方の今日では，特に小売業の場合は，消費者の買い物環境整備はもとより，消費者に対する生活提案や生産者に対する消費者要望に基づいた既存製品の改良や新製品開発などのアイデアや助言も商業者の論理として実践して行かなければならない。

　さらには，自らの企画やデザインをもって自社独有の商品（PB＝プライベートブランド商品）を製造企業に注文して生産してもらい消費者の新たな需要に応えようとする製造販売小売業（SPA）も，従来のアパレル産業から家具や家電などの他産業へと拡散している。これは，今の時代に適する新たな商業の論理になろうとしているのではないか。

第4章

流通構造と物流

　商業とは，第1章で述べた社会的経済構造において市場メカニズム（図1-1）構造の一部分である。当然，経済循環においても，生産と消費のかけ橋的な存在である狭義の商業は流通構造の重要な部分でもある（図1-4）。したがって，流通構造は，社会的経済活動の循環において，生産物である製品や商品，またはその他の産品が生産者から消費者までにわたる様々な流通経路の社会的構造の全体と言う。このような狭義の商業が主体とする流通構造全体像はすでに第1章1節で説明したので，以下では，流通構造について具体的に分析していく。

1　社会的流通構造

　流通という言い方はすぐにも空気や水，川の流れなどを思い出す。川の流れを例えに流通構造を見ると，生産者あるいは製造・加工業者は流通構造という川の水源地である「川上」と見なされる。生産物は生産や製造されてから流通経路を経由して最終的に消費者の手に渡り消費されるまでの流れは経済の循環でもある。そして，出発点の「川上」に対して，流通構造の末端にある小売業は「川下」と呼ばれる。また，川の流れを全体的に調節するような役割を果たしているのは流通経路の真ん中に位置する卸売業である。このために，卸売業者は一般に流通経路の「川中」と呼ばれる。流通機構全体の流れと構造は，図4-1のように示すことができる。図を見ても分かるように，商業（狭義の商業＝卸売業と小売業）は流通の中心的存在である。
　商業を構成する卸売業と小売業に関する具体的な記述は第5章と第6章に譲るが，ここでは，構造的に商業と流通の関係について検討する。

1) 流通経路の構造

製品あるいは商品は，日常的に流通構造の「川上」である生産者から送り出され，「川中」の卸売業を経由して「川下」の小売業に辿るのは流通経路である。ところが，流通経路においては，製品あるいは商品は決して流しそうめんのように，必ずしも「川上→川中→川下」の順にメーカーから最終消費者の手に流れていく決まりもなければ法的根拠もない。川上のメーカーはもちろん，川下の小売業，それに川中の卸売業もそれぞれ独立している企業なので，全体的には，それぞれの産業分野あるいは業界に棲み分けしている。市場経済においては，それぞれの企業は自由に各自の事業を営むので，各自が自らの利益最大化を図るため，当然のように，自社にとって都合がよければ，最も合理的な流通経路を選ぶことにする。マーケティング戦略で言えば，これは，チャンネル選択と言う。

図4-1をよく見て分るように，端的に言えば，川上にあるメーカーは，卸売業者または小売業を中抜きにして商品を消費者に流通させるような経路選択もあり得る（第5章2節）。特に，大規模小売チェーンの場合は本部が川中の卸売業機能を果たし，卸売業を中抜きにしてメーカーと直接取引するのは決して珍しくないからである（第6章3節）。今日では，情報通信手段（ICT）はさらに高度化しており，使い慣れた消費者であれば，いつでもどこでも世界各地の企業や個人につながることのできるインターネットを活用し，高度情報ネットワークを活用して，直接に国内メーカーのネット販売サイトや海外メーカーや商業者などのネット販売サイトから製品や商品などを購入することができる（第9章3節）。

一方，生産者も国内外にかかわらず，こうした情報ネットワークを生かして電子商取引（EC）の形態で直接に他の企業や消費者に製

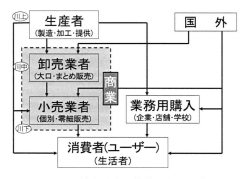

図4-1 社会的流通機構と商業の構造

品などを販売することができる（第9章2節）。この場合は，流通経路に介在する卸売も小売も完全に抜き去さられるパターンになる。しかし，これはあくまでもまれなケースなので，日常的には，最終消費者は各自の仕事などの経済活動や社会活動があるため，毎日のように日常生活必需品を入手するために小売業や卸売業を抜いてまで直接メーカーと取引するのはほぼ非現実的である。

　同様に，それぞれのメーカーがあまりにも自社製品の販売に経営資源を投入し過ぎると，製品の生産や品質維持さらに新製品の開発に専念することができなくなり，日増しに激しくなっている市場の価格競争以外の競争における自社の競争優位を失わせてしまう。したがって，メーカーの自社製品の販売と同様に，一般消費者の買い物もやはり第3章2節の「流通の社会機能」を担う卸売や小売などの商業者に頼るのが主流である。

2）商業と流通の違い

　では，商業と流通を具体的に区別して，その違いと関連性についてはっきりしてみよう。

　商業も流通も人々の経済活動または社会的経済循環における重要な部分で，人々の日常生活を支えているシステム的なものではあるが，両者の領域と役割には違いがある。流通とは，生産から消費までの物的商品の流れの全プロセスつまり流通経路（図4-1）で，狭義の商業は流通経路を構成する市場の主役を担っている（図1-4）。流通活動に係わるメーカーや加工業者を含む生産者，広義の商業（卸売業者・小売業者，そして物流業者など）は流通経路を構成する。

　商業の発生は，第3章の冒頭に述べたように，世界的に古く紀元前1600年に遡ることができる。以来，世界各国において，数千年にわたって成長し進化してきた。今日のような国家制度の確立は早くて17，18世紀のイギリス革命やフランス革命以降からなので，特にユーラシア大陸の国々の間における越境貿易，それに近代になってやっと確定された国境線を跨っている物々交換を含む辺境地域などの商業は歴史的に存在している。国や社会制度にかかわらず，文化や歴史の縁のある地域における商業の存在は，その地の経済構造全体構成

の一部分である。言うまでもなく，商業は人々の日常生活を支える重要な役割を果たしているだけに，社会においては独自に存在することはできない。

　世界的には，民族や宗教，文化や伝統，そして近代になると，国家という社会体制ないし政治構造などの影響をも受け，各地や各国の商業はそれぞれ独自の歴史的特徴や社会的慣行を持っている。いずれにしても，商業はまず，ある地域内における生産と消費の架橋的な存在であるため，その地の生産と消費に密接に関連しながらも，その地の文化や伝統，風土や習慣から強い影響を受ける。この意味で，ある地域の商業構造そのものはその地の文化的，社会的伝統に規定されるものだと言っても過言ではない。一方，前述した国境を超え，国境を跨っている商業は一般に「貿易」や「国際貿易」と呼ばれ，その詳細については，第7章で検討する。

　商業と流通の最大の違いと言えば，商業は主として第1章で説明した製品あるいは商品の所有権が代金決済などを通じて移転されるような「商取引」つまり俗の言う「商売」に重みを置く。対して，流通とは，製品や商品という物財の空間的・距離的な移動，つまり後述する物流に焦点を当てる意味合いが強い。第1章で述べた経済構造および前述した流通経路を見てみると，流通経路と言われる社会的構造はメーカー，卸売業，小売業ないし「農協」のような生産者協力組織と「生協」のような消費者協力組織（第6章3節）までもが含まれている。

　また，社会一般では，百貨店やスーパー，コンビニなどを商業のイメージが強く，倉庫業者や運送会社，宅配便などを流通業とイメージすることになる。したがって，端的に言えば，商業は主として「商的流通」の社会的機能を果たしている。日本では，「物的流通」機能の担い手に関しては，室町時代や鎌倉時代（第5章1節）に遡って問屋や問丸はその先駆的な形態である。

2　物流とその機能

　物流は，流通経路においては構造的に川上・川中・川下の各段階をつないで

くれる部分に止まらず，消費者が小売店頭から買ったものを自宅に持って帰ることも物流である。それは個々の商業企業の取引（商売）あるいは1人ひとりの消費者の購買行動（買い物）を完成するために必要不可欠的な繋がりである。物流は流通経路あるいはマーケティングにおいては，1つ独立する研究分野になるほどテーマが広く，とてもこの概論的著書が検討し切れるほどではない。紙面の制限もあるので，この節では，物流の種類を概要に整理して，その機能についても要約的に見てみることしかできない。

1）流通構造における物流

物流（Physical Distribution）とは，物的流通の略で，物販業の取扱商品を距離的・空間的移動あるいは移動させることで広義の商業活動の一部分である。

物流は，個人による少量や小型商品（消費者が小売店頭で購入した商品の持ち帰り）はもとより，自動車やトラック，鉄道などでの陸路輸送（陸運），また船舶（内航または外航）などによる水路輸送（水運）あるいは日本の国際貿易には欠かせない外海または外洋輸送（海運），そして時間や販売タイミングが最重視されるような商品の飛行機による空路輸送（空運），等々，多くの形態がある。さらには，国際宇宙ステーションへの物資輸送や補充も紛れもなく物流活動の一種である。なお，今後の活用や普及が見込まれるドローンによる近距離の時短配送や宅配などもすべて物流活動である。

流通経路においては，物流は一般に，図4-2の薄い影の矢印の流れのようにメーカー（または生産者）から卸売業（商），卸売業（商）から小売業（商）の

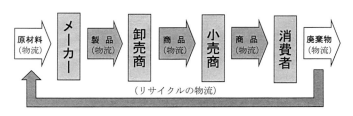

図4-2　流通構造の各段階に実在する物流

間に段階ごとに機能している。商品の集荷や運搬，貯蔵や管理，分荷や配送などの日常的に行われる業務的物流は主流である。一方，我々の日常生活にも物流の存在が欠かせない。小売業から消費者までの大型商品やまとめ買いをした物的商品の配送なども送料の有無にかかわらず物流活動である。それに，国内や海外の旅行先で購入した別送品やネットオークションで落札した物品の自宅配送なども物流活動にほかならい。

さらには，日常生活においては，我々が日頃郵便ポストに差し出した葉書きや手紙の配送，知人や友人の間に郵便小包や宅配便などを通じて贈呈し合うプレゼントやお土産，お中元やお歳暮などの住宅へのものの配送も物流である。はたまた，図4-2の下半分に記された家庭ごみの収集や産業廃棄物の運搬，廃棄物を再度原材料にするためのリサイクル運搬も物流活動である。

2） 物流の形態について

物流は生産・流通・消費などで多く見られるように実在している。物流は，製品の製造あるいは産品の生産に係わる「製造物流」あるいは「生産物流」，また，製品の原材料調達や取扱商品の調達などに係わる「調達物流」，それに製品や部品・部材，商品などの販売に係わる「販売物流」のように分けることができる。それらの活動は混在している場合が多いので，ここでは，より分かりやすいように，消費財の物流，消費活動に係わる物流，生産財の物流とその他の物流に分けて物流の形態または種類を見ることにする。

① 消費財の物流

消費財とは，最終消費者と呼ばれる我々自分や家族が日常生活に必要あるいは企業の備品のような仕事などの経済活動に役立つために利用できる生産物（物財）である。一般に購入して使用するために，商品の外形などがはっきり判別できる物的商品が多く，使用や利用によって最終的に消耗してしまうことになるので，経済学では消費財と言う。

消費財の提供相手は一般の地域住民や市民ないし国民と呼ばれる我々であるため，消費財の購入は基本的に一般消費者がアクセスしやすい小売店舗で行わ

れる。もちろん，我々がそれぞれの小売店舗の店頭で商品対価の支払いを済ませれば，消費財の商取引が終了する。しかし，消費財の消費は決して小売の店頭ではなく，イートインをも含めてほとんどの場合，消費者の都合のいい場所や時間帯で消費される。

　そこで，商品の代金を支払った後に物流の必要が生じてくる。大型商品でなければ，消費者は自ら持ち帰りにするが，大型商品の場合は，消費者の自宅まで配送されることが多い。いずれにしてもこれらのすべては物流活動である。ところが，第1章で述べたように，生産と消費の社会的分離の確立以来，生産された様々な物的商品が消費者の手元に届けられるまでのプロセスには物流を含む広義の商業の介入が不可欠な存在になり，前述した川上，川中，川下のような社会的流通構造が今日までに続けられている。言うまでもなく，このような物的商品の移動プロセスは図4－2に示される流通経路各段階での物流活動である。

　② 消費活動に係わる物流

　小売店舗まで移動される消費財に係わる物流は流通経路において行われる業務的あるいはビジネス活動で，企業から企業向けあるいは企業から消費者向けの物流である。対して，消費者は日常生活において各自の都合や需要によって所持品などの物品の移動も頻繁に行われる。多くの場合は，消費者間の物流や消費者の日常活動に伴う物流が日々行われるのは否めない。また，家族や親せき，知人や友人の間に行き来する葉書きや手紙，プレゼントやお土産，お中元やお歳暮などの物品が消費者の消費活動に伴う物流に当たる。消費者はこれらの物流を相手の家宅を訪ね自ら行うか郵便局や宅配便などの配送業者に依頼することができる。

　一方，消費者自らの行動に伴う物流もある。例えば，ビジネス出張や家族旅行，そして引っ越しに伴う各自の所有物や家財道具などの物品の移動が必ず伴ってくる。出張や旅行の手荷物や航空会社の預け荷物などの運搬は，出張や旅行というサービスに付随する物流として取扱われる。さらに，通信販売，テレビやネットショッピングなどで注文し宅配された商品などに関する不良品の交

換ないし返品などの物品輸送も，有料無料に係わらず消費活動に係わる物流活動である。

　消費活動に係わる物流は，日常に行われているが見落とされやすい。こうした些細な物流活動が消費生活に欠かせなく，経済のサービス化がグローバル的に広がっている今の時代では，消費活動に係わる物流はある地域や一国の経済循環，さらには，グローバル的に普及されるサプライチェーン（本章4節）の支えによる世界経済の循環においても重要な役割を果たしている。

　③　生産財の物流

　消費財または消費に係わる物流のほかに，一般消費者の日常生活には反映され難いが，消費財の生産の前の段階において，企業の経営や事業展開，具体的な生産や製造に必要な原材料や部材など経済活動の完結にかかせない極めて大事な物流活動が存在している。それは，生産財の物流である。

　今日では，我々消費者が小売店で販売される商品に対して，原材料から生産者，それに生産や加工方法に関する情報の開示を求めている。特に，自動車や電化製品，パソコンや家庭用電化製品に対しては，その原材料はもとより，部品や部材の産地や生産者に関しても知りたがる。実は，生産や組立て加工の前にこうした製造活動に必要な生産財と呼ばれる原材料，部品や部材に係わる物的流通も確実に行われている。

　生産財の物流がなくしては，消費財の流通経路における川上から流れる物的商品すらなくなる。なので，マーケティングにおいては製造業（manufacturer）マーケティングの一環として，生産財の物流が重要視される。後述する日本の商社（第7章4節）が行っている外国貿易あるいは国際貿易においては，国外の資源に頼る日本経済を持続させるための必要不可欠な一部分で，世界的にも信頼される日本の製造業の生産活動に欠かせないエネルギーや原材料，海外で生産された部品や部材などの運送が生産財物流である。

　④　その他の物流

　生産財や完成品である製品や商品はもとより，消費者の間にも日常生活上の都合や人々の間の付き合いなどで，様々な物流活動が実在している。

ほかにも消費者以外の企業や組織などの日常業務においても様々な物品を消費することが欠けてはならない。生産管理などの社内活動や販売活動などの社外活動には多くの文房具や事務用品，通信機器そしてそのたの備品が使われると同時に，社員食堂などでは大量な食品や食材も消費される。このような使用や消費を可能にする業務用とも言われる物的商品の輸送や配送という物流活動も必要である。

今日では，前述した消費活動や生産活動を通じて大量とも言えるほど生活ごみや産業廃材などの廃棄物も人々の住居から，生産活動が行われる工場や事務所から運び出され，集中的に廃棄物処分場やリサイクルを通じて再度原材料として使用されるような物流（図4-2の「リサイクルの物流」）は当然必要になる。他方，道路や橋梁，空港や港湾などのインフラ施設の建設や保全，解体や再建などの公共・公益サービスの提供に必要な物的施設（社会的インフラ）の造成に欠かせない建築材料や設備ないし解体時に生じる廃材などの運搬も物流活動そのものである。

要するに，物流とは流通の一部分ではあるが，物流がなければ商業が完全に機能しなくなることはもとより，人々の日常生活さえ続けられないと言っても過言ではない。次では，こうした極めて重要な物流の機能を概要的に見てみる。

3）物流の機能

商品の物流は第3章の図3-7の商品学による商品分類中の土地や建物のような「不動財」そして「無形財」とされる「擬法財」「慣習財」「サービス」のほかに，すべての物財と呼ばれる物的商品は物流が可能で，必要とされる。

こうした我々の日常生活や仕事のどこにも存在する物流には，簡単に言えば，輸送機能と保管機能に分けて見ることができるが，より具体的に見れば，少なくとも次のような6大機能を有している。それらは，①輸送，②保管，③荷役，④包装，⑤流通加工，そして⑥物流情報の機能である。

① 輸送機能

製品や商品の長距離輸送または短距離配送機能は物流の最も根本的機能であ

る。これは，第1章で述べた生産活動と消費活動の間に存在する「時間的・空間的ギャップ」を埋めるのに機能することである（図1-6）。今日では，生産と消費の分離のみならず，生産部門中にも後述のサプライチェーンのように分離されることもある。現在，企業活動のグローバル的展開では，コスト削減や利益率向上を中心に経営資源が合理的に分配される。多くの企業は1つの製品を完成するには国内外の各地に分散され生産される部品や部品のユニットを1ヵ所に集め，組立てて仕上げる手法を取入れる。こうしたグローバル的な生産活動は，言うまでもなく，物流の輸送機能なくしてはできないのである。

② 保管機能

広域的または遠距離での製品や商品の輸送は，輸送前または輸送途中や転送なども確実に必要とされる。このために，製品や商品の一時保管が避けては通らない。特に，第3章2節で述べた流通経路の川中に位置する卸売業には集中貯蔵機能があるので，小売業へ配送する前の商品の一時保管と需給調整を目的とする商品の在庫保管などの機能は欠かせない。さらに，目的地へ届くまでに商品の品質維持や価値保持なども商品輸送の依頼主と受け手のいずれからも要望されるので，物流業には大型倉庫や冷蔵ないし冷凍設備なども付け備えられ，後述の物流センターの必要性が求められてくる。

③ 荷役機能

輸送は物的商品の距離的・空間的移動ではあるが，輸送途中に複数の企業や個人の手に取扱われることが多い。輸送業者による荷物の集荷や荷物の棚入れ，貨物列車やトラック，船や飛行機などの輸送手段への荷物の積み付けや積み降ろしなど倉庫内外の作業は日々繰り返される。これらの作業をまとめて言うと，物流の荷役機能である。つまり，出発地集荷倉庫での一時保管と目的地分荷倉庫での一時保管，中継地での一時保管のいずれもそれぞれ異なる輸送機器に載せるか乗り換え，乗り継ぎなどのため，商品の荷役が不可欠である。

荷役は倉庫やヤード（露天の物品保管場所など）にかかわらず，一時や長期にもかかわらず，製品あるいは商品の保管業務の一部分でもある。物流が流通経路における川上から川下までのつなぎであるように，荷役は物流の集荷や分

荷，輸送や保管，流通加工などそれぞれのプロセスにおいて切っても切れない重要な機能である。

④　包装機能

商品の外形や中身を輸送途中で損なわれないために商品を包装するのも物流の一環である。包装とは，輸送途中において運搬される製品や商品の品質維持や価値保持などに役立つ作業である。荷物はそのままで輸送されると，輸送途中に汚損や破損などのダメージを受けやすく，家電製品や精密機器のような商品の場合は，振動ないし衝撃などによって完全に破壊されることも有り得る。したがって，製品や商品を無傷に出発地から目的地まで輸送または配送するには用途や目的によって各種の材質での包装が必要不可欠である。

なお，包装には，輸送用の包装と販売用の包装に分けて見ることができる。輸送用の包装は前述したが，販売とくに小売店舗での小口販売用の包装は小売販売に欠かせない。それは，商品の品質維持や価値保持にとどまらず，商品の見栄えや最終消費者に購入しやすいような販売促進の工夫でもある。さらには，消費者は商品購入後，プレゼント用やお土産用に特定の用途のためのラッピングを求めることも多い。包装紙一枚で生活必需品や日用雑貨のような商品はプレゼントやお土産として華麗に変身することができるからである。

⑤　流通加工機能

製品や商品を長距離輸送する際，複数の商品をまとめてカートン詰めやプレートへの積み上げなどによる輸送空間節約で輸送コストを削減するのが一般的である。しかし，ハウス型（倉庫型）小売業を除いたら輸送用包装のままでは直接に小売店舗の商品棚に陳列し販売することはできない。卸売業段階の大口取引とは違って，小売業では，最終消費者に一個や数個の単位で商品を再販売するためには，小分け包装や値札付けなどの流通加工も必要とする。また，家具などの商品は，輸送途中で容積を縮小するために解体され，目的地に到着すると再び現状復帰させる組み立て作業も流通加工に当たる。なお，ホームセンターなどのDIY小売店では，一般に梱包された部品のままで販売するが，顧客の要望に応じて組立てサービスを提供することもできる。

商品は消費者が購入しやすいように小口販売に適する再包装，商品の特質や品質などを強調するためのラベル貼り，それに商品の定価を表示するための値札付け，商品状態の検品などの作業が必要となる。これらの作業は流通加工である。もちろん，ラベル貼りや値札付けは小売店舗の倉庫やバックヤードにおいてもできるが，都心などに立地する小売店舗の場合は，高額の地代や賃料を少しでも削減できるよう，または商品の回転率を高めるようとする経営や管理上の都合で店舗裏の倉庫やバックヤードを保有しない場合が多く，納品される商品は直接に売り場の商品棚に陳列する。このために，小口販売向けの流通加工は一般に，卸売業が代行するか後述の物流センターにおいて行われる。

⑥　物流情報機能

　物流とは，輸送業者が荷送人から物的商品を集めて荷受人までに輸送する距離的・空間的移動に係わる一連のプロセスである。産地や工場から発送された荷物（製品や商品）は現時点，どこにあり，いつまでに所定の場所に届けられるのかといった商品の現在位置や輸送状況については，荷送人も荷受人のいずれもリアルタイムで知りたい気持ちが強いであろう。このために，荷物に係わる情報の収集や整理，輸送関係者間の情報交換や共有（宅配便の配送物や郵便局小包などの追跡サービスなど）も物流の重要な機能である。

　つまり，輸送業者は荷送人の依頼を受けてからピッキング（荷物の集めや取揃え），出荷，配送といった物流の流れを一元に管理し，毎日膨大な件数を扱う荷物に関する情報を集めて整理・加工して，荷送人や荷受人を含めて物流関係者の間の情報の交換や共有は不可欠なのである。高度情報化社会の今日では，こうした物流情報はインターネットを通じてパソコンやスマホなどの情報端末と連動してリアルタイムに提供されている。

3　物流センター

　前述したように，物流活動は，原材料やエネルギー，部品や部材，そして製品や商品，さらには廃棄物などまでのすべての物財や物品の輸送を取扱ってい

る。つまり，物流活動は生産活動から商業活動，そして消費者の日常生活の隅々まで，また，都市部から農村部まで全国津々浦々にわたって毎日行われている。これら生産財から消費財そしてリサイクル資材までの集散，荷物の効率的取扱，円滑に目的地までの輸送を確保するために，物流センターという荷物の入荷，積替え，仕分け，保管，出荷などの物資の集散業務を専門に扱うターミナル型の倉庫施設が必要とされる。

　1970年代に，アメリカを手本に日本の流通業界にも流通センターの考え方を取り入れた。物流センターは一般に生産立地型と消費立地型がある。前者は，生産地や仕入れ先に近い立地で倉庫型の物流ターミナルを設置する。後者は消費地や販売地に近い立地で分荷を中心とする物流のターミナルを設置する。いずれも都市内交通渋滞を避けるため，一般に郊外の高速道路インターチェンジ周辺など交通の要所に設けられるのが共通している。今日では，物流センターは流通加工や物流情報処理などの機能も備えるようになっている。

1）物流センターとロジスティックスの違い

　物流センターはメーカーなどの製造業が原材料や部材の調達や管理のために設置するものもあれば，大型商業企業のように，各地の商品を集荷してまた各地に分荷するための円滑に業務を展開する商品調達を目的として設置するものもある。もちろん，輸送企業や宅配便などの物流専門企業は全国津々浦々から世界各地まで至る所で物財や物品の流れを迅速かつ的確に行うため，物流センターは決してなくてはならないものである。

　ところが，物流の諸活動に係わって，「ロジスティックス」（logistics）という言葉もある。ロジスティックスとは，もともと「兵站」という軍事用語である。それは戦時，前線と後方の間に幾つか設置される必要な物資や兵員を戦地に送り届けるための集散や中継の場所を指す。戦争では，兵站の有無あるいは効率の良し悪しで物流や戦闘員の輸送などが迅速かつ円滑に遂行することによって勝敗を分ける決定的要素になることが特に第二次世界大戦の経験で分かった。

　現在の物流センターはかつての兵站の経験を活用しているが，兵站とは違っ

て，物流センターはこれまで述べてきたように，もっぱら製品や商品などの物財や物資輸送と保管を取扱う場所として運用される。企業名称にはロジスティックスとか取入れることもあるが，その業務内容を言えば，あくまでも人員以外の物財や物資を扱う物流センターである。もちろん，後述するサプライチェーンの場合は，兵站を彷彿するように，原材料から商品までの多種多様な物品の流れを一元に管理し，複数の集散・中継場所を経由して複雑な物流プロセスをコントロールしようとする経営上の総括した事業についてロジスティックスと呼ばれることもある。

2) 物流センターの形態

物流センターは物流活動と同様に多種多様あるが，主に次の4種類がある。
① 通過型センター

通過型センター（Transfer Center = TC）は名前の通り，主にチェーン展開している小売業が各チェーン店への商品を集散する仕分けや積み替えと言ったクロスドッキングを行い，荷物の格納や保管などは基本的にはしない。入荷した荷物はすぐに仕分け作業を行い，次の納入先へ出荷する。荷物に対して行う作業が少なく，小規模な機器や設備での運営ができる。しかし，入荷と同時に出荷するため，スピーディーな物流情報の管理が求められる。

なお，国際貿易の場合は，輸出入物の通関手続きが終わるまでの商品の一時保管，通関手続きが終わったら商品が荷受人の倉庫や指定場所に運搬するため，ある種の通貨型物流センターとも言える。

② 在庫型センター

在庫型センター（Distribution Center = DC）は，一般的な物流センターで，在庫を保管・管理しながら，店舗別や納入先方別に仕分けをして小売店などに納品することが目的である。前項の通過型センターのような簡単な業務内容と違って，在庫型センターは，卸売業やチェーンオペレーションの小売業本部が出荷業務や受注内容に合わせたピッキング（取揃え），検品や梱包などの流通加工，指定納期内に到着するような出荷機能も備える。このために，大掛かりな

設備が必要となる。

　③　流通加工・在庫型センター

　流通加工・在庫型センター（Process Distribution Center＝PDC）は，流通加工機能を強化した物流センターである。在庫型センターでの包装やラベルを貼り替えなどわりと簡単な流通加工は行うが，流通加工・在庫型センターの場合は，さらに鮮魚や精肉などの切り分け加工や小売包装，部品の組立や設置などのように，専門機器や設備が必要とする高度な流通加工もできる。商品保管機能に加え，工場のような作業もできる環境を整えた拠点施設にもなる。流通加工機能が商品に高い付加価値を付け加えることができるが，そのための防塵設備や温度管理設備，さらには，工場にも遜色しない生産ラインや労働力までも必要となってくる。

　④　フルフィルメントセンター

　フルフィルメントとは，通信販売やネットビジネスなどで，受注から配送までの業務（受注，梱包，在庫管理，発送，受け渡し，代金回収まで）の一連のプロセス全体を指す。フルフィルメント型の物流センター（Fulfillment Center＝FC）とは，通信販売やネット通販企業が直接顧客から注文を受け迅速に発送するための商品管理・ピッキング・物品の配送を行う物流センターである。商品の仕入れや顧客からの受注，商品の包装，発送，在庫管理，顧客のデータ管理，返品対応，クレーム対応，決済処理まで，すべてが物流センターで完結できるというメリットがある。また，通信販売やネット通販企業は，自社のサービスを利用する顧客へのアプローチができ，クレジットやキャッシュレスなどの新たな決済方法も広く利用できる。

3）物流センターの進化

　物流センターには，基本的に在庫機能を持つタイプと在庫を持たず，入荷した荷物の積み替えや振替え輸送だけで出荷するタイプがある。前者は製造業や流通業，小売業などが多く，後者は倉庫業や運送業の業務である。しかし，一社だけが物流センターを持って運営すると莫大な運営コストがかかる。このた

めに，一連の物流プロセスを一手にする企業が物流センターを設置して，多くの企業が倉庫や検品場，ピッキング作業スペースなどを持たずに生産から消費までの物流コストを大幅に削減できるような物流センターが現れる。こうすれば，市場や消費者への商品供給が円滑に行われるとともにリードタイムの短縮，物流管理や商品管理の品質向上や効率アップを実現しながら，全体コストの抑制ができる。

一方，物流センターの現場では，ストック棚の下に入り込んで棚ごと持ち上げることのできる最先端のコンパクト自走式ロボットによる商品管理システムを導入される形態もある。倉庫内での配送と保管の両立ができるため，従来の物流センターよりもスペースが少なくて済む。人件費の大幅な削減とともに，人為的ミスの削減，作業時間の短縮など，様々なメリットがあり，物流センターの近未来を示唆している。

今後では，注文から配送までの時間の短縮だけでなく，フルフィルメントセンターのような付加価値がプラスされた一体化される物流サービスの登場も期待される。さらには，ドローンを飛ばして物流センター内や複数のセンター間の物資交換や配送，さらには，ドローンによる短距離の荷物や注文品の宅配なども見込まれている。

4　サプライチェーン・マネジメント

売り手は取引後に物流を利用して買い手の指定した場所へ商品を届けるまでに，タイムラグ（時間的遅れ）や商品の損害などの不確実な要素が取引結果や次回以降の取引にも大きな影響を与えている。近年では，従来の生産・流通・消費という異なる分野または業界や経済分野の壁を取り壊して，流通経路において一元化または一貫して流通経路を統合的に制御・管理しようとする動きが一般化されている。それは，サプライチェーン・マネジメント（Supply Chain Management＝SCM，供給連鎖管理，図4-3）と呼ばれる生産・販売・流通を一体化した新たなビジネスモデルである。マーケティングにおいては，流通経路の

垂直的統合とも呼ばれる。

　注意すべきは，このようなサプライチェーン方式は原材料から商品までの供給安定にのみならず，廃棄物やリサイクル活動にも活用されている。図4-3に示された廃棄物やリサイクルの物流は，製造者責任法（PL法）の改正もあり，各メーカーは使用済みの自社製品の廃棄回収またはリサイクル回収までに責任を負うことになり，いわゆるリサイクルのサプライチェーンの実在も見逃してはならない。もちろん，環境保護や保全などの環境対策の名のもとで製品の補修や部品交換，廃棄物の再資源化という物流の連鎖（サプライチェーン）も今後一層に重要視されると予想される。

1）サプライチェーンによる垂直的統合

　サプライチェーンは流通経路の全体にわたってコントロールしようとするビジネスモデルではあるが，流通経路におけるマーケティング垂直統合であるサプライチェーンには，主として商業企業主導型とメーカー主導型の2種類がある。また，商業企業主導型には，さらに卸売業に当たる商社主導型と大手小売業主導型に分けて見ることができる。

　① 商業企業主導型のサプライチェーン

　前述のように，資源乏しい日本にとっては，外国（海外）との貿易がなければ国内商業はもとより，国内経済さえ成り立たなくなる。国内経済を支えてきたのは歴史的に日本の流通経路を主導してきた商社である（第7章4節）。した

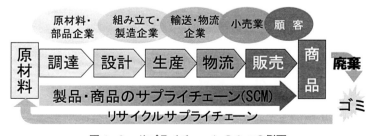

図4-3　サプライチェーンの2つの側面

がって，マーケティングにおける垂直統合型サプライチェーンは当然のように商社が自らの国内外につないでいる物品貿易を中心とする業務を迅速かつ円滑に遂行させるために求めるものである。

商社主導型の場合は，海外から資材や部材，エネルギーの輸入，それに海外からの商品輸入の流通にも役立つ。一方，加工型経済である日本にとっては，輸入された資材や部材，エネルギーなどは決してすべて国内で消費されることなく，それらを使って製品化してから再び海外に輸出するのが国内産業構造の大きな柱でもある。明治維新以降に蓄えてきた海外貿易における商社はその企業力をもって以上のような輸入と輸出の架け橋になるのも自然な流れである。ところが，近年では，新たな流れとして，商社は国内流通経路においても，業務の安定化を図って，小売業特にコンビニエンスストアなどまで垂直統合する動きが注目されている（第7章4節）。

商業企業主導型サプライチェーンには，もう1つのパターンがある。それは，大手小売業または小売業グループが市場主導権を握る形である。経済成長が長期にわたって低空飛行状態に陥る日本経済はなかなか高成長へと進めることができず，購買意欲の低下で消費者物価の上昇が抑えられている。一方，小売業の場合は，川上からの仕入れ原価上昇に押し付けられながらも多くの企業は販売価格に転嫁して値上げすることに慎重である。

近年，大手小売業グループは自社ブランド商品（Private Brand＝PB商品）を確立して，製品または商品開発に本腰を入れていく。中小メーカーへはもちろん，大手や有名なメーカーに対しても稼働不足で遊休している生産設備を自社のPB商品の生産に活用するよう働きかけ，仕入れコストを抑えることに成功している。その結果，良質かつ低価格の商品が大量に市場に投入され，一部では，メーカー自身のブランド（National Brand＝NB）への影響も出ている。近年では，川下の小売業界からの垂直統合はすでに珍しいことでなくなっている。こうした流通構造に与える革新的なインパクトは，製造業にも巨大な衝撃を与え，今後の流通経路における力関係のシフトが示唆されている。

② メーカー主導型のサプライチェーン

　メーカー主導型はかつての日本型の流通系列化（第7章2節）に似ているが，サプライチェーンの場合は，生産に必要な原材料にまで手を出すのはその違いである。それは，販売経路の確保が非常に大事だと認識しながらも合理的かつ安定的な原材料供給の確保は安定的生産と安定的商品供給には不可欠だからである。メーカー主導型サプライチェーンは，流通経路の川上でありながら，自らの生産設備の整備や製造ラインの確実な稼働にとっての川上に当たる生産財の安定供給を強く意識するメーカー側の思惑に基づくものでもある。

　ほかには，近年，同じく経済低迷の経営環境において，経営コストの抑制や経営効率を高めるために，商品の企画・製造・販売を一手に携わる SPA（= specialty store retailer of Private label Apparel 製造小売業）と呼ばれる形態の流通経路を垂直的に統合する手法も広がっている（第6章3節）。しかも，製造小売業の動きはこれまでのアパレル業界にとどまらず，伝統的菓子やパンの製造販売，近代的弁当や調剤薬局の経営のほか，家具や家電，外食サービス業にまで広がってきている。このような経営形態は流通経路の今後においてさらに拡大して大きく成長していくことが期待される。

2) SCMのグローバル化

　サプライチェーンマネジメント（SCM）とは，自社の内外に拘わらず，それらすべての供給に係わる活動の統合化によって生産から消費までの経営成果を全体的に高めるための事業展開におけるマネジメント手法で，原材料や部品・部材から最終消費者にいたるまでプロセス全体にわたって物的商品から付随されるサービスを含むすべての事業活動が含まれる。今日では，こうしたサプライチェーンの経営手法はグローバル的及んでいる。

　その背景には，主として経済全体のグローバリゼーションにおける企業活動の地球規模展開にある。また，大手企業の連携や事業提携，個別製品のライフサイクルの短縮化など企業をめぐる経営環境諸要因の多様化が絶えず進展していくことにある。グローバル的SCMは原材料の供給部門である流通経路の川

上(メーカーや原材料メーカーも含む)から川下である小売業まで,最終消費者に向けての一連の供給活動を中心に,インターネットなどの情報ネットワークを通じての情報通信技術(ICT)の活用なども含めて経営効率の最大化を図る連鎖的な事業活動である。またそれは,海外から国内までのサプライチェーンの各段階を統合して事業全体の最適化を狙う複数業界にわたる戦略的な総合的経営管理活動でもある。

こうした経営モデルは不確実で急激な変化もあり得る今日の国際市場環境に対して,他国との競争優位に立ち,グローバル的な市場競争においてもより確実に競争に勝てるような,需給動向の変化に応じて迅速かつ柔軟に変更や調整ができ,また,実行中の経営計画や経営戦略の変更や調整もできるような考え方に基づいた企業または企業グループのグローバル的マーケティング戦略には必要不可欠である。

なお,企業経営のグローバリゼーションに関しては,第7章1節でより詳細に検討する。

第4章を読んでさらに考えてみること

1. 商業と流通はなかなか区別できない人が多いようで,広義の商業と流通構造をはっきりと理解することができれば,問題の解決に役立つのであろう。そこで,流通経路を事例に広義の商業と流通構造を比較してみよう。
2. 商的流通(商流)と物的流通(物流)は切っても切れない広義の商業の社会的機能と言われるが,商流と物流の相関関係について,広義の商業という考え方に基づいて分析してみよう。
3. 今時の物流センターとかつてのロジスティックス(兵站)と言い替えることもあるが,実は,両者にははっきりとした違いがある。その違いを簡単に説明してみよう。

ミニコラム　「天下の台所」は集散地か消費地か

　江戸時代までに，大坂（明治維新からは「大阪」）は「天下の台所」と言われていた。なぜかと言うと，それは，荘園や問丸発生の原因にもなる年貢米の運搬と売捌きが最大な要因だと思われる。昔は，各地の荘園主や大名が毎年自分の荘園や領地内から集めた年貢米は換金されなければならない。換金したお金の一部は中央政権である幕府や天皇家に税金として納める必要だからである。

　日本には，本州の北から南までに関東平野や大阪平野をはじめ各地に米作に適する大小諸々の平野が多数あるが，各平野は山脈や丘陵地帯に寸断されるため，鉄道や高速道路もなく，大型トラックなど運搬手段もなかった昔の時代には，陸路での貨物輸送は今日のようにうまく行かなかった。だから，膨大な量の年貢米の輸送は基本的に日本列島を囲んでいる近海を利用して船舶輸送に頼り切っていた。そこで，大きな港湾に臨み，陸路で京都にも近い大坂はまさにその天の時地の利のいずれも兼ね備えている場所である。

　実は，大坂には大型の蔵屋敷が多くあるから天下の台所になったという説は本末転倒ではないかと思われる。年貢米の集散地となったため，換金前には，年貢米の一時貯蔵や保管，換金後，購入者の指定した場所までに出荷する前にも一時貯蔵や保管も必要とされる。それらに合わせて蔵屋敷が増えてきたというのが理にかなうのであろう。また，市場の需要と供給のバランスを崩れずに安定したコメの相場を維持しようとしても，年貢米のより長期間的保管が必要とされるため規模の大きい蔵屋敷は必然に求められたのであろう。

　ところが，今日の大阪には，260万人以上が生活しており，かつてのように国内各地から多種多様な商品を集めると同時に，世界各地からも多くの輸入品が入って来る。今の大阪は，国内各地の荷物の集散地でありながらも，一大消費地として大阪府民や大阪市民の日常生活を豊かにしてくれることにも機能している。

第5章

卸　売　業

　流通構造の主役である商業の構成は，主として卸売業（Wholesaler），小売業（Retailer）そして物流業からなるものである（本書は経済産業省の商業統計で商業と見なしている飲食業などの他の部分は，サービス業として取扱うので，ここでの記述は割愛する）。

　この章は，卸売業について見てみる。

　卸売業とは，流通構造における商品流通プロセスの一部分で，製造・加工業者（生鮮食品の場合は，生産・収穫業者）と小売業の間に位置し，流通経路の川中と言われるように，製造業または生産者から大口で商品をまとめて仕入れ，または卸売市場から食材などを買い付け，小売に対して一定のまとめた数量で再販売（卸し）して，小売の販売活動の応援やサポートを事業とする商業者である。

1　伝統的問屋と日本の商業伝統

　国内卸売業の原型は，歴史的に室町時代（1336～1573）に発生した問丸（とんまる・といまる）に遡ることができる。元々「年貢米」を運搬する問丸は委託人である荘園の領主や大名の要望，そして，市場の需要などを背景に問屋に転身したものである。問丸誕生の社会的な要因は室町時代に最盛期を迎える荘園制度および商品経済の一層発展を背景に，それまでの物納でも認められる税金の納付は完全に取りやめ，銭納や代銭納への移転に由来するものとされる。

　荘園は，公的支配を受けない（あるいは公的支配を極力に制限した）貴族や社寺による一定規模以上の私的所有し経営する土地である。荘園は，奈良時代

(710～784) に律令制下で農地増加を図るために墾田私有を認めたことに始まり，室町幕府の権威低下で戦国時代 (1467～1590) の大名による領地内の完全支配という「一円支配」のもとで成立したものである。その後，天下統一を実現した羽柴（豊臣）秀吉が幕府への中央集権を推進して，荘園は次第に形骸化され，最終的には全国的な検地 (1580年「太閤検地」以降) によって解体された。

1) 問屋の誕生

　問丸とは，鎌倉時代 (1185～1333) や室町時代に，荘園に集まった領地内の百姓と呼ばれる当時の農家や農民などが領主に納めた年貢米の陸揚地である河川・港の近くの都市や町に居住し，運送，倉庫，委託販売を兼ねる組織である。平安時代 (794～1192) 後期から鎌倉時代初期頃から組織され，取扱うのは主に都市部に輸送し換金するための各地の荘園から送られてきた年貢米である。問丸発生の由来については不明な点が多いが，元々荘園にあった納所（なっしょ，年貢米納入所の役人）や木守（こもり，庭園の樹木を世話する番人）など物資の管理に従事していた人々がその物資を輸送する業務を行ったり，一方河川や港で物資の輸送を担っていた問職（といしき）と呼ばれる人々が物資の一時的管理業務に与えられるようになったりしたことがきっかけだとの説が有力である。

　鎌倉時代（一説は平安時代後期）から年貢米の輸送・一時貯蔵・委託販売を兼ねた問丸は，室町時代になると，業務の拡大により，元々の運送兼卸売の総合機能から運送専門や卸売専門に業種分化して，その一部分は現代の卸売業に相当する問屋という商業組織に転じ，他の一部分は運送専門業者になった。今日，問屋は一般に卸売業者を指す。

2) 問屋の種類

　問屋は，取引が及ぶ地域または商圏，取扱商品の幅や構成によって区分され様々な種類がある。主として全国問屋や広域問屋，地域問屋のような業務の地域別分類，または総合問屋や専門問屋，単品問屋のように取扱商品の幅による

区別がある。一方，流通経路における商品の流れの前後順序に従い，1次問屋（卸し），2次問屋，3次問屋などの区別もある。

　全国問屋は一般に規模が大きく，資金力もあり，商売の範囲である商圏は全国各地までに行き渡るような能力を有する。広域問屋は関東や関西，たまは中部地域のようにいくつかの県を跨って業務を展開する問屋である。地域問屋は，文字通り，ある地域に限定して商売を行うものである。全国問屋や広域問屋の1次卸・2次卸に対して，地域問屋は一般に2次・3次ないし4次卸が多い。

(1) **総合問屋と専門問屋**
　総合問屋は様々な商品を幅広く取揃え，多くの小売業の注文に対応できるような大手卸売業である。このために，巨大な資金力が必要で，大規模で全国的に事業を展開する。もちろん，このために直接にメーカーや海外から商品や資材の仕入れができ，1次卸の場合が多い。江戸時代には大阪の二十四組（にじゅうよくみ）問屋や江戸の十組（とくみ）問屋があり，そして，第7章4節で検討する大手商社はその現代版である。一方で，規模も資金力も限定的で，ある特定の業界や分野に経営集中し，取扱商品にも制限があるのは専門問屋である。専門問屋は地域限定の形態が多く，2次卸，3次卸の機能を担う。

(2) **単品問屋**
　最も小規模の問屋は駄菓子や玩具，きものはきもののような単品問屋で，1つの商品あるいは絞られた数種類の商品を中心に専門的にメーカーと小売業の間のつなぎとして存在する。特に，戦前までは，中小メーカーが多く，小売業も主として従来の商店街に存続する伝統的小売店が圧倒的に多数を占めていたため，単品問屋がかなり活躍していた。また，こう言った専門的な商品しか取扱わない単品問屋は戦後の経済高度成長期においても多く，後述の「問屋無用論」にその存在が脅かされていたが，今日の流通経路においても相変わらず存分に活躍している。

2　流通革命と問屋無用論

　中小規模の企業が圧倒的に占めている問屋は第二次世界大戦の終結まで国内商業および流通業の主役であった。その後，昭和30年代から50年代（約1955～1973）の間に，「東アジアの奇跡」または「東洋の奇跡」とも呼ばれる戦後の経済高度成長期が約20年も及んでいた。国内経済の高度成長は，今日の国内経済を支えている各産業や経済分野における機関車的な役割を果たす大規模製造業が育てられ，各種製品の大量生産は体制的にできあがった。

　川上である生産段階では，かつて存在しなかった工業製品が大量に作り出されていた。一方で，国民の消費需要は経済成長を背景に高まった生活水準に合わせて，国民生活の「三種の神器」（テレビ・冷蔵庫・洗濯機）をはじめ，あらゆる物的商品への需要が好調であった。ところが，生産地と消費地の分離の視点から見て，地元の商店街や中小小売店が中心とする従来の細くて長い日本型流通経路はこうした川上からの洪水のように流れてきた大量の商品に対し，それまでの中小小売店が主としていた川下に流す能力を遥かに超えた。さらに，川の入江に当たる消費者にも大量な物的商品への要望にも応えられなくなった。そこで，それまでの日本型流通構造に変革が求められた。これが今日小売業の主役の1つであるスーパーマーケットの発生とその後の急速な成長の原動力ともなった。

1）流通革命

　戦後まもなく，商業と流通産業の実務家たちも国内商業や流通構造に問題があると認識し，戦前からスーパーマーケットなどの大型小売店舗が誕生し，戦後ではさらに普及していたアメリカに視察団を派遣した。国内商業および流通業の代表的企業によって構成された視察団は当時のアメリカ商業・流通の実態を考察し，スーパーマーケットのような大型小売形態の日本への導入に意欲的であった。一方学界では，田島義博がアメリカのウォルター・ホービングの著

書『流通革命（Distribution Revolution)』（1962＝昭和37）を翻訳し，自らも「日本の流通革命」(1962)という論文を発表した。そして昭和38(1963)年，当時，東京大学助教授で経済統計が専門であった林周二の『流通革命』（図5-1）の出版がきっかけに，日本の商業および流通業界においては，この『流通革命』の出版がきっかけで流通産業の構造改革を目指した「流通革命」が叫ばれた。

図5-1　流通革命のきっかけ

　流通革命は，元々それまでの国内流通経路は戦後に確立し急成長を遂げた製造業の大量生産体制に対応し切れない現実，それに，経済高成長とともに拡大してきた国民の収入増加による物質的需要の急増と物的商品への欲求にも応えられなかったことに要因があった。しかし，『流通革命』の出版がきっかけに，商業や流通業の時代遅れが浮き彫りとなり，その矛先はそれまで国内流通経路を牛耳ってきた伝統的問屋に向かった。

2) 問屋無用論

　問屋は前述のように，歴史的に商業および流通業界の要として日本の流通経路を主宰し，戦前までの中小メーカー中心の製造業，中小小売店が主役の流通産業全体をけん引してきた。しかし，伝統的単品問屋の商品企画力と仕入能力と販売力は決して強くなかったのに加え，個人経営や家族経営が主な形態になっていた中小小売店の経営力にも限界があった。企業の規模に見合うように絞った品揃えと狭い店内の狭小な売場が決して国民生活の向上に欠かせない大型化した電化製品の「三種の神器」の大量仕入・大量陳列・大量販売には適応できなかった。

　また，図4-1のような伝統的な流通経路（「生産者 → 卸売業者 → 小売業者 → 消費者」）においては，特に問題視されたのは卸売業（問屋）に存在する1次，2次，3次ないし4次までの多段階流通であった。「流通革命論」では，当時の

わが国のスーパーマーケットの軒数
（設立年次別表示）

設立年次	化繊協会調査による「スーパーマーケット」の数[1] 第1次調査[2]	第2次調査[3]	日商調査による「スーパーマーケット」の数[4]	セルフサービス協会調査による「セルフサービス店」の数[6]
昭和30年以前	24	23	22　(13)[5]	40
31	9	16	20　(11)	99
32	15	29	55　(25)	144
33	40	54	108　(44)	313
34	57	75	202　(74)	440
35	57	80	187　(78)	429
36	120	156	301　(118)	590
37	(55)	182	455　(160)	627
38	—	(100)	(37　(9))	—
不明	6	—	17　(11)	0
調査時合計	383	741	1,404　(543)	2,696

1) 人口10万以上の都市における年商1億円以上のスーパーマーケット，スーパーストアおよび同類似店。
2) 昭和37年8月現在。
3) 昭和38年6～7月現在。
4) 売場面積100 m² 以上のセルフサービス方式を採用している小売店で，かつ日商の手により調査可能なもの（農協，購協などをふくまない）。
5) 括弧内は年商1億円以上であることが確実なものの店数。
6) セルフサービス協会の加盟店。
出所：林周二『流通革命新論』p.147。

表5-1　スーパーの急成長

流通業界における卸売業の時代遅れが指摘されると同時に小売業に新規参入して急成長を成し遂げたスーパーマーケットの勢いに未来を託した。1953（昭和28）年に誕生し，経済高度成長の波に乗り，急成長してきた大手スーパーマーケットは流通業界において究極的な革命をおこし，問屋を排除してメーカーから直接商品を仕入れる「流通系列」（第7章2節）と呼ばれるような新たな流通経路を確立していた。

　こうした流れの中で，『流通革命論』は，当時の商業および流通業界では，「問屋斜陽論」や「問屋滅亡論」のような論調が支持され，将来的には中小卸

売業が倒産し，吸収合併されることにより，大量に淘汰されてしまうと予言した。そして翌年，『流通革命新論』も出版され，スーパーマーケットの出店ラッシュを表す統計データを表5-1でもって証明していた。この流れはいわゆる「問屋無用論」として今日までに伝えられてきた。

　ところが，実際では，昭和37（1962）年当時22万軒余りの卸売業（『我が国の商業』1985年版）がその後の工業生産のさらなる拡大，それに伴って現れた消費者ニーズの多様化などにも支えられた。結果的には，卸売業全体は減ることなく，増加し続き，最盛期の平成3（1991）年には47万軒も超えるまでに拡大していた。また，長期的な経済デフレに苦しめられている今日においても36万軒以上（2016［平成28］年），総務省『第二十七回日本統計年鑑令和5年』）の卸売業が活躍している。それは，国内GDP総量が引き続き拡大し，昭和43（1968）年には世界第二の経済大国に登り上がったなどの社会的背景に，消費者ニーズの多様化や高度化なども加えたからである。もちろん，後述のような卸売業の社会的機能がその生き残りが可能になる根本的な要因である（本章6節）。

3　卸売業の構造と分類

　卸売業者の種類や形態が多岐にわたって存在しているが，流通経路の川上から商品を仕入れて川下に売り渡すことには共通的である。国内中小小売業が多いため，卸売業は大量に存在しており，その機能や流通段階における位置づけなどによってさらに細分類することができる。

　機能的に分類すれば，今日の卸売業は総合卸売業と専門卸売業に分けることができる。また，流通段階による分類では，1次卸・2次卸・3次卸，また4次卸までにも存在している。なお，1次卸は元卸とも言い，メーカーからあるいは海外から大口で商品を購入して2次卸などに再販売する。2次卸は中間卸や仲卸とも呼ばれ，その存在感が最も感じられるのは，後述の卸売市場の場合である。3次卸または4次卸の場合は，卸売業の末端にあり，中小零細小売店を相手にするので，その多くは自身も中小規模の卸売業である。中小卸売業の

取扱商品は流行性の高い商品や高価商品が多い。
　そのほかに，卸売業はさらに次のような多種多様な分類がある。

1）産業分類基準による分類
　産業分類は一国の行政府が自国の各経済分野や産業構造の実態を調査統計（日本では，集計されたデータを「商業統計表」で公表してきたが，「商業統計表」は2020年3月31日をもって廃止された）して，マクロ経済政策の立案や実施・調整するための必要な基準である。このため，卸売業の分類についても，前述の経済学による商品分類の概念から生産財と消費財に大別している。こうした分類は製品の製造・加工それに生産用原材料の仕入れ・調達の立場に立っているものである。

（1）生産財卸売
　生産財は主として製造や加工のために売買される原材料や部品・部材などの資材あるいは部品のユニットなどの半製品である。このために，生産財卸売業もこうした生産財を取扱う業者である。しかしながら，ビジネスの実際においては，生産財と消費財の分類ははっきり区別されない場合もある。例えば，米や肉・魚介類のような物財は，食品の製造・加工企業や飲食店・弁当屋の立場だと，生産財に当たるが，国民が毎日の生活における炊事などでは，紛れもなく消費財にである。

（2）消費財卸売
　消費財は最終消費者によって使用され，消費されてしまう商品である。第3章3節で述べたような最寄り品から買回り品，専門品まで，人々の日常生活の必需品から個別や特殊欲求に応えるための高級品や贅沢品まで多岐にわたる。しかし，メーカーや流通業者がいつも新製品や新商品を開発し販売するため，消費財の種類は統計し切ることはほぼできない。また，前述もあるように，米や果物，魚介類などの農水産物，また，自宅兼事務所に使用される電気やガ

ス，水道や熱供給なども生産財と消費財との境界線は事実上はっきりと線引きし難いという問題点もある。

2）商品構成による分類

商品という考え方はもちろん消費者の立場に立ち，広義の商業における個々の企業の事業展開や日常業務の実態に沿うような基準に基づいている。

（1）総合卸売

総合卸売業は問屋の節で述べた総合問屋の現代版で，総合的に多種多様な商品を取揃え，日常業務も商品の仕入・販売から，貯蔵・輸送まで幅広く事業を展開する。また，マーケティングにおける流通経路の垂直的統合形態で生産から卸・小売業まで，国内に止まらず海外までにも事業活動を展開する規模が非常に巨大な卸売業で，通常，巨大なグループ企業になる場合が多い。その究極的な形態と言えば，第7章の日本の商社として例を挙げることができるが，そのほかに，国内の広域で業務を展開し幅広い商品を取扱っている総合卸売業も少なくはない。

（2）複合卸売

近年，元々メーカーから取扱商品を大口で仕入れ，それらを小売業に転売あるいは再販売する卸売業が，海外進出するものもあれば，小売業業務に拡張するものもある。これら複合卸売業は，産業分類上では，「異業種卸売業・小売業」とされている。その要因としては，経済成長の低迷や広義の商業における競争の一層激化，また小売業からの返品対処などのほか，自社の生き残りや企業のさらなる成長を目指すため新たな事業領域の開拓が必要とするなどにある。業種的には，アパレル産業をはじめ，ジュエリーや化粧品，食品やレストランまで多岐にわたる。一方，小売業が卸売業への進出または買収を通じて，卸売と小売業の複合化を図る企業もある。

（3）専門卸売

専門卸売業は，前述の専門問屋のようなもので，一部分の品種・品目を絞ってあるいは限定的商品に絞って，商品の間口よりも奥行きへの充実で卸売事業を展開する。日常生活用品においては，衣料品・繊維製品，文房具やおもちゃ，書籍の取次や出版関係などの企業が多く見られ，食材・食料品関係の業界では，鮮肉や鮮魚，野菜・果物・かきなどの専門卸売業が多い。

（4）単品卸売

単品卸売業は前述の単品問屋の名残りと見てもよいが，専門卸売よりも品種や品目を絞り，取扱商品の幅は非常狭く，職人的な商品知識まで有し，名実ともに専門的商品だけで卸売事業を続けている。伝統的には，紳士服や婦人服，きものやはきものなど専門品的な商品の取扱い業界に多い。現在では，東京・大阪・京都など歴史的にも大都会である巨大な消費地において，老舗や御用達などの形態で活躍し続けている。

3）立地による分類

立地とは，個別企業が事業展開するために社屋あるいは店舗を置くには最も適すと思われる場所である。特に第一次産業と言われる農業産品の取引に携わる卸売業の場合は，立地によって次の3種類に分けてみることができる。

（1）産地卸売

ある特定の農産や水産物などの産地に立地し，その地の生産物や特産品を集荷して遠く離れている消費地や海外にも再販売する卸売である。機能的には1次卸売業が多く，取扱商品は専門卸売業ないし単品卸売業形態が多い。各地に強力な支店・支社などのネットワークを持てない中小規模の産地卸売業は消費地卸売業と協力して事業を展開する場合も少なくはない。後述の農協も産地卸売業の1つと見ることができる。

(2) 集散地卸売

　集散地とは，産地から物産を集めて，これらを他の地方に送り出す場所で，多くは交通要所や港湾のある町である。例えば，現在は立派な消費地にもなっている大阪ではあるが，昔は「天下の台所」と言われ，かつての都京都にあらゆる物産を中継する集散地でもあった。また，横浜も国際貿易においては東日本の玄関口として，東京を中心とする関東地域に対し，工業製品から農水産物まで輸出入また物資の集散の取扱量は国内にもトップ3に位置づけられている。もちろん，大阪や横浜のような大都市は集散地として機能していると同時に，その居住人口から見れば巨大な消費地でもある。集散地卸売業は主として立地周辺からそして国外からなどのように広範囲にわたって物産を集荷し，これらを消費地の卸売業や小売業に再販売する。流通構造的には1次卸売業や2次卸売業が多い。もちろん，機能的には総合卸売業もあれば，専門卸売業や単品卸売業もある。集散地卸売業は前述の「問丸」や「問屋」の伝統を引き継いでいる卸売業でもある。

(3) 消費地卸売

　消費地は一般に人々が多く集まる規模の大きい都会を指す。国内では，東京都および全国各地にある20の政令指定都市がその代表例である。消費地の卸売業は流通経路における2次・3次卸売業が圧倒的に多いが，人口が多いために人々の需要も多様になるので，総合卸売業や専門卸売業，そして単品卸売業も少なくはない。消費地卸売業は直接に小売業に取扱商品を販売する場合が多いが，近年では，後述の問屋街に立地する卸売業は最終消費者に直接に商品を販売することも増えている。

4) 商圏による分類

　商圏とは企業の取引業務が及ぶ地域的範囲で，小売業のイメージが強いが，卸売業にも各自の商圏がある。卸売業は商圏によって分類すると，次のような3つに分けられる。

（1） 全国卸売

　全国卸売業とは文字通り国内各地ないし海外においても卸売業務を展開する業者である。各地に支店や支社を置き，総合的に幅広い商品を取扱い，規模の大きい企業もあれば，専門卸売業のような中規模の企業もある。一般に1次卸売や2次卸売の形態が多いが，和服や宝飾品，ブランド品のような専門性の高い商品の場合は，小規模で老舗のような単品卸売業の活躍もよく見られている。

（2） 地域卸売

　全国卸売業よりは取引範囲が狭いが，関東や関西，中部や東海，九州や北海道のように，主として一定規模の人口が集中する地域に卸売業を展開する業者である。立地的に言えば，産地卸売や消費地卸売もあれば，集散地卸売もある。取扱商品では総合的な大規模企業もあれば，中小規模の場合もある。地域卸売業はある都市に立地し，その周辺ないし県境を越えより広域に業務活動を行う企業である。産地や集散地の場合は1次卸売が多く，消費地の場合は2次・3次卸売が多い。

（3） 地方卸売

　より小さい都市に立地し，地元あるいは近所・周辺地域の生産者や小売業とつながって事業活動を展開する卸売業者は地方卸売である。産地の場合，一般に直接に中小生産者から集荷して集散地や消費地に運び，これを再販売する1次卸売業の場合が多い。消費地の場合は仕入れた商品をそれぞれ地元の小売業に再販売する2次・3次卸売業が多い。取扱商品では企業の規模によって総合卸売業もあれば，専門卸売業もある。もちろん，商品の性質によれば，単品卸売業も存在する。さらに，地産地消という経営哲学で地元の物産しか取扱わず，地域内の生産者と小売業としか取引しない業者もある。

5） 機能による分類

　卸売業は後述のような多くの機能があるが，卸売業のすべての機能を担って

事業活動を行うには限らない。このために、卸売業は全機能と限定機能に分けて見ることができる。

（1）全機能卸売

　企業の成長と事業活動の拡大により、できるだけ卸売業のすべての機能を担うように事業を拡張し巨大化するのは全機能卸売業である。所有権移転にかかわる商取引に止まらず、取引後の商品の一時保管や配送など物流機能も果たし、さらに、情報流通の機能も担う。全機能卸売は大規模で全国範囲ないし世界範囲で事業を展開するのが多く、一般には豊富な資金力に数多くの有能な人材を有する総合卸売である。また、生産地や消費地など立地にかかわらず、集散地においても自社の支店や支社を展開している。後述の商社はその典型例と言っても過言ではない。

　しかし一方、地域限定卸売の中でも、特定の地域や特定の取引先を限定して卸売の全機能を果たす場合もある。さらに、中小卸売業の場合も、中小・零細小売店を相手に銀行や物流業など他の企業と協力して卸売の全機能をもってフルサービスの提供で自社の生き残りを確保することもある。

（2）限定機能卸売

　これは、自社の経営資源に合わせて、卸売機能の一部、特に商取引だけを業務とする卸売業である。業務活動の範囲は全国的も地域的もあり得るが、取扱商品の一時保管や配送などの業務は行わない。特定の機能に集中するため、業務活動の効率や事業のコストパフォーマンス（収益とコストの対比）を高めるには有効的である。例えば、現金持ち帰り（キャッシュ・アンド・キャリー）販売方式に絞った安売り卸売業、事業の仲介やつなぎだけを事業とする仲立ち業者、また、国際貿易によく見られる代理商や通関手続きを専門的に代理する業者などがある。国内では、ブローカーと呼ばれるような商品の委託販売を引き受け、再販売された商品代金の一部をコミッション（手数料）として受け取って事業とする中小零細な卸売業も存在する。

その他に，次のような業者も卸売業として見做される。

6）製造卸売

　製造卸売は取扱商品を自ら製造すると同時に販売も行う業者である。流通構造における卸売・小売業のような分業がなされていないような形態とも言われるが，商品販売の付加価値を高めるために，自社企画商品（プライベートブランド＝PB）を開発し発売することが多い。対して，メーカーでも売行きの良い商品や生産規模の大きい商品を自社の販売部門（販社）を設立して卸売機能を担うケースもある（第7章2節）。

　もちろん，いずれの形態でも製造によって追加された付加価値と販売によって追加された付加価値の両方とも獲得することができる。このために，市場のニーズに合致するとともに消費者に対しては，商品情報の浸透にかかわる販売促進活動も必要とする。さらには，ハイリスク・ハイリターンと言われるように，商品の売れ行き，商品開発の失敗による在庫やブランド所有者への返品に対する対応能力なども必要とされる。

4　卸売業の集積

　卸売業は社会的流通構造において，生産者と小売業の中間に位置し，流通経路の川中として需給の調整に機能している。しかし，前述の「問屋無用論」が叫ばれるような時代よりも以前から流通構造においては川上のメーカーと川下の小売業が手を組んでいれば，特に中小規模の問屋が中抜きにされてしまうという危機感があった。このため，昔から多くの中小規模の問屋が一か所に集中して互いに助け合うような戦略的協力や協業も取ってきた。同業者が競い合いながら集団のように固めれば中抜きの危機感は少しでも解消できるという背景で卸売業の集積が形成される。卸売業の集積には主に自然に形成された問屋街と人工的に整備された卸売団地がある。

1）問屋街

　問屋街は，同業種の問屋が自発的に集中して自然に形成された街とその周辺地域を指す。その背景には，歴史的に人々が集まる町では，城下町を築城する時に，鉄砲，吹き矢，刀鍛冶などの同業者を集めて一カ所に住まわせる伝統もあれば，戦後の闇市時代での同業者の助け合いとして一ヵ所に集まることとなったものもある。

　同業種の卸売業が問屋街に集まると，取引効率化，事業安定性，経営リスク分散，物流コスト削減など多くのメリットを手にするのが可能になる。問屋街に行けば繊維製品や小物，おもちゃや人形など，それぞれの専門分野に係わる情報から，生地や材料，完成品までの入手ができる。特に住宅街に近隣する伝統商店街に多く活躍している中小・零細規模の小売店にとってはワンストップで目当ての仕入れがほとんどできるメリットがある。業界ごとの問屋街は昔からの単品問屋が今日まで生き残られる大きな支えにもなっている。

　江戸時代では，大阪は天下の台所として全国から大量の物資が集まる商品の集散地で，卸売がその中心的な役割を果たしていた。今でも大阪には有名な船場地域に問屋街が商品や物資の集散機能を担っている。船場は船が着いて各地からの商品や物資集め，またそれらを各地へ分散していく集積地であるため，地名の由来にもなっているが，今日では，大阪には，船場以外にはまだ梅田，谷町，松屋町など多くの問屋街が存在している。一方，東京にも日本橋横山町や馬喰町，浅草橋や神田岩本町など多くの問屋街が中小・零細小売店を主な相手に取引を続けている。

　前述の問屋無用論が半世紀以上も叫ばれてきたが，現実では，問屋の存在は未だに広義の商業において数多く存在し大きな役割を果たしている。今後でも，各地の問屋街が中小零細な問屋の存続土台になるとともに中小・零細小売店の強力な助っ人にあり続けるのであろう。

2）卸売団地

　自然に形成してきた問屋街とは対照的に，卸売団地とは高度経済成長期以

降，中小卸売業経営の近代化，地域流通構造の機能の高度化，地域内物流の改善などを図るために，政府が主導して地方の中小卸売業の事業促進・振興の一環として人工的に整備された卸売業の集積である。問屋街は，一般に東京，大阪，京都，名古屋のような歴史的にも今日でも大都市に立地しているのに対して，卸売団地は基本的に地方都市の流通構造整備として形成されたものである。

　昭和38（1963）年に，当時の通商産業省が主導する卸売団地制度（中小企業卸売業店舗集団化助成制度）の発足はその始まりであった。これは，それまで地方の市街地に分散している中小規模の卸売業を地域ごとに集団化移転させ，20社以上で共同組合を設立して，中小企業振興事業団の店舗などの集団化事業に基づいた助成を受けて新規造成した場所に入居させる官制問屋街のようなものである。これは，当時の国が主導した住宅団地または中小製造業を集団化させる工業団地と同様な開発事業の中小卸売業版でもあり，こうした集積は卸売団地と呼ばれる。

　最初の卸売団地は群馬県高崎市の高崎卸商社街協同組合であった。その後，全国に推進されていた。最盛期には，全国で160ヵ所に拡大し，8,000社を超える中小卸売業が入居していた。今日では，商業・流通の構造的激変の中で，数量的には大きく減ったものの，全国卸商業団地協同組合連合会によると，2022年末時点では，地域中小卸売業の事業遂行および生き残り対策として進められてきた卸売団地は，全国にまだ98の団地5,000社を超える中小卸売業が各地において活躍している。

5　卸売市場

　卸売市場は卸売市場法の規定に基づき，農林水産大臣（農林水産省）が認可し監督する市場である。重要な都市及びその周辺地域における野菜や果物，鮮魚，食肉，かきなどの生鮮食料品等の円滑な流通を確保するための生鮮食料品などを卸販売する中核的拠点となるとともに，当該地域外の広域にわたる生鮮食料品等の流通改善にも役立つものとして，地方公共団体などが農林水産大臣

の認可を受けて開設される卸売が集積する施設である（卸売市場法第2条）。開設者となれるのは都道府県で，人口20万人以上の市，またはこれらが加入する一部事務組合もしくは広域連合である（卸売市場法第2条第3項）。

　卸売市場には中央卸売市場と地方卸売市場がある。地方卸売市場は，地方自治体すなわち都道府県知事（都道府県）が認可して監督するものである。

1）中央卸売市場

　中央卸売市場は法律により，原則としては人口20万人以上の都市において，都道府県などの地方公共団体（自治体）が開設して管理・監督するため，公設市場ではあるが，場内の取引は公正に維持するために，複数の株式会社である民間の卸売業が運営する。市場の構造と具体的な運営方法のイメージは図5-2に示されている。取引の種類は品物の特性により，大勢の買い手を前にして公開で価格を決める「セリ」取引（一部の商品は事前「入札」）と，卸売業と買い手の協議によって価格を決める「相対（あいたい）取引」の2種類ある。

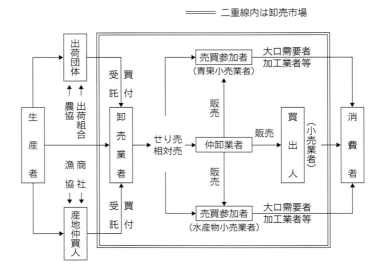

図5-2　中央卸売市場概念図

取引を行う卸売業者は農林水産大臣の認可が必要で，場内取引に参加できる仲卸業者，小売業者などの売買参加者はすべて市場開設者である地方公共団体の認可が必要とする。

一方，地方卸売市場の卸売業者も参加者として来場し，セリで購入した商品を地方卸売市場に運びそこで再販売するか，あるいは地方の小売業に転売することもある。近年では，チェーン展開の大手小売業などがかなりの量の大口で商品を購入するため，事前入札や相対取引方式やセリの前に商品を大口で購入するという「場外取引」形態が増えてきている。

農林水産省が公表した『令和4年度卸売市場データ集』によると，2021（令和3）年末現在，全国40都市に65ヵ所の中央卸売市場がある。中央卸売市場は仲卸あるいは認可を受けた小売業を相手に大口の取引を行うため，消費者である一般顧客への小売販売行為が厳しく規制される。このために，移転前の東京都中央卸売市場築地市場では，卸売市場の外で隣接する場外市場が開設され，観光スポットも兼ねて，一般顧客に対してセリで落札された商品の小売販売が行われていた。もちろん，現在では，築地場外市場で営業していた400店舗以上小売店と飲食店は卸売市場の豊洲移転とともにほぼ全数新市場へ移転され，場外市場は今も営業を続けている。因みに，現時点では，築地市場の跡地の開発利用は東京都都市づくり開発部が担当部署として事業者の公開募集を進めており，2023年（令和5年）内に事業予定者を決定するとしている。

2）地方卸売市場

地方卸売市場は都道府県知事の許可制で開設され，取引は地域限定の小規模卸売市場である。開設の規定は，中央卸売市場以外の卸売市場として，売場面積は一定以上（青果市場は330 m^2，水産市場は200 m^2。また，産地市場は330 m^{2}など）である。市場形態とは，原則としては中央卸売市場と同様な公設市場ではあるが，地方の中小都市の場合，自治体が開設する市場のほかに，地方自治体と民間企業やその他の営利・非営利団体が共同出資して経営や管理などを協力して運営する第三セクターが開設した市場，または地元の農協・漁協などの公

的団体が開設した市場，さらに民間の株式会社である卸売業者が都道府県知事の認可を受けて完全に民営で開設・運営する市場など様々がある。

　2004（平成16）年，卸売市場法の改正で地方卸売市場の開設・運営が大幅に規制緩和され，民間企業の参入は急速に拡大してきた。2022年末，全国に908ヵ所ある地方卸売市場のうち，公設市場はわずか約15.6％の142ヵ所にとどまっている（農林水産省『令和4年度卸売市場データ集』）。また，現在，その他の形態で運営・管理されている地方卸売市場は，それぞれ第三セクターは31，事業協同組合は32，農業協同組合は20，漁業協同組合は274，株式会社は391，その他の会社は18になっている。

　卸売市場の機能としては，中央卸売市場も地方卸売市場も同様で，①集荷（品揃え）・分荷機能，②価格形成機能，③代金決済機能，④情報受発信機能，という4つに規定されている。

　ところが，市場環境が移り変わっている中，取引手法が多様化されている今日では，中央や地方に問わず国内卸売市場の4大機能の有効性が疑問視され，それらへの対応と解決策が急がれている。

　まずは，国内食品・食材の6割超えが輸入品であるため，場外取引や大手小売業が市場を通さずに海外業者との直接取引拡大などが卸売市場の集荷・分荷機能を低下させる危惧が現実味を帯びてきている。次に，卸売市場が大手小売業に対する場外取引や事前協議などの相対取引の増加は価格形成の透明性や公平性も疑問視されている。そして，多くの卸売業や出荷業者の経営が厳しくなっている中で，代金決済の手数料負担や出荷業者への支払いのタイムラグなどは市場離れを拍車する可能性も否めない。最後に，情報ネットワークの普及や経済活動のグローバルになっている昨今では，国内外産地の生産情報から生産量や出荷量，それに輸送・転送などの供給情報まで市中の卸売業者も小売業者も簡単に入手できることから見て，卸売市場の情報受発信機能も大いに脅かされるのであろう。

　卸売市場は，国民や地域住民の日常生活に直接影響を与えるだけに，個々の市場経営者の経営戦略や経営環境変化への対応策次第，今後の生き残りないし

さらなる発展の可能性が期待される。

6　現代卸売業の機能

　流通構造あるいは消費市場においてメーカーと小売業の間に位置する卸売業は，歴史的に商業・流通の中心的存在でありつつも，前述の「問屋無用論」も含めて，しばしば社会的にその存在さえ脅かされる。しかし，戦後の商業および流通産業の近代化を見ても，また，第3章2節で検討した取引総数最小原理や集中的貯蔵原理などの理論仮説などの視点から見ても，卸売業は苦しくでも生き残っていくことには間違いないのであろう。ところが，問屋無用論が叫ばれて60年も超えた今日でも，未だに36万社以上の卸売業が存立しているだけに，その社会的機能が裏付けられると言える。

　卸売は少なくとも次のような6大機能を有する。

　それらは，①交換機能（市場での商品取引・交換を仲介する），②集散機能（商品を生産地で集荷して消費地で分荷する），③物流機能（商品を生産地から消費地まで移動させる），④貯蔵機能（小売業の代わりに商品を一時在庫・保管する），⑤決済機能（メーカーと小売業の間に商品代金を一時立て替える），⑥補助機能（流通加工や商品の保険など），があげられる。

　しかし，経済成長の長期低迷の中で，流通構造の再編，流通経路の短縮化，さらにインターネットの登場と情報ネットワークのグローバル的普及は情報化社会の高度化が一層進展している。こうした市場環境と経営環境の大きな変化は卸売業全体にとっても，かつての問屋無用論より大きなダメージを与えられている。ネットビジネスの拡大により流通経路の中抜きの危機感はさらに高まり，従来の卸売の存在価値さえ問われている。

　このために，今後，卸売は生き残りを掛けて，品揃えの強化や物流機能の強化，そして，特に中小・零細小売業に対してあらゆる業務サポート機能の強化が必要とされる。具体的に言うと，以下のような戦略的転換である。それらは，①小売業の多様なニーズに対応して，取扱商品のより一層の拡大や取扱商

品の品揃え強化である。②商品の在庫や一時貯蔵も含め，物流や多頻度配送機能の強化とともに，多品種少量取引の拡大，高頻度少量の取扱など柔軟な対応が卸売業離れを予防する有力な対策と考えられる。③特にいまだ多く存在する中小・零細小売業を念頭に中小小売向けの多様な業務サポート機能の強化は，小売業にとっても生き残りの重要な方策であると同時に，卸売業自身の存在価値も高まることになる。

　補助機能としての卸売の小売サポートについては，卸売自身の集荷・分荷機能とは別に小売業に対する事業展開や日常の業務サポートで，小売業に対して品揃えの拡大や，新たな経営手法の導入，小売店頭の商品陳列や店舗のレイアウト，消費者への新付加価値のアピールなどのコンサルティング的提案を通じて自らの新事業になれるとも考えられ，自身の経営にも大きな意義がある。

　近年では，卸売全般の現状をみれば，これまでの小売業への事業サポートなど従来の卸売機能を果たしながらも，消費者のニーズやウォンツを含めて小売業などの川下の情報やノウハウを吸収して，小売業と協力して消費者に新商品や新付加価値の提案など事業企画や商品開発に関する新たな卸売機能を作り出そうとする動きが見られている。また，総合商社がコンビニをはじめ小売分野に対し，単なる小売への経営上の応援や日常業務のサポートに止まらず，資本参加して具体的事業経営まで携わることも珍しくはなくなる。

7　卸売業のマーケティング

　現代マーケティングでは，一般に，中堅企業以上のメーカーの立場に立ってみれば，製品を製造・加工する前に，まずは，消費者の需要や市場のトレンド，市場の潜在規模や将来性，そして，製造・加工に必要な原材料の調達や生産設備の確保などを含めたあらゆる側面におけるリサーチを通じて市場全体を調査する。そして，これらのリサーチで集めたそれぞれの情報を集計・整理・分析・加工して，マーケティング戦略の企画立案に役立つようなデータベースを形成させ，より客観的な根拠をもってメーカーのためのマーケティング活動

ができあがる。

　卸売業の場合は，メーカーのマーケティングとは異なることが多い。卸売業はメーカーのように実際に製品や商品の生産には携わらず，小売業のように消費者に対する商品を個別や数個単位での販売もしていない。卸売業は小売業の代わりに小売業が求める商品を各種のメーカーから取揃えるとともに，これらの商品の販売に係わる総合的なサポートサービスを業務として提供するだけである。一言で言うと，流通構造における卸売業の「川中」的位置づけに基づいたメーカーと小売業のつなぎ的な必要性がその存続の根拠になっている。

　したがって，卸売業のマーケティングは前述にもあった卸売の社会的機能を発揮できるような企画立案が必要である。また，卸売業は前述の分類を見て分かるように取引の商圏では，全国卸売，地域卸売，地方卸売があり，機能的では，総合卸売（商社も含む），専門卸売がある。ここでは，紙面の制限もあるが，卸売業に共通するマーケティングの戦略的ポイントについて検討してみる。

　卸売業のマーケティングには，ミックスという構成要素で言えば，第2章で検討したメーカー中心に利用されるマーケティング4Pが必要とされると同時に，商業企業が重んじるマーチャンダイジング5Rも欠かせない。しかし，より実務的なレベルを見てみると，以上の原則論と言うよりも，以下の5つの側面において戦略的に企画立案して実行統制するのがポイントである。それらは，品揃えの強化，PB商品の企画，物流・配送サービス，プル型販売促進，小売業の業務サポートである。

1）品揃えの強化

　卸売業の最も重要な使命は小売業の代わりに国内メーカーまたは国外からもあらゆる商品を取揃えることである。総合卸売業の場合は，商品品種の幅広さが最も大事で，顧客の小売業にとっては「なんでも屋」的存在である。専門卸売業では，特に品目の奥行き，つまり個々の商品種類のバラエティに工夫し深掘りをする。つまり，品揃えの強化は卸売業マーケティングの第一要素ではあるが，商品戦略の方向性としては取扱商品の幅をさらに広がるか，奥行きをさ

らに深めるかのような選択肢がある。

具体的には，取扱商品のカタログの充実はもとより，商品に関する説明や使途などについても一般消費者にも分かり易くデザインする必要がある。また，品揃えの豊富さだけではなく，小売業に対して，仕入先や商品価格については同業他社より魅力を感じさせなければならない。小売業は店頭において安定かつ持続的な商品販売が事業展開の生命線とも言われるが，卸売業にとっても，カタログに掲載される商品の安定かつ持続的な提供が自社の経営継続に必要不可欠である。

2）PB商品の企画

NB商品の品揃えは基本的にメーカーの既製品からの取捨選択に過ぎず，それは市場の消費傾向や個別小売業の特定の要望，さらに消費者の個性的需要には必ずしも応えることができない。特に専門卸売業の場合は，取引先の小売業が指定した特定の商品については小売店との専門的取引をしており，同小売業の顧客の個別需要もしばしば反映される。こうした個別ニーズを満たせるのは卸売業のPB商品の役割でもある。

現在では，国内大手スーパーや大手コンビニチェーンも各自のPB商品を企画して販売しているが，卸売業にとっては小売業のPB商品開発は決して自社の事業にもプラスになることには限らない。小売業のPB商品のヒットにより卸売業が中抜きされるリスクがさらに高くなるかも知れない。したがって，卸売業は特に中小小売業を相手に，今後，自らのPB商品を開発し販売することを通じて市場でのブランドイメージ確立させる必要性がますます高まるのであろう。または小売業との事業協力や業務提携などの方法でPB商品の開発と発売は生き残りに係わる重要な品揃え戦略でもあれば，競合他社との差別化的なマーケティング戦略でもある。

因みに，卸売業PB商品開発の代表例と言えば，食品卸大手の菱食品が展開している「かむかむレモン」や「からだシフト」，また，大阪府東大阪市の文具専門総合商社であるニッケン文具株式会社の「COMPASS」などが挙げられる。

3）物流・配送サービス

　卸売業は小売業の代わりに商品の品揃えを行うと同様に大事なのは，第3章の「集中貯蔵原理」にもあるような卸売業存立根拠の1つとして小売業の代わりに商品の在庫を持つことである。特に，中小規模および零細企業が圧倒的に占める小売業にとっては，卸売業の重要な機能はやはり小売店頭への商品の迅速な配送である。今日では，小売業各店舗は多品種少量の品揃えを中心に営業するため，卸売業も多頻度小口での配送が求められている。

　一方，物流や配送に関しては，ある程度の規模があれば，卸売業は自社の物流センターや配送専用車両を保有するメリットがあるが，中小卸売業の場合は，自社の輸送力保持よりも運送会社や宅配便などを活用したほうが効果的な経営につながれる。また，商品取引が終わり，卸売業から小売業店頭までの物流・配送サービスは歴史的な問屋の伝統でもあれば，中小・零細小売店にっっとは，これこそがわざわざ卸売業経由してまでの商品仕入れの大きなメリットでもある。

4）プル型販売促進

　小売業に対する販売促進活動は卸売業のマーケティングの重要なポイントである。販売促進というマーケティング手法はメーカーにも小売業にも取入れているが，販売促進の手法と言えば，プッシュ型とプル型がある。小売業に対する従来型の卸売業販売促進は基本的にプッシュ型で従業員による小売店舗の訪問が中心とする販売支援が多い。

　プル型の販売促進と言えば，元々小売業でよく見られる消費者参加型あるいは顧客参加型の売り手と買い手の間のコミュニケーション手法である。卸売業のプル型販売促進は，主に展示会や展覧会，各種のセミナー，ショールームの演出などである。例えば，自社主宰の展示会に仕入れ先である複数のメーカーを要請して，そこに自社の販売先の顧客である小売業にも参加してもらい，メーカーとの情報交換を行うことができる。または，小売業者に自社主宰のセミナーに参加してもらい，経済情勢や消費動向，自社のPB商品の販売につなが

るような小売業啓発活動もできる。そして，自社商品のショールームに小売業の仕入担当者を招き，特に自社のPB商品に関連して販売から用途までの実演を行うことも可能である。

5）小売業事業サポート

中小小売業または地方都市や商店街に入居している零細小売業にとっては，家業的あるいは生業的な商売が多いため，近代的店舗のレイアウトから具体的な商品陳列までの専門知識がなく，成り行き的経営が主流的である。こう言ったような小売店を相手にして商品を卸し販売するには店舗管理へのアドバイスや日常業務のやり方や手順などきめ細かな事業支援が必要不可欠である。

メーカーの新商品情報の伝達や小売店頭商品の売行き情報交換，商品の品揃えや商品の入れ替え，店内レイアウトや消費者入店後の動線設計，商品棚の配置や特定商品の販売促進手法そして手順，等々，取引先の小売業に自社の持っている情報やノウハウを活用してもらうのがポイントである。また，前述の卸売業の自社PB商品の販売促進にも細やかな店頭業務支援が必要となる。こうした小売業に対する事業支援こそが今後とも卸売業特に中小規模の卸売業が生き残って行ける重要な方策だと考えられる。

📖 第5章を読んでから考えてみること

1. 卸売業は我々一般消費者にとっては身近な存在ではないが，メーカーから小売業までに品物がスムーズに流れてくる流通経路全体においては大事な役割を果たしている。そこで，これから世の中に教科書が説明したほかにも卸売の生き残っていく方法があれば，あなたなりに説明してみよう。
2. 卸売業は我々の日常生活に無関係だと思われるが，我々が毎日ほど通いそうな小売業店舗で販売されている多彩な商品が多種多様な卸売業に支えられている。自分がよく購入する商品の1つを例にして，卸売業との関係を述べてみよう。
3. これまで，問屋街には一度も行ったことがないかも知れないが，この章で触れた東京や大阪など大都会の問屋街のどれか1ヵ所について調べてみて，あるいは

自分の住んでいる町の問屋が集まっている場所に足を運んで調べて，問屋の機能について1つでもよいから体験談をしてみよう。

ミニコラム　今日の問屋―問屋と卸売業の異同

　問屋と言えば，それは江戸時代までの話だろうと，「問屋無用論」も60年以前の話なんだから，てっきり昔のものだと思われがちである。ところが，問屋も問屋街も今の我々の日常生活において大活躍している。

　中小規模の卸売業には専門問屋や単品問屋が多く，未だに問屋と名乗る卸売業も少なくはない。また，商業や流通業関係者の間には，卸売と言うよりも問屋の呼び方はなじみが深く，親しみが湧いてくるという。実は，『商法』第551条にも，ちゃんと問屋の定義を決めている。

　「問屋トハ自己ノ名ヲ以テ他人ノ為メニ物品ノ販売又ハ買入ヲ為スヲ業トスル者ヲ謂フ」

　今日では，東京にも大阪にも相変わらず多くの問屋街があり，様々な問屋が現役で活躍している。東京では，浅草橋や蔵前の人形問屋街やおもちゃ問屋街，小伝馬町や日暮里の繊維問屋街には，我々一般の買い物客が訪れ，買い物すらできる。なので，東京でも大阪でも一般消費者が直接問屋街に行き，自分の欲しい品物を買うことができる。また近年，話題となっているコンビニ事業に進出している総合商社と似たように，卸売業である問屋から小売業に進出して成功した企業もある。メンズファッションの専門店と謳って関東地域を中心にチェーン店を展開しているブランド品の衣料品店の「サカゼン（SAKAZEN＝坂善）」は元々東京日本橋横山町・馬喰町繊維問屋街の衣料品問屋であった。

　さらに，インターネットの普及とネットビジネスの一般化に伴い，問屋も問屋街もホームページを開設して，仮想商店街に出店するか，自社ウェブサイトでネットビジネス（B to BやB to C）を展開する卸売業が増えている。これら卸売業による電子商取引は同業者の他の卸売業や小売業向け（B to B）にのみならず，個人消費者にも（B to C）取り扱っている商品を販売している。

第6章

小 売 業

　流通経路の終着点である川下に位置するのは小売業者（Retailer）である。小売（retail）とは，生産者または製造業者であるメーカー，問屋または卸売業者からわりと大口取引と言われるように，ロットやパレット，またはカートンなどまとまった数量の商品を仕入れる。そして，仕入れた商品を「小分け」にして最終消費者に1個や数個単位の小口で販売する商業企業である。小売業は世界的に見ても企業数の最も多い商業企業である。今日では，大規模でチェーンオペレーションで事業を展開する企業と個人や家族（自営業または個人事業主，第8章1節）で生業的な経営の二極分化が見られている。

1　原始的行商と日本小売業のルーツ

　小売業が発生するルーツが分かれば今日の小売業のあり方についても理解しやすくなる。もちろん，小売業は世界各国にも行商から始まったとは言われるが，日本の行商には，独自の特徴がある。

1）行　商
　行商（ぎょうしょう）とは，商品を携えて各地を売り歩く商いで，それを業とする人々は行商人と言う。日本では，近距離間を往来する小規模な呼売り（よびうり＝大声で商品の名を言いながら売り歩く），振売り（ふりうり＝荷物を提げまたは担って，声を上げながら売り歩く）も居れば，近江商人，伊勢商人，富山の薬売，越後の毒消し売り（夏季の食中毒や暑気中りなど解消する薬を売る）のような全国的に足跡を残した大規模なものもあった。

第3章の冒頭にもあったように，行商の出現は，ヨーロッパにも中国にも紀元前1600年頃からであった。日本の記録では，6世紀に行商と市商（いちあきない）を区別する事実がみられ，店商（みせあきない）は12世紀からと記録されている。行商には基本的に2つの形態がある。1つは直接に消費者のもとへ行き商品を販売するもの，もう1つは各地に開催した市を回るもの（市商）である。

　江戸時代には都市の発達に伴い都市に居住し始める消費者の需要を満たすため商職人が発達し，行商が盛んとなった。行商は天秤棒を担いだ業態では棒手売（ぼてふり）・背負商人などの呼称で呼ばれ，扱われる商品は魚介類（シジミやアサリのような貝も）から豆腐・飴といった食品のほか医薬品など生活物資，朝顔や金魚・風鈴といった生活に潤いを与える物品もあれば，大きな箪笥などの家具を扱う業態も存在し，果ては水を行商する者もいた。その様子は浮世絵などに描かれ，江戸時代の風物詩として今日に伝わってきている。

2）店舗型商業と無店舗型商業

　小売業は取引の外形から見ると，基本的に店舗型の有店舗販売と無店舗型の無店舗販売の2種類がある。昔は，有店舗販売小売業は前述の「店商」と呼ばれていた。今日になると，後述の百貨店からコンビニエンスストアまで多種多様があるので，詳細については本章2節に譲る。一方，無店舗型小売業の形態も少なくはない。一般に，行商の名残りとも言える訪問販売，遠隔地の顧客にも販売できる通信販売と自動販売機による自動販売の3種類がある。

(1) 訪問販売（door-to-door sales）

　訪問販売とは，小売業の販売員が無差別に消費者やユーザーの住居や職場などに訪れて，商品の見本あるいは商品カタログを持参して販売し，後日購入者の指定した場所に商品を送付することである。富山の置き薬がその代表的な事例とされる。戦後，所得増大による購買力の向上から，顧客と直接に顔を見合って販売する方法として注目され，自動車から，化粧品や各種薬品，書籍，保

険や証券などの訪問販売が普及されていた。その他に，百貨店などが良く見られるような店頭の売場ではなく，購入者の自宅か，または指定された場所に出向いて，その場で注文を受け商品を販売する「外商」という形もある。訪問販売は，悪徳商法に連想されやすいが，消費者の利益を守るために，訪問販売法（1976年第77回国会にて成立）の執行やクーリングオフ制度が確立されている。

（2）通信販売 (mail order business)

通信販売とは，19世紀後半のアメリカに誕生したもので，地方都市や農村地域向けのカタログによる販売方法である。日本では，1876（明治9）年に，西洋農学先駆者である津田仙が創刊した『農学雑誌』において，アメリカ産のトウモロコシの種の販売から始まったとされる。以前では，小売業者が新聞や雑誌に広告と注文用紙を掲載して，購買者が記入した注文用紙を小売業に郵送すると同時に商品代金と送料を振り込む。小売業が購買者の振り込みを確認して，購買者自宅や指定された場所に郵便物として購入した商品を配送する。その後，ラジオやテレビの出現と家庭用電話機の普及によって通信販売はさらにレベルアップした。現在では，郵便物に限らず，宅配便など利用して注文した商品を配送することも少なくはない。また，販売方法はラジオやテレビショッピングはもとより，インターネットを活用した無店舗販売は百貨店からコンビニまでも活用している（第9章3節）。

（3）自動販売 (automatic vending)

自動販売とは，古くから紀元前215年頃，古代エジプトの神殿に置かれた聖水（いけにえの水）の自販装置が最古のものだとされている。日本では，1888年の煙草自動販売機が最初であった。現在のように，ボタンの選択によって複数の商品が取り出せる自動販売機は，1925年にアメリカで開発されたものである。日本では，1960年代以降，自動販売機の普及はあらゆる業界で進み，様々な自動販売機による商品販売が現れてきた。（社）日本自動販売機工業会のデータによると，煙草販売の身分確認やコンビニのドリップコーヒー販売の

本格化などが原因に，全国自動販売機は最盛期の560万台（2000年）より減り続け，2021年末に400万3,600台ある。自動販売機による商品販売は実に枚挙し切れないほどがある。都市部で日常的に最も見られるのが飲料やタバコ販売，駅の切符販売や飲食店の食券販売などであるが，地方都市や農村地域に行くと，さらに多彩な自動販売機が見られる。米の販売や精米，取れたての野菜や生みたての卵，さらに温泉水やミネラルウォーターも自動販売機で販売されている。

2　現代小売業の構造

　小売業は外形から見ては上記の有店舗と無店舗に分けてみることができるが，有店舗小売業の経営構造や組織形態，小売商業の集積そして業種や業態によってはさらに分類される。

1）経営構造と組織形態
　今日の小売業経営は多種多様があるが，経営構造や組織形態から見れば，基本的に独立型の伝統小売店と組織型のチェーンオペレーションで展開する近代小売業がある。

(1) 独立型小売業（伝統小売店舗）
　有店舗型の小売業にはまず歴史ある商店や老舗などがあって，一般に「店（みせ）」と言う。店とは，7世紀〜8世紀の律令伝来とともに中国から入ってきた言葉である。日本での店の由来は，鎌倉時代の「見世棚」とされ，それは商品が高い台に載せて顧客に見せることだそうである。

　もちろん，昔から店の商売はそれぞれの個人が独立した形態か，家族や親せきぐるみで店を営んできたものである。今日では，このような商売は伝統的小売店あるいは独立店と言われ，中では5人以下の小売店は零細小売店とも呼ばれている（第8節1節）。

ところが，戦後以降，経済高度成長期に急速に増えてきたこうした零細な「パパ・ママ店」（今は経営者の高齢化で「ジージー・バーバー店」とも呼ばれる）が1982年には，144万軒超にも達し，当時小売店舗数史上最高記録の172万店強の83.7％も占めていた。これは俗に「だめだったら商売でもやろう」という言い伝えの裏付けにもなる。バブル経済崩壊後，経済の長期低迷を背景に商業や流通業も経営不振に苦しまれ，また，後述の後継者難など（第8章2節）に直面していた中小零細小売店と同様に，個人経営の独立型小売店も減る一方である。令和4（2022）年『日本統計年鑑』によると，2016（平成28）年の全国小売業店舗数99万店強のうち，個人経営店舗は39万店が存続し，依然として40％弱を占めている。

　今日では，国内商業の主役であるチェーンオペレーション方式で日本全国ないしグローバル的に展開するスーパーマーケットやコンビニエンスストアなど大型小売業の強力的進撃にもかかわらず，長い歴史と伝統が引き継がれる独立小売店は今後とも日本の商業において活躍することが期待される。

（2）組織型小売業（チェーンオペレーション）

　チェーンオペレーション（chain operation＝連鎖的店舗経営）とは，多店舗（日本では11店舗以上，卸売業や飲食店，その他サービス業の店舗なども同様な基準）で事業展開する企業が，出店や撤退，商品企画や市場投入，仕入や販売・在庫管理，商品の宣伝や販売促進，そして人事採用などまですべて本部で集中的あるいは関東や関西などのように広域に設置される地域本部による管理されるシステムに基づいて効率的に国内ないし国外に展開する多店舗の総合管理的経営手法である。

　「経営集中」と「売場分散」の方針を原則に展開されるチェーンオペレーションは，商品販売と付随するサービスの提供について，単一資本やその他の資本形態にかかわらず，本部による中央集権形態経営（巨大企業グループの場合は地域本部あるいは分社の形での地域分散形態もある）のもとに多店舗化を図り，仕入と販売の分離を通じて規模の経済性を追求しようとする。その組織形態は，

単一の企業資本によって展開されるチェーンストアと称されるレギュラー・チェーン，本部と加盟店が締結した契約に基づく協力関係を基盤としたフランチャイズ・チェーン，そして経営の独立が前提による複数小売店の事業協力や協業であるボランタリー・チェーンの3種類がある。

① レギュラー・チェーン（regular chain）

本部が各地の出店に必要とする資金の全額を単一資本で投じて直営店だけで構成され，各地ないし国内外にチェーン店舗を展開する企業（商業やサービス業に多い）は，レギュラー・チェーンと呼ばれるが，正式名称はチェーンストア（chain store）で，アメリカではコーポレート・チェーン（corporation chain）という。これは本部企業が完全に自己資金を調達して各地に店舗を建設し，従業員を雇用して自社の社員が直接に営業する経営形態である。これは単一法人格で本部も店舗も同一資本の同一会社であり，社員からパートなどまですべて自社の従業員で，売上や経費もすべて自社が管理する経営形態である。各店舗の責任者は本部が任命するか，または本部より派遣される。

チェーンストアの経営については，仕入管理，在庫管理，販売管理などすべて本部が一括して行い，広告などの販売促進も本部によって行われる。本部の集中的一括管理によって，仕入原価の低減や在庫コストの削減ができ，広告などの販売促進経費の節約も可能になる。また，各店舗から集計した大量の仕入は卸売業やメーカーなどの仕入先に対して取引交渉上の発言権であるバイイングパワー（buying power）が強くなり，より有利な商業活動ができるというメリットがある。もちろん，組織が大きくなればなるほど社内制度の硬直化や部門間の縄張りなどのデメリットも注目される。このために，一定の地域を決めて地域本部の導入や分社化などの方策を取入れる企業が次第に増えてくる。代表的事例と言えば，大手百貨店チェーン，大手スーパーチェーンなどがある。その他，飲食業やドラッグストア業界にもレギュラー・チェーンが多くある。

② フランチャイズ・チェーン（franchise chain）

フランチャイズとは，英語の franchise（特許・許可）という単語がそのまま和訳して使用されるカタカナ語である。自社独自の差別化する製品や商品，サ

ービス商品をもって市場開拓しようとするフランチャイザー（本部）がフランチャイジー（加盟店＝資本的に独立するそれぞれのオーナーによる個別店舗経営）に対して，フランチャイズパッケージ（franchise package）（図6-1）と呼ばれる本部企業の商標やロゴマーク，販売方法などの販売権を契約に基づいて加盟店に与え，その見返りに一定のロイヤルティ（royalty＝フランチャイズ使用料。元々は印税，使用料，特許権使用料などの意味）を求める多店舗のチェーンオペレーション的経営管理手法である。日本では，後述のコンビニチェーンにはよく見られる形態ではあるが，本来はプロ野球やサッカーチームの本拠地や興行権といった意味で使われる。フランチャイズのビジネスモデルはアメリカで開発され，日本にも普及した形態である。一般的には次の内容がある。

　①フランチャイザーの商標，ロゴマーク，チェーン名称を使用する権利，②フランチャイザーが開発した商品やサービス，情報提供など，経営上のノウハウを利用する権利，③フランチャイザー（本部）がフランチャイジー（加盟店）に継続的に行なう経営指導や援助を受ける権利である。

　なお，フランチャイズビジネスモデルは小売業に限らず，その他に，医薬品，書籍，飲食店ないし学習塾などのサービス業にも広く導入されている。そ

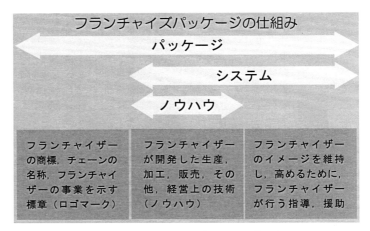

図6-1　フランチャイズパッケージの内訳

のメリットと言えば，本部にとっては新規開店に必要な初期投資負担の軽減ができ，本部の集中管理で経営管理経費も低減できる。また，加盟店の経営が本部の指導で行われるためチェーン全体の売上拡大という規模の経済性が可能である。一方で，加盟店にとっては，仕入先がなく経営のノウハウがなくても，すぐに本部のフランチャイズパッケージを利用して事業の開始ができる。一定のロイヤルティの支払いに対し，経営に関する継続的情報提供や各種の経営指導，商品開発や商品の仕入れ，そして商品を販売促進するための広告宣伝など一連の経営支援が得られることは何よりも大きなメリットである。

他方，デメリットとして考えられるのは主に加盟店にあるとされる。まずは，本部の経営決定や営業指導が優先されるため経営に関するオーナーの自由度が少なく，地元や店舗周辺の顧客の個別的・個性的ニーズに応えようとしても本部の許可や認可が必要である。また，ある程度の経験が積んで独立して開業しようとすると，これまでの店舗ブランドなどは使用できないとの指摘がある。

③　ボランタリー・チェーン（voluntarily chain）

ボランタリー・チェーンは，アメリカにおけるチェーンストアの急成長に対抗するために生まれた小売業主宰または卸売業が主宰する中小小売業の協業組織である。「任意連鎖店」や「自由連鎖店」とも呼ばれる。各地に散在する独立の中小または零細小売店が主に商品の共同仕入や共同配送に相互助成的事業協力を目的として，結成した協同組織はボランタリー・チェーンである。

チェーンに加盟した小売店が，他の加盟店を含めてまとまった大量の商品を仕入れることができ，個々の小売店では不可能であったメーカーや生産者との直接取引や，仕入先との価格交渉が可能となる。また，各小売店の独自性が尊重され（それぞれが独自の屋号・商号や自店の看板などで営業できる），組織運営や日常業務などは小売店の各自の意思決定の下に行われるため，加盟店にとっては自由度が高く，都合のよい協同組織でもある。

ボランタリー・チェーンには，主催する本部によって次の2種類がある。1つは，主に地域密着型の小売業だけで組織されるコーペラティブ・チェーン

(cooperative chain）である。日本では小売商主宰ボランタリー・チェーンと呼ぶ。このタイプのチェーンには食品スーパー（ミニスーパーなども含む），眼鏡店，文房具店，寝具店など業種は多岐にわたって存在する。もう1つは，卸売業が主宰し小売業などが参加するボランタリー・チェーンである。このタイプのチェーンは卸売業が中心となって，各々が独立性を保ちながらもチェーンストアと同じような規模の経済性など，仕入れの大規模化に伴う経営上のメリットを追求することを狙いとする。特に，共同での仕入や販売，商品の共同保管や配送，それにチェーンが主催するイベントや広告宣伝などの共同の販売促進も可能となる。

　一方で，ボランタリー・チェーンのデメリットと言えば，各加盟店の自由度はあまりにも強調されたゆえに，一体化して連携的あるいは統一的な経営活動が推進されにくい。市場の変化に対して迅速な対応もでき難く，標準化や経営的合理化も各加盟店の意思決定に委ねるため図りにくいという。

　この3種類のチェーンシステムの異同点は図6-2でまとめてみることがで

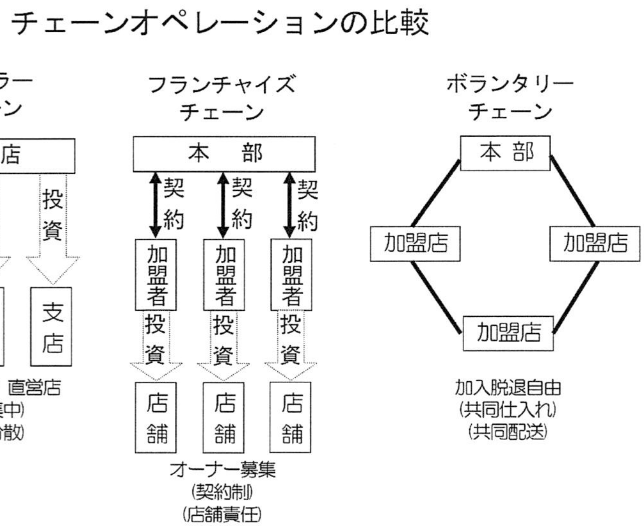

チェーンオペレーションの比較

図6-2　チェーンシステムの異同点

きる。その他に，資本的に独立する事業者が本部との契約で，本部の供給する商品を独占的に販売する代理店（agency）の形態もある種のチェーンオペレーションと言えるが，後述の日本的な流通系列と思われるのが一般的である（第7章2節）。具体的には，一定地域をテリトリーとして定め，その範囲で独占的に販売する権利を与えられる。本部と同一のロゴマーク，同じ企業イメージで営業を行なうものもあるが，本部から店舗運営や販売についての指示は少なく，継続的な指導もほとんどない場合が多く，加盟店の業種も様々である。

2）小売業の集積形態

組織化は個々の卸売業や小売業が規模の経済性，経営効率化などにおいては可能になるための協力的・協業的な経営手法である。一方，集客力の視点からでは，前述の卸売の集積である問屋街のように，小売業の場合は商店街をはじめ，ショッピングセンターやモール，近年では，アウトレットモールなどが多く見られている。

(1) 自然形成型小売業集積——商店街

商店街とは，商店が集まっている地区を言い，または，地域の商店主の集まりを指す場合もある。商店が街路状に集積している一帯というのが一般的な形態である。『商業統計調査表』の定義では，20店舗以上連続して集積している一帯を商店街とし，一般的には各種の専門店を中心に構成される。

商店街は，歴史的には長い時間の経過で自然発生して盛んできたものではあるが，戦後では，都市の再開発を推進され，人工的・計画的な商店街（地下商店街，ファッションビルなど）が多く誕生してきた。類似ものとして寄合百貨店，共同店舗，小売市場などもある。商店街は，アーケード設置，チケット販売，共同催事，共同広告，共同顧客カードの発行，駐車場設置などの共同事業を行ない，顧客誘引（集客）に実効性があり，地域住民の日常生活の安定と維持には必要性がある。

商店街の起源は，歴史的に戦国時代後期の安土桃山時代（1573〜1603）に織

田信長などの各地大名による支配地経済政策のもとで発生した楽市・楽座までに遡ることができる。また，江戸時代に主要街道沿いに発達した宿場町や寺院など周辺に集まる門前町や，江戸時代までの港，明治時代以降の鉄道駅周辺などがある。寺院の門前町などでは，商品の中身を見せて（展示して）販売する商店街は仲見世（仲見世通り）とも称され，東京浅草寺の仲見世通りは今や世界的にその名が知られている。

商店街は，自らの取引が及ぶ商圏（集客できる地理的範囲）や消費者が日常的に回れる生活圏に着目すると，以下の3つの類型がある。
①近隣型：日常生活圏（商圏）内（東京都下の市や地方の市・町・村）の集客
②広域型：日常生活圏を越えて（東京区部や県庁所在地・市・郡）の集客
③超広域型：広域型よりもさらに広い範囲からの集客

東京の銀座や渋谷の商店街集積，戸越銀座や巣鴨地蔵通り商店街，また，かつての秋葉原電気街（現在では，外国にも名が知られるアイドルのまちとしての変身）などの超広域型商店街の場合は，国内の遠方や地方，さらには観光客の口コミで海外からの顧客も取り込むようになっている。

一方，商店街の立地について見てみると，都心型，駅前型，門前市型，観光地型などの類型がある。もちろん，戦後の経済高度成長期以降は，商業地域の立地変化，マイカーの普及に伴うモータリゼーション（自動車会社）の進行，バイパスや高速道路などの交通網の整備が駅前や港周辺の衰退をもたらし，商業集積の郊外化を加速させていた。

戦後の経済高度成長や所得向上とともにモータリゼーションが進展し，消費者の購買行動の変化をもたらした。消費者の生活圏も，「徒歩 → 自転車」へ，「自転車 → 自動車」へと交通手段の変化につれて拡大し，商店街に入居する小売店はより広い範囲での競争にさらされる。自転車が主な交通手段であった時代までは商店街の時代とも言えるが，自家用車の時代になると，駐車場のない商店街には集客的にかなり不利となる。さらに，消費者の生活スタイル・意識の変化や大型スーパーマーケットが核心店舗とするショッピングセンターの各地進出も商店街の衰退に拍車をかけた。商店街の存続は国内商業にと

どまらず，国民の生活に対しても直接に影響を与えることになる。

ところが近年，地域再開発あるいは集客力を持つ有名店などの出店で立地環境が変化し，新たな商店街が形成される場合もある。例えば，東京渋谷駅の再開発，集客率高いファッションビル PARCO の建設，青山通り沿いのラフォーレ原宿，六本木ヒルズや表参道ヒルズおよびその周辺などは新名所として都心型商店街を形成して活況をもたらしている。一方で，大阪では，2014年にあべのハルカスなどの開業で，新たな商業集積が形成し，大阪市内に繁華街の新名所ができあがった。

（2）人工造成型小売業集積

① ショッピングセンター（モール）

ショッピングセンター（shopping center＝SC）とは，多数の小売業者が1つの場所に集まった人工的な小売業集積である。用地不足の日本では，都市型であれば，1つのビル（東京渋谷のヒカリエや大阪阿倍野のあべのハルカスなど）に集約し，来場（来店）顧客にとっては，ワンストップ・ショッピング（1回の駐車や1回の入店で必要な買い物をすべて済ませること）ができるような買い物環境を提供するため，開発業者（developer）が計画して造成し，管理・運営する形態が多く，人工的に整備した前述の自然形成した商店街のような小売商業集積施設である。

ショッピングセンターとショッピングモール（shopping mall）とは，名称には厳密な使い分けはない。「ショッピングモール」も「ショッピングセンター」（SC）の1種であり，「ショッピングモール」は「モール型ショッピングセンター」とも言われる。違いがあるとしたら，主に買い物の場として提供されるSCを緑化して，場内に休憩場所や子供の遊び場，さらには，映画館や遊園施設も併設して，来場顧客は1日中でも過ごせるのがショッピングモールと呼ばれる。モールは英語で木陰のある散歩道や遊歩道を意味し，日本ショッピングセンター協会の定義によれば，長い通路を挟んで多くの店舗が並んでいる商業施設はショッピングモールと言う。

世界初のショッピングセンターは，1922年にアメリカミズリー州カンザスシティに開業した「カントリー・クラブ・プラザ」であるとされる。一説で，2世紀にローマに建設された「トラヤヌスの市場」がその起源であると言う。しかし，現在のようなショッピングセンターの本格的に普及されたのは，第二次世界大戦後である。戦後のアメリカでは，都市人口のドーナツ化（郊外あるいは周辺都市への人口移動）に伴う自家用車による購買行動の変化に合わせるため，1948年，オハイオ州コロンバスの不動産業ドンカスター（Doncaster）が開業した「タウン・アンド・カントリー・ショッピングセンター」を皮切りに本格的な展開が始まった。

　日本では，大規模小売店舗の進出に対抗するため，小規模店が共同して駅ビルや地下街を利用するものが多かったが，次第に，池袋のサンシャインシティ（1978［昭和53］年10月開業）のような大規模店を核として，各種専門店や付帯施設を計画的に配置し，総合的サービスを提供するビル型の商業施設に変わった。日本では，特に東京や大阪などの大都会では，公共交通機関のアクセスの便もあり，都心型（ビル型）ショッピングセンターが多いのが特徴的である。

　しかし，日本国内最初のショッピングセンターは，1954（昭和29）年，アメリカ統治下の沖縄県沖縄市久保田に開設した「プラザハウスショッピングセンター」であった。

　一方，バブル経済前後の地価高騰で住宅地の郊外移転を背景に，日用品を近所で買い，買回り品や専門品をも楽しみながら買い物できるような消費者の要望に応えて，東京など大都会の郊外住宅地に隣接するショッピングセンターも増えていた。

　ショッピングセンター（SC）には，立地によっては日本的都心型とアメリカ流の郊外型がある。アメリカでは，世界最大な小売業であるウォルマート（Wal-Mart Stores）が代表的であり，日本では，イオングループ（ÆON Co., ltd）が国内各地に展開しているショッピングセンターである「イオンタウン」を企業の成長戦略の柱の1つとしている。

　また，商圏に応じて，主として専門品と買回り品を取扱う大規模なリージョ

ナル（広域）型，買回り品を中心にする大・中規模のコミュニティ（地域）型，食料品や日用品を主体にする小規模のネイバーフッド（近隣）型の3種がある。

②　リージョナル型ショッピングセンター（Regional Shopping Center＝RSC）

　広域の商圏から来場可能な消費者を狙う複合的な施設を運営する大型ショッピングセンターは，略称「RSC」である。総合スーパー（GMS）や百貨店などを核店舗にした「1核1モール型」や，それらの核店舗に映画館や家電量販店など，集客性の高い大型専門店を加えて副核店舗へ集約し，中間にモールを設置する「2核1モール型」などがある。入居するテナントには，有名専門店や飲食店のほか，サービス店，アミューズメント店など多種にわたり，来場客がその中で1日中にも買い物を楽しめる時間消費型小売業集積である。

　近年では，気候や天気に左右されないように，場内通路が建物内にあるエンクローズドモール（enclosed mall）が主流で，モール（通路）の中央を吹き抜けにして圧迫感を減らし，見通しを良くすることで回遊性を上げるため，透明で天井高いガレリア式（galleria）アーケードを採用した「モール型SC」が増えている。因みに，埼玉県越谷市のイオンレイクタウンなどは，リージョナル型SCよりもさらに広範囲を商圏とする超大型商業集積というので，「スーパー・リージョナル型ショッピングセンター」とも呼ばれる。

③　コミュニティ型ショッピングセンター（Community Shopping Center＝CSC）

　主に地域商圏に絞り，総合スーパー（GMS）やディスカウントストアなどに加え，専門店が出店する中規模のショッピングセンターは，略称「CSC」である。専門店は食料品などの最寄り品店に加えサービス店の入構もある。国内では，2000年の大店法廃止以前の総合スーパーの多くはこの形態で，リージョナル型SCの増加とともに新設が少なくなってきている。一方，旧来型のSC店舗に増築を行いリージョナル型SCに格上げする施設も出てきている。

　また，同規模のリージョナル型SCのように専門店を取入れた施設は「ライフスタイルセンター」としてアメリカでは富裕層が多い地域に進出して新しい形態を形成しているが，日本ではまだ多くはない。さらに近年では，総合スー

パー単体店に加えて専門店が入居させるような GMS 型 SC が，リージョナル型 SC のようにモール型に転換する施設もある。

④　ネイバーフッド型ショッピングセンター（Neighborhood Shopping Center＝NSC）

　近隣地域を商圏とした生活圏の消費者をターゲットとするショッピングセンターは，施設なども比較的小規模的で，略称は「NSC」である。食品スーパーやホームセンターなどを核店舗にして，わりと実用的な商品を取扱う専門店に加え，消費者の身近な買回りができる利便性を提供する。

　構造的には，各店舗を結ぶ通路が屋外にあり，オープン型モールが主流である。このタイプの SC では，建物が平屋の場合はそれぞれの店舗入口の前に駐車場が備えられ，駐車場から目的の店が近いため歩行距離が短くて済むというメリットがある。複層階建物の場合は，各店舗を結ぶ通路を屋外のペデストリアンデッキ（pedestrian deck：車道と歩道を分離する形）によって結ぶことで，買回りの利便性を増すことになる。

⑤　アウトレットセンター（モール）

　アウトレットとは，元々水や煙などの排出口を意味するので，メーカーや小売業が処分品を出す場所である。アウトレットセンター（outlet center）またはアウトレットモール（Outlet mall）とは，いわゆるメーカーブランドが付けている「メーカー品」や，百貨店などで高収入者向けに取扱う通常高価格の「高級ブランド品」を低価格で販売するアウトレット店舗を1ヵ所に集合するモール型の低価格販売ショッピングセンターである。

　アウトレットで販売されるのは，主として製造業者や小売業者の売れ残り品や旧モデル在庫品，傷もの，規格外品，サンプル品などである。このため，アウトレット店舗には，製造業の工場直売店型のファクトリー・アウトレットと小売業商品処分型のリテール・アウトレットがある。いずれも正規販売経路や小売店舗の販売に影響を与えないことが開設の条件とし，消費者のアクセスには不便ではあるがコストの低い立地に開設されるのが一般的である。集客のために，アウトレット店舗を集積した上，「遊歩道」や「並木道」，車両乗り入れ

禁止の「歩行者天国」のイメージを取り入れ、周囲の緑化や内部に娯楽やアミューズメント施設の導入などで「モール型」にして買い物の環境を改善する。

アウトレットモールは、顧客にとっては有名ブランド品を破格の値段で購入できるという魅力があるため、リテール・アウトレットは1980年代にアメリカに誕生し、その後世界中に急速に広がり、日本でも、1990年代から本格的に展開してきた。一方、ファクトリー・アウトレットは、1970年代にアメリカの衣料品メーカーの敷地内に従業員が自社製品を安く買えるように店舗を開設した。現在では、ファッション性高いアパレルメーカーにとっても、SPA（製造・販売小売業）にとっても、ブランドイメージを損なうことなく売れ残りなどの余剰商品を処分できるというメリットがある。

3　小売業の諸形態

小売店舗は独立型でも、組織型でも、個々の店舗の経営や取扱商品には様々ある。その違いを分けるには、業種と業態の分類がある。

1）業種と業態
（1）業種 (type of industry)

商業における業種とは、主として小売業の取扱商品の種類による構造的分類ではあるが、川下である小売業の取扱商品は川中の仕入先に決められるため、卸売業者による分類とも言える。八百屋や米屋、弁当屋や総菜屋、酒販店や電器店、薬局などが業種に該当する。業種は、前述の単品問屋の歴史もあり、日本には古くから存在する小売業のあり方で、日本的分類とも言われる。しかし近年では、消費者ニーズとのズレや後継者難などもあって、どの業種にも商店数は減少傾向にある。

なお、証券コード協議会における業種分類では、一般的な物品を販売する物販小売業のほか、レストランや居酒屋などの飲食店、ファストフードチェーンといった外食産業も、小売の業態として分類される。特にチェーン展開する外

食産業の場合，立地戦略など小売業と共通する部分も多いが，本書はサービス業として見做すため，ここでの議論は省略する。

（2）業態（kind of industry）

業種に対して，業態は欧米から入ってきた考え方で，小売業の販売方法や企業の経営方針など，さらに顧客のセグメント（市場区分）や顧客の来店頻度などに基づいての分け方である。百貨店やスーパーマーケットの場合は，商品の販売方法が違って，コンビニエンスストアでは，長時間または24時間・年中無休で営業するのが多い。また，ディスカウントストアの販売方法はスーパーとは似ているが商品の品揃えや店舗のレイアウトで差別化している。これらは小売業態である。

次では，業種と業態の分類に基づいて個別小売業を見てみる。

2）伝統小売業

伝統小売業と言えば，基本的に古くから家業として引き継がれてきた小規模や零細小売店である。また個人事業主としての自営業も少なくはない。その実態についての議論は，第8章に譲るが，ここでは，業種の角度から伝統小売業を見てみる。伝統小売業の多くは商店街や住宅街の近くに立地し，対面販売で常連顧客への対応は良く，最寄り品を中心に個人や家族経営の形態で営まれる。取扱商品は食料品とその他の生活必需品が多い。

（1）食料品関係伝統小売業

衣食住は一般消費者の日常生活に必須するものである。中では，食品や食材は消費生活の最低限の商品であるため，伝統小売業は食品や食材関係の店舗が多い。八百屋，弁当屋，総菜屋などがその代表例である。八百屋は，青物屋とも呼ばれ，野菜や果物などの新鮮食材を専門的に取扱う小売店で，住宅地に隣接する商店街に多く存在する。八百屋は商圏内の消費者とは顔を知っているほど密接する一方で，地元の卸売市場の仲卸や売買参加できる小売業とのつなが

りも強い。八百屋と似たような伝統的な食品関係小売業にはまた精肉屋や鮮魚屋などがある。そのほかに，酒屋や味噌屋，乾物屋など，数々の種類がある。

　弁当屋は持ち帰りの弁当を専門的に取扱っているので，小料理屋や食事処のような飲食サービス店ではなく弁当を商品にして販売する小売店である。とは言っても，弁当屋は八百屋などのように食材や食料品のような商品を販売していない。食材などを加工して付加価値をつけた商品（弁当や飲料など即席できる食品）を消費者に販売し，家に持ち帰って手軽く食事できるような物的商品の提供は，我々の生活に最も密着する小売店の1種である。一方，総菜屋は基本的にご飯のお数を販売しており，食卓にちょっと花を添えることもできるから，主婦たちにも人気がある。なお，総菜屋の場合は，ご飯とお数を組合せるだけで即興的にも弁当ができるので，弁当屋にとっては脅威的存在でもある。

(2) その他生活必需品関係伝統小売業

　人々にとっては，食品以外にも多くの日常必需品があるので，このような伝統小売店は種類的には前述の食品・食材関係の小売店よりも多い。例を挙げてみると，衣料品店や生地屋，文房具店や本屋，金物屋や雑貨屋，等々ある。もちろん，このような小売店はチェーンオペレーションの近代的会社もあるが，伝統小売店は業種であるのに対して，近代的小売業は業態に属する。

　衣料品店は食事の次に人々の大切な日常必須の商品だと思われるが，かつては，人々は気に入った生地を買って自分で服を作っていた。百貨店やスーパーであらゆる既製品の服が売られている今日でも，一般大衆には，やはり日用大工（DIY＝Do it Yourself）の感覚で好きな服や小物などを作る人も確実に居る。

　また，生活が安定してゆとりがちょっとでも出てきた人々には文房具と本は大事になる。活字があまり好まれていない現在の若者でさえ本は大切なのである。漫画もコミックも全部本であるからである。なお，人々は日常生活を営むうちに雑多な家事も伴いものである。そこで，家事や生活に必要な食器やキッチン用品，小物やアクセサリー，置物や金具などの雑貨が欲しくなり，細々しい日常用品も近所の商店街に探し回って手に入れることができる。

（3）伝統的大規模小売店舗

　伝統的小売店と呼ばれるが，百貨店のような大型小売業もある。国内では，歴史的に和服屋や呉服屋から転身してきた百貨店は，明治時代から消費者に親しまれてきたので，戦後に発生し急成長してきたスーパーマーケットとは時代が違うものなので，本書は，伝統的小売業と見做す。

　百貨店（department store）とは，実に歴史の長い大規模小売店舗である。世界最初の百貨店は，1852年にパリに開店したボン・マルシェ（Bon Marche）ではあるが，この新業態は間もなく欧米に席巻していた。1858年に，ニューヨークのメーシー（Macy），1863年に，イギリスのホワイトリー（Whiteley），1870年に，ドイツのウェルトハイム（Wertheim），等々が欧米諸国で創業された初期の百貨店である。日本最初の百貨店は，1904（明治37）年に，東京日本橋に開設した三越呉服店（現在は三越伊勢丹）である。百貨店が出現した当時では，定価販売と対面販売が画期的な経営手法で人気を呼んだ。

　複数階の百貨店の取扱商品は，衣食住の生活全般にわたる商品を幅広く揃え，対面販売の提供で質の高いサービスを付随する物的商品を販売する大型小売店である。日本では，百貨店と言えるのは，衣食住の各種商品を取扱い，いずれの商品も10％以上70％未満であると定義されている。また，図6-3の

屋上	ペットコーナー，屋上庭園，遊戯スペース
7階	レストラン，催事場，文化・教養・習い事・スポーツジム
6階	子供服，玩具，スポーツ用品，文具
5階	家庭用品，日用雑貨，呉服，宝飾品，時計，美術画廊
4階	紳士服，紳士用品，喫茶室
3階	婦人服，若い女性向けファッション
2階	婦人服，高級ブティック
1階	化粧品，バッグ，婦人靴
地下	食材，食料品，軽食・カフェ

図6-3　百貨店の代表的なフロアレイアウト

ように，ビル型に入居し複数階で構成される売り場で，売り場面積は 3,000 m^2 以上（都の特別区および政令指定都市では 6,000 m^2 以上），従業員数が 50 人以上の大規模小売業である。

百貨店の経営には次の 5 つの特徴がある。

①販売商品が衣食住にわたり多種多様である。
②販売方式は，対面販売による接客サービスを中心で，商品の配送，掛売り，分割払い（月賦）など各種サービスを提供する。
③独立採算制に基づき，店内組織は部門別で構成される。
④売り場の分割賃貸による集合体（例えば，渋谷 109 のようなファッションビル）ではなく，部門別で経営されるが，単一資本による統一性をもつ企業体である。
⑤ビル型で，複数階の売場に多数の従業員が雇われる。

国内百貨店には，伝統百貨店に加え，電鉄系百貨店と月賦百貨店の 3 種類がある。伝統百貨店は前述した 1904 年以降からそれまでの呉服屋から転身したもので，三越伊勢丹，高島屋，大丸松坂屋，松屋などが代表的である。電鉄系百貨店は，戦後の鉄道事業の開発に成功して百貨店業界に参入し，自社駅のターミナルを中心に店舗を展開してきた東武や西武，小田急や京王，近鉄や遠鉄，阪神や阪急，名鉄など国内各地の JR 以外の鉄道沿線を中心に展開している。

月賦百貨店は大正時代から昭和 40 年代にかけて存在していた日本独特の百貨店業態である。特に経済高度成長期では，顧客に対して自社融資とも言える店頭での割賦販売（多くは月賦）などの信用販売によって，国民生活の「三種の神器」を含め，多彩な高額商品を大量に販売していた。かつては，丸井，緑屋，丸興，大丸（井門大丸）が月賦百貨店の 4 強として存在していたが，現在では，緑屋はクレディセゾンへ，丸興はオーエムシーへ（現在はセディナ），井門大丸の一部はオリックスと提携して，その多くはクレジットカードや金融企業へ転身し，一部は専門店に業態転換した。現在，百貨店業態として事業を続けているのは丸井しかないが，クレジットによる支払いが普及される今日で

は，わざわざ月賦百貨店と呼ぶ必要もなくなっている。

　今日，国内百貨店業界全体は国内経済の長期低迷の中，個別企業が事業統合や企業合併による生き残りを図っている。全国規模で展開している大型百貨店では，次第に，①高島屋グループ，②三越伊勢丹グループ，③ミレニアムリテイリンググループ（そごう，西武など），④Jフロントリテイリンググループ（大丸，松坂屋など）の4大グループに集約している。

（4）バラエティストア（variety store）

　バラエティストアとは，文字通り，「多様な（variety）」商品を取揃えている小売業態である。取扱商品は衣料品から家庭用品，金物，文具，アクセサリーなどカテゴリーに偏らず多岐にわたり，百貨店よりはかなりの低価格で商品を販売するのが経営の特徴である。世界最初の開店は，1879年アメリカのウルワース（F. W. Woolworth）が設立した「ファイブ・アンド・ダイム・ストア」で，雑貨などの最寄り品を5セントまたは10セントの均一で安価な商品を販売していた。破格的安値なためすぐにもアメリカやヨーロッパに事業を拡げた。因みに，現在世界最大な小売業であるウォルマート（Wal-Mart Stores）の前身も1945年にアメリカのアーカンソー州に創業したバラエティストアであった。日本では，1923（大正12）年の関東大震災後，高島屋百貨店が別系列で災害復興の応援として，5銭，10銭店をチェーン方式で展開したこともあった。

　戦後，アメリカでは都市人口の「ドーナツ化」で，都市中心部立地の地盤沈下によりバラエティストアが衰退し，その一部はディスカウントストアに業態転換した。ヨーロッパでは，日常用品を取扱う小売業が少ないのもあって，逆に市場シェアが拡大してきた。2012年7月に，デンマークのゼブラ社が経営するバラエティストア「フライング・タイガー・コペンハーゲン」が日本に進出し，大阪市内のアメリカ村には一号店，東京表参道には二号店をそれぞれ開店し，話題を呼んだ。2022年末，国内で40店舗を展開しており，百貨店内や大型ショッピングセンター内にも出店している。

　日本のバラエティストアは，小売業界におけるコンセプトがはっきりしない

ため，年月の経過とともに業態全体が衰退し，大手スーパーや総合スーパーの雑貨売場として生き残っている。ところが現在では，国内に展開しているザ・ダイソン，キャン・ドゥ，Seria，オレンジのような雑貨を中心とする100円ショップなどの100均一価格システム（一部は200～300円，ないし1,000円などの商品も），また，3-COINSのようなちょっと価格が高くなるが安価で質の良い雑貨を販売している店舗は，バラエティストアのプライスラインの経営コンセプトと類似している。こういう意味では，実質的に，100円均一ショップや300円均一ショップはかつてのバラエティストアのコンセプトを引き受けていると言える。

　なお，今日では，LOFT，PLAZA，東急ハンズなどの雑貨を中心に取り扱っている小売店舗は現代版のバラエティストアでもある。

3）新興小売業

　繰り返しになるかもしれないが，本書の「伝統小売業」と「新興小売業」の線引きはその出現時期は，第二次世界大戦の前後を基準としている。次では，戦後以降に誕生した国内小売業，いわゆる新興小売業を見てみる。

（1）スーパーマーケット（Super Market＝SM）

　スーパーマーケットとは，食料品を主体に，日用雑貨，衣料品などの家庭用品を揃え，大量仕入による低価格での販売ができ，顧客に対するサービスも可能である限り削減しいわゆるセルフサービスの導入で人件費の節減が可能となる現代的小売店舗である。

　世界最初のスーパーマーケットの誕生は，1916年9月6日，アメリカテネシー州メンフィスに起業家のクラレンス・サンダース（Clarence Saunders）が開設したピグリー・ウィグリー（Piggly Wiggly）である。同店は従来の食料品雑貨店に顧客が自由に商品選択できるようなオープン売場を導入し，売り場通路の出口にレジを設置してセルフサービスの形を作った。1929年の世界的大恐慌から1930年代にかけてのアメリカの経済不況に，大量仕入・大量販売に

よる食料品の安売りを中心に事業展開したスーパーマーケットは当時の経済背景に合致して急速に普及した。戦後では，アメリカのスーパー業態の成長は好景気に支えられていた。

　日本では，最初にスーパーマーケットの名乗りをした小売店は1952（昭和27）年，京阪電気鉄道大阪京橋駅に開店した「京阪スーパーマーケット」であったが，最初に，セルフサービス方式を導入した今日のようなスーパーマーケットは，1953（昭和28）年に東京青山に開店したスーパー「紀ノ国屋」である。

　アメリカとの発生の背景が異なった日本のスーパーは戦後経済高度成長期にメーカーの規模拡大で大量生産体制の確立を背景に，日常生活用品までに標準化が浸透し，品質安定した商品の大量提供に支えられていた。また，戦後の社会民主化のもとで成長したマスコミは，商品の宣伝や広告などに恰好な情報伝達手段として活用される。経済高成長は都会に，生産地に人口の集中が進み，核家族化の進行，女性の社会進出など，家事の軽減に手助けになれるスーパーが大量消費の絶好な受け皿となっていた。さらに，自動車社会の形成も相まって，郊外の大型スーパーへ自家用車での買い物が可能となり，ワンストップ・ショッピング志向が高まると同時に，まとめ買いしたものの持ち帰りも容易になる。

　日本では，スーパーマーケットとは，売り場面積が300 m^{2}から3,000 m^{2}以上のセルフサービス方式で営業する小売業を指す。食品から日常用品などの最寄り品を取扱うもの，一部の衣料品などの買回り品も取扱うもの，さらには，家電などの専門品も取扱っているものまで多種多様である。このために，日本のスーパーマーケットはさらに，食品スーパー，衣料品スーパー，総合スーパーなどに分けられる。近年では，後述のように都市の中心部に出店し注目されるミニスーパーも増えている。

（2）食品スーパー

　食品スーパーとはスーパーマーケットの原型ではあるが，このような分類は日本独特のものである。鮮魚・精肉・青果など食料品の生鮮三品の売上構成比

が70％以上あるもので，スーパーマーケットの中で店舗数が最も多い。基本的には住宅街の近くに立地し，消費者の2〜3日に1回の来店頻度が想定され，生鮮食品を主力商品として消費者の日常生活を支えるのがコンセプトである。近年では，インストアベーカリーや惣菜調理場，また，店内の飲食スペース（イートイン，英語では，eating area）などを備え，加熱するだけで食事できる食品の販売やサラダバーなどのミールソリューション（食事問題の解決）も取入れている。

また，元々薄利多売を武器に，競合店との安売り競争の激しい業態である食品スーパーには，生鮮食品を含む食料品に特化して，長時間営業（24時間営業も）を実施する店舗が増えている。都市部や住宅街の多い地域に出店している食品スーパーは，独身若年層や独居高齢者家庭向けの弁当や総菜への充実などで，同地域に営業しているコンビニとの競争が激しくなる傾向が顕在化している。

（3）衣料品スーパー

売上における衣料品売上の構成比が70％以上で，売り場面積が250 m^{2}以上のものは衣料品スーパーという。これも日本独特の業態分類で，元々は衣類を専門的に販売する小売店などが経済高度成長期に事業拡大した結果，大型化となり，売り場面積を大きくしてスーパーマーケットになったものが多い。

取扱商品は，一般に衣料品（婦人服，紳士服，子供服，下着など）のほか，和服，服地，寝具，かばん，化粧道具など小物類も含まれる。かつては，長崎屋などがその代表例であった。近年では，ユニクロやしまむらなどカテゴリーキラーと言われる衣料専門量販店の台頭で，衣料品スーパーは差別化できる品揃え，店舗構成の独自性や標的顧客のニーズに応える多様性などが問われている。

（4）総合スーパー（General Merchandise Store＝GMS）

取扱商品の構成比が70％以上の部門がなく，3つ以上の部門にわたって品揃えを行うのは一般に総合スーパーと言い，日本型スーパーストアや擬似百貨

店とも呼ばれるが，店舗自体の名称に「総合スーパー」の表記はない。複数階のビル型建物に多様な売り場を設け，店舗面積は百貨店のように広い。取扱商品の幅が広く，日常的な買い物よりも，週末などに大きな買い物やまとめ買いのために来店して賑わう顧客が多い。バブル経済期には郊外に立地する大型店が多く，また，飲食店など一部ほかのテナントも入居する。

バブル崩壊の1990年代以降，総合スーパーで業界を牽引してきたダイエー（2014年にイオンの子会社へ）が業績悪化して凋落し業界全体も衰退し始めた。あまりも多様な商品を扱う総合スーパーに対して，まさにカテゴリーキラーと呼ばれるように，品揃え品目が少なく，1つの分野の品揃えに特化し経営効率を追求する専門量販店の競争が最大な要因だと言える。現在では，GMSはコミュニティ型ショッピングセンターの核店舗となるか，リージョナルショッピングセンターの核店舗となるような動きが多く見られる。

因みに，日本の商業・マーケティング学界では，一部の学者がアメリカのGMSと比べて，日本型の総合スーパーそのものを否定する考え方もある。

（5）ハイパーマーケット（Hypermarket）

ハイパーマーケットとは，衣食住の全ての商品を扱い，郊外に立地する倉庫型・集中レジ方式の総合スーパー形態の1種である。ヨーロッパではよく見られる小売業態ではあるが，かつては世界2位であったフランス最大な総合スーパー（ハイパー）であるカルフール（Carrefour s.a.）の主力業態でもある。フランスでは，スーパーマーケットは400〜2,500 m^2 に対して，売り場面積が2,500 m^2 以上のスーパーはハイパーマーケットと言い，スーパーよりも大きな店舗を意味する。また，400 m^2 未満の日本で言うミニスーパーはミニマーケットと称される。

ハイパーマーケットは，食品全般に日用品も主要な取扱商品とするが，その他に，衣料品，書籍，玩具，さらにDIY用品などを含め，多岐にわたる商品を取揃え，広い売り場は倉庫のように商品を陳列する。特に衣料品には，PB商品やノーブランド品が多く，ほとんどの商品は大量仕入でコストダウンを図

っている。このため，スーパーマーケットや他の小売店より商品の販売価格は平均して15～20％ほど安くなる。顧客は各売り場を回り，商品を大型ショッピングカートに乗せて集め，出口ゲートを兼ねたレジでまとめて代金を決済する。売り場ごとに代金を決済するGMSとはこの点で大きな違いがある。

　ハイパーマーケットは典型的な郊外型の店舗で，屋上または周囲に大規模な駐車場を設け，まとめ買いの顧客をターゲットにしている。建物の外装や内装にはあまりコストをかけず天井は配管がむき出して見える状態で営業する。また，階上や階下の売場にショッピングカートのままで移動しやすいように，ステップをなくし低勾配の斜面型エスカレータを備えている。

　さらに，サービスを徹底的に削減し，まとめ買いを狙い，商圏も大きく想定しているため，狭い商圏で常に新鮮な食料品を求める日本の消費者に魅力が乏しいとの指摘もある。それは，カルフールが日本に進出してからわずか10年ほどで全面撤退を余儀なくされる最大な要因とも言われる（第7章1節）。

(6) コンビニエンスストア (convenience store＝CVS)

　コンビニエンスストアとは，名前の通り，便利さ（コンビニエンス）を追求する近代的で，単店舗では小型の売り場を展開する小売店である。よく「コンビニ」と略称されるが，オープン売り場でセルフサービスという形態からスーパーマーケットの1種とも称される。日本の商業統計は，飲食料品を扱い，売り場面積は30 m^{2}以上250 m^{2}未満，営業時間が1日で14時間以上のセルフサービス販売店を指す。コンビニの多くは食料品や日用品を中心に品揃え，住宅地やオフィス街に近いまたは交通便利な場所（ロードサイド＝主要道路沿い）に立地する。売り場が小規模なため欲しいもの探しが容易で，年中無休，長時間営業レジでの待ち時間が少ない。今年では，後述のネットショッピングの普及で24時間営業のコンビニが減ってきたと見られるが，深夜までの営業店舗が多い。また，買い物のほか，宅配便の取扱や郵便ポスト，銀行ATMや公共料金支払いなど多くの利便性も提供するのが特色である。さらに，ネット通販の普及でコンビニ各社が代金支払いや購入品受け渡しの窓口としての業務も取り

入れ拡大している。

　コンビニは，最初にはスーパーマーケットの補完形態（買い忘れや買い足し，またスーパーが開店しない時間帯）であった。1946年に，サウスランド社（Southland Corporation）がアメリカテキサスに開業した朝7時から夜11時まで長時間営業のセブンイレブン（7-Eleven）はその始まりである。日本では，諸説があるが，一般に1974（昭和49）年に，アメリカの商号を用いてフランチャイズ方式で開店した総合スーパーイトーヨーカ堂の子会社としてのセブンイレブン・ジャパンが最初であったとされる。その後「単品管理」やPOSシステム（Point of Sales＝販売時点情報管理システム）を駆使するなど独自のビジネスモデルを開発し，それが当時の若者のライフスタイル変化に相まって，国内各地に急速に普及した。1991年に，セブンイレブン・ジャパンが経営破たんしたアメリカ本社を買収し世界最大なコンビニチェーンになった。

　コンビニの経営形態には，直営チェーン店（加盟店のオーナー訓練施設や地域アドバイザーも兼ねる）とフランチャイズシステムに基づいた加盟店がある。本部による優れている商品企画と合理的な品揃えに，1日複数回の商品配送によって一般消費者の日常生活に浸透している。固定客の来店は各店舗売上の主力となるが，現在では出店が飽和状態に達していると言われる。業績は伸び悩む中，大手各社でも系列再編，買収・合併（M&A）の動きが加速している。さらに，今は大手コンビニチェーンからも人手不足や，経営コストがかさむなどで24時間営業を廃止する動きが出ている。

（7）ミニスーパー（Mini Supermarket）

　近年では，特に東京都心の23区内に続々と出店し注目される新しい小売業態はミニスーパーマーケットがあり，略称はミニスーパーである。この新業態はコンビニよりは大きく，従来のスーパーよりは小さい売り場で，繁華街やオフィス街，そして住宅街に近隣する立地など従来ではスーパーの出店が考えられない商圏において，単身者や交通弱者である近所の高齢者などをターゲットにした小型スーパーマーケットである。売り場面積は40坪（130 m^2）前後の省

スペースで，都心など家賃の高い場所にもわりと低コストで経営ができる。このため，撤退したコンビニの空き店舗に出店するケースも散見される。

その背景には，国内のコンビニは限界とされていた5万店を突破し（2013年），飽和気味の市場の中で，コンビニ大手は収益性の高いPB商品の割合を増やすとともに，スーパーの主力商品でもある生鮮三品（精肉・鮮魚・青果）や総菜といった主婦や高齢者の需要を吸収するために品揃えをシフトしている。一方，売上高の減少傾向が続く大手スーパーは，コンビニの利便性を生かした小型の食品スーパーを出店する事例も多く見られる。つまり，ミニスーパーはコンビニとスーパーのせめぎ合いの結果である。取扱商品の間口を見ると，コンビニよりは広く，スーパーよりは狭い，と言った「小型スーパー」の相次いだ出店の最大な要因である。

（8）ディスカウントストア（discount store＝DS）

ディスカウントストアとは，1950年代に，アメリカに出現したディスカウント・ハウスに由来し，直訳すると，「割引店」や「安売屋」である。元々は，一般日用品から耐久消費財，衣料品，スポーツ娯楽用品などの有名商標のメーカー品を取揃え，廉価販売の大型小売店である。1960年代から急成長し，アメリカのKマート（K-Mart，2005年にシーアズ［Sears Holdings］に経営統合される）が業態として確立し，その後，小売業界で売上高1位を記録するまでに成長したこともある。現在は同業態のウォルマートがDS業界を君臨してその座を守り続けている。

DSの経営コンセプトは，有名商標商品をメーカーから大量かつ安価で直接に仕入れて現金での安売りである。また，簡素な店舗施設と商品陳列で経費を節約し，販売価格はメーカー希望小売価格の20〜30％程度安く，時には40％を超えるほど安くなる商品もある。DSは，元々現金で大量仕入れ，低価格で薄利多売，現金販売で持帰りが原則で，大量販売で資金の高回転，販売経費の徹底的削減などを安売りの基盤としている。もちろん，現在は時代の進化や消費者行動変化などに即してクレジットカードや電子マネー決済のようなキャッ

シュレスでの支払いも受け入れる。

　日本では，かつてバッタ屋とも言われる。1950年代にも存在していたが著しい成長はなかった。戦後の高度成長以降は東京秋葉原の電気器具安売り店が代表的であったが，バブル経済崩壊後の深刻な不況の中，価格破壊で消費者の価格志向が強まり，北辰商事やMr. max，さらには国内最大手DSのドン・キホーテなどが大型チェーン店舗まで成長してきた。ドン・キホーテは，独特の経営哲学で売り場に大量の商品がところ狭しく乱雑に並べるという圧縮陳列で，深夜まで営業を行っている。それが若者の宝探し感覚に支持され，買い物が楽しいというゲーム感覚に合致した。近年では，小売業界の激しくなる一方の競争において，DSも従来の有名商標商品を販売する一方，自ら自社のPB商品開発や販売に余念がない。

（9）ドラッグストア（Drugstore; pharmacy; chemists）

　ドラッグストアについて，国内のイメージは一般用医薬品を中心に健康や美容に関する商品や日用品，飲料や日配食品など加工食品をセルフサービスで短時間に買えるように品揃える小売業態である。しかし近年では，一部店舗は弁当，精肉や青果も取扱うようになり，コンビニやスーパーにもあるような品揃えが多くなっている。なお，流通業界では，ドラッグストアをディスカウントストア（DS）と区別して「DgS」「Dg.S」あるいは「DRG」と略して表示することが多い。

　ドラッグストアは名前通りに，元々は院外処方箋調剤薬以外のいわゆる市販医薬品（2009年の改正薬事法施行までは一般販売業または薬種商販売業）の小売店を指すが，現在は薬剤師の常駐で処方箋医薬品の販売も許可されるドラッグストアが増えてきている。営業時間も長く，消費者に密着した販売店として，市民生活の必需として定着している。しかし欧米では，医薬品ばかりではなく，日用雑貨をはじめ新聞，雑誌から軽飲食までを取扱う雑貨店のような小売形態である。立地は繁華街，交通ターミナル，また，郊外の交通要所など，まるで日本のコンビニのような存在である。

売り場面積で分類すると，ドラッグストアは，以下4つのタイプがある。
①ミニ（小型）ドラッグストア：店舗面積100 m² 未満の小規模ストアで，主に会社員向けに路面店，商店街，地下街，ビルなどのテナントとしても出店し，ビューティー商品に特化している店も多い。
②コンビニエンスドラッグストア：店舗面積100～300 m² の中型店舗で，住宅地に隣接し，付近の住人が日常の買い物をするのに適するタイプである。
③スーパードラッグストア：店舗面積300 m² 以上の大型店舗で，多くの郊外型ドラッグストアがこの形態である。品揃えや大店立地法などの制約によって，出店手続きの手軽さを考慮してさらにそれぞれ60坪，90坪，120坪，150坪のいくつかの種類がある。
④メガドラッグストア：店舗面積600 m² 以上の巨大店舗で，日用品，医薬品の他に食品を扱うことが多く，スーパーのような巨大な商圏を有する。

その他，薬品関係の品揃えに強く，調剤薬局を併設したヘルス＆ビューティーを基本とするファーマシー（薬局）型店舗（売場面積60坪前後）が，地方都市や農村地域などの中心商店街に立地し，また，利便性，顧客対応の柔軟性，親切性，健康性，商品の専門性や人間関係が重要視される医薬品専門型店舗（売場面積60坪前後）が，医薬品，化粧品，医療雑貨，健康食品，介護用品などの軽医療領域によって構成される大型医薬品専門店舗（売場面積90坪以上）などもある。

(10) スーパーセンター（supercenter＝SUC）

スーパーセンターとは，ディスカウントストアが中心に，食品スーパーの品揃えも付け加え，衣食住に係わる商品を一体化してフルラインの売り場をワンフロアに納め，1ヵ所のレジにて集中して会計する総合スーパーの新業態である。アメリカウォルマート社が，このような店舗構成を「スーパーセンター」と称したことがその始まりで，人件費などの経営コストに極限までに切り詰め，より大量の商品販売による低価格の実現を可能にした。

国内では，近年，イオンスーパーセンターや2008年にウォルマートグルー

プ傘下に入った西友をはじめ急速に広がっている。スーパーセンターは低コストでの大量販売という点では優れているが，画一化された商品の販売という点では従来の総合スーパーと変わらないという問題点も実在している。とは言え，時代に遅れを取っている商店街や経営不振に悩まされる総合スーパーに対して，スーパーセンターが新世代の小売形態として今後の成長が期待されている。

因みに，前述のスーパー西友は，2021年3月1日，アメリカの投資会社KKR & Co. Incがウォルマートから60%の株式を取得し，楽天株式会社が20%の株式を取得したため，ウォルマートの子会社でなくなる。にもかかわらず，西友はスーパーセンターからの業態変化はしていない。

この業態は元々，フランスカルフールの主力業態であるハイパーマーケットが衣食住の全てを扱い，ワンフロアで集中レジ方式を取っていた。アメリカに導入されて，約1万品目の食品と4万品目の非食品を扱う業態として展開したが，うまく行かなかった。しかし，当時，規模的に競争優位で評価されていたハイパーマーケット業態の食品と非食品のワンストップでの利便性を生かして，売り場面積の調整や試食コーナーの開設を含む食品販売方法の改善，品揃えの拡充などの試行錯誤を経て今日のように確立された。

スーパーセンターは，基本的にワンフロア売り場，集中レジ方式を採用し，巨大な駐車場を併設するのに加え，毎日が低価格（EDLP）で商品提供をしているのが特徴である。

4）その他の小売業態
（1）製造小売業（specialty store retailer of private label apparel＝SPA）
製造小売業の語源は，1986年にアメリカのアパレル小売業GAP（ギャップ）が最初に自らの経営形態を定義したものである。小売企業でありながら，自社で全リスクを負って商品の企画・生産から販売までを一貫して行う総合的な業態で，小売業が主導するマーケティングの垂直統合とも言われる。国内では，ユニクロなどが代表的事例である。元々は，アパレルメーカーが自社の小売店

を経営し，自社商品を販売する業態の企業をSPAという。近年，アパレルメーカーの中にも市場情報を的確に把握し，ブランド価値を高めるためにSPAに乗り出す企業がみられるようになっている。

SPAは，生産機能をもったアパレル専門店が，商品の企画から製造，物流，販売促進，店頭販売までを一貫して行うため，アパレル製造小売専門店とも呼ばれる。国内アパレル業界では，百貨店や専門店がアパレルメーカーの仕入商品を販売するという流通様式が一般的で，売れ残りのリスクを回避するために委託仕入（商品の売れ残りは供給業者へ返品できる仕入れ形態）や消化仕入（商品が販売された時点で小売業が仕入れる形態）といった特殊な取引形態もある。対して，米国のギャップや日本のユニクロに代表されるSPAは，自社開発の商品やブランドを品揃えし，統一したコンセプトで小売店頭での差別化を図っている。

自ら市場の需要変動リスクを負わねばならないことから，SPAが流通在庫の削減，売れ残りリスクの最小化などに加え，店舗での販売情報をいち早く追加生産に結びつけるためのQRコード読み取り方式が特徴的である。また，工場を稼働させ，生産量を確保するために，チェーンオペレーションによる多店舗化が不可欠である。

しかし近年では，こうしたアパレル業界で生まれた垂直統合型の業態であるSPAが，家具や家電，それに飲食店などにおいても製造小売業の経営形態を取入れ，自ら商品の企画，生産，販売まで垂直統合する事例も増えてきている。

（2）生協（CO・OP＝consumer cooperative）

生協とは消費生活協同組合の略で，消費者利益を守るための共同組織である。生協の歴史は，世界的に産業革命後の1844年に，イギリスのランカシャーで設立したロッチデール公正先駆者組合に遡ることができる。国内では，1948（昭和23）年の生活協同組合法が成立し，1951年に日本生活協同組合連合会の設立が正式の出発点である。特に1960年代以降，経済高度成長期の副産物であった環境汚染や環境破壊などの公害，製品や商品に含まれる有害物質による発生した消費者被害が社会的現象にまで深刻化したことを背景に全国的に

普及してきた。国際的には，各国生協の国際共同組合同盟（ICA）もある。

　生協は，元々生活者たちが公害や汚染から自らの利益を守るために，加入する組合員からの出資金で運営するものである。組合員は生協を利用することが可能で，運営への参加もできる。原則として生協の利用は組合員のみに限られ，出資金は脱退時に払い戻される。生協の事業としては，最初は，食品や日用品，衣類など商品全般の共同仕入から小売販売までの生活物品の共同購買活動（店舗での販売や宅配）が中心ではあったが，その後，事業の安定と拡大により，その他共済事業から，医療・介護サービス，住宅の分譲，冠婚葬祭まで，非常に多岐にわって広がってきた。

　全国生協の統計によると，2021年末に，全国生協の各種組合数は564，組合員は3,017万人を超えている。生協の「購買事業」つまり小売事業の年間供給高は3.27兆円も超え，まるで巨大な小売チェーンストアのような存在である。

　その他に，いくつかの同じ職場の労働者が組合員になる生協（職域生協）もある。因みに，大学生に係わる大学生協（全国大学生活協同組合連合会）の統計によると，2022年9月現在，組合員数は153.8万人超に対し，年間総事業高は1,308億円になっている。

（3）農協（JA＝Japan Agricultural Cooperatives）

　農業協同組合（農協）とは，1947（昭和22）年の農業協同組合法に基づき，農民の経済的・社会的地位の向上を図ることを目的とする全国的な組織である。正組合員は農業従事者に限るが，区域内の非農家も準組合員として加入することができる。出資組合のほかに非出資組合も認められ，加入や設立が自由なため，初期には各地に事業別業種連合会が乱立していた。「系統組織」と呼ばれる農協は，市町村には「単位農協」，都道府県には，信連・経済連・共済連などの「連合組織」，全国には「全国農業協同組合連合会（全農）」という全国的には3段階組織があるが，91年に3段階制から2段階制への大改革を行い，連合会も都府県レベルで，中央会，信連，経済連，共済連に整理されていた。また，2015（平成27）年，農協法が改正され，翌年4月に実施された。

農協の事業には，信用（貯金・貸付），共済（保険・生命保険），購買（資材供給），販売（生産物販売・商品販売）のほか，倉庫，加工を含め農業生産や農村工業，さらに教育など多種多様がある。特に，信用共済事業が著しく伸び，現在では，JAバンク（旧農林中央金庫）の貯金総額は108.3兆円も超え（2022年3月），国内では，ゆうちょ銀行，三菱UFJ，三井住友銀行，みずほ銀行に次ぎ，貯金総額は5位にランキングされている。

　一方，農協の購買事業や販売事業は広義の商業とは直接に係わる事業である。購買事業は組合員に対して各種の生産また生活に必要な物資を共同購入して提供している。販売事業には，農産物の集荷・分荷の卸売業としても見られるが，近年では，地方都市または各地の道の駅なども含め農産物の直売所の出店が急増している。全国では，合計105万ヵ所（2020年農水省調査）もあり，年間売上高総額は2.03兆円を超え（同上），実に国内大手スーパーチェーン2位のセブン＆アイのスーパーマーケット部門（イトーヨーカドーなど）の年間売上1.8兆円（2021～22年度）を上回っている。

　以上のように，小売業は業種と業態に分類されることができるが，構造的には，有店舗販売と無店舗販売に分けられる。一方，立地や出店形態では，多くの小売業は単独出店のほかに，商店街やショッピングセンターあるいはショッピングモールなどの商業集積にも出店している。出店地域の違いを見ると，都心店，郊外店，鉄道駅前店が多いが，幹線道路沿い（ロードサイド）店も車社会の利便性を高めるための出店が増えている。その他に，観光地やテーマパーク，鉄道駅や空港などの特殊な施設内（駅ナカなど）への出店も多くなっている。また，農協の小売業部門に当たる販売事業は道の駅などで農産物の直販所を増やし，生協の場合は，生産者を巻き込みながら消費者と直通販売ルートとしての宅配を最大限に活用するのが最大な強みである。

4　小売業の機能

　小売業は流通経路の川下に立地して最終消費者に直結し，川中を通じて川上にもつながるため，消費者に対しても，卸売業者やメーカーに対しても，さらには店舗が立地する地域社会に対しても，独自の社会的機能を果たしている。

1）消費者に対する機能
　最終消費者に各種の商品の手渡しを担っている小売業の最も重要な社会的機能としては消費者への機能である。それらは，次の8つの側面から見ることができる。
① 　商品品質のチェック機能。
　安定な供給や品質保証のため，消費者に商品を販売する前に商品の消費に害がなく品質に問題が無いことを確認する。
② 　品揃え機能。
　消費者の買い物代行として，消費者の要望に応えられる商品，または消費者の潜在的需要を引き起こせるような商品を取り揃うことが使命である。
③ 　在庫調整機能。
　安定的に商品を提供するため，商品の品切れや過剰在庫がないように供給バランスを維持する。
④ 　価格調整機能。
　様々な消費層に対応して，自社や自店がターゲットとする消費者にとっての手頃の価格での多様な商品販売ができるように努める。
⑤ 　商品や流行などの情報提供機能。
　商品また新商品の紹介やその用途（使い方など），市場の流行やトレンドなどの情報を提供して消費者のニーズに応え，消費者の新たな需要を創出することである。

⑥　販売立地の機能。
　消費者のアクセス利便性を配慮しながら適切な出店立地を決めることである。
⑦　買物の楽しさを提供する機能。
　テーマパーク型やモール型などのように，来店客の買物環境を快適にするように整備する。
⑧　利便性提供の機能。
　持ち帰りや贈答など商品の包装やラッピング，電化製品など大型商品の配送や設置，耐久消費商品の修理や保全などのアフターサービス，さらに，営業時間の調整や支払方法への柔軟な対応などについても顧客への利便性を改善しながら提供する。

2）卸売業者・生産者に対する機能

　川下の小売業は川中にも川上にも次のような重要な機能を果たしている。
①　消費者情報あるいは市場情報の収集伝達機能。
　卸売業者や生産者に対し，商品の売れ行きや商品に対する消費者の生な声とも言われる意見や苦情，要望などを収集し分類して生産者への今後の生産改善，卸売業への仕入れ・供給の調整に役立つ情報を提供する。
②　生産・製造支援機能。
　メーカーに対しては，製品販路の確保や新製品の販路開拓，販売場所の提供などによって，商品供給の安定や生産継続に貢献し，市場全体の需給安定の維持にも役立つことになる。
③　川下よりの垂直統合機能。
　それは，自社のプライベートブランド商品（PB）の販売促進による製造業の生産能力確保が中心とする。特に中小メーカーから中堅ないし大手製造業者や生産者に対するPB商品の委託生産などによる生産支援などにも機能する。また，前述のSPAの機能もそれに当たる。

3）地域や社会に対する機能

　小売業は立地産業であるため，来店顧客の支えはもとより，立地する地元の地域社会からのあらゆる側面の支持と応援も必要不可欠である。一方，小売業は次の４つの側面から地域社会に対しても社会的機能を有する。

① 消費生活の環境改善機能。

　店舗の存続を支えてくれる地域住民の生活環境改善に対して，日常必需品からこだわりの専門品，生活レベル向上に相応しい贅沢品まで様々な商品を幅広く提供する。

② コミュニティセンター機能。

　小売店舗は地域住民，消費者や顧客の買い物の場にとどまらず，今後では，集いやイベントなどを通じて，地域住民の憩い場やコミュニケーションの場として提供することも重要になってくる。「コト消費」が広がってきている今後では，地域住民に集いの場として提供しながら本業の物的商品の販売に結び付いていくことが期待される。

③ 需要と供給の調整機能。

　提供・販売する商品に関して，消費者の数量的，品質的な要望に応え，バランスの取れる品揃えを調整し維持することが市場供給の安定かつ自身の事業継続の必要な条件であり，また，小売業自身の利益追求目標の達成に基づいた安定的経営にもつながる。

④ 雇用機会の提供機能。

　小売業が定期的正規従業員の募集や雇用を通じて社会的に就職の機会を提供する一方で，地元住民に対しては，不定期的パートタイムやアルバイトなどの働き先の提供も地域密着性を高め，地域への貢献にもなるし，自社経営への労働力確保にもつながる。

5　小売業のマーケティング

　小売業のマーケティングとは，その流通経路の末端に位置する特殊性なた

め，メーカーや卸売業のマーケティングとは異なるものがある。流通経路末端にある小売業は独自の視点でマーケティング戦略を企画立案する必要があるが，メーカーや卸売業が活用するマーケティングに共通しているのはやはり市場リサーチに基づいたターゲット顧客層の選定が大きなポイントの1つである。

とは言え，小売業の事業展開の核心は，やはり前述したマーチャンダイジングミックスとも言われる5Rである（第2章2節）。商品の生産はしないが，適切な商品に適切な数量，適切な価格に適切な販売場所で，さらには適切なタイミングを最優先に取り組まなければならない。ところが，これからは，超高齢社会においては，いかに自分の存在価値を広く知らしめ，変わりつつある経営環境のもとで小売業の機能を発揮していくのが大きな課題である。それらも含めて，次の4つの側面から，5R以外に小売業のマーケティングについてポイント的に考えてみる。

1）顧客の声を聞くから顧客の参加へ

小売業にとっては直接に最終消費者つまり来店する自社や自店の顧客と接しているため，顧客から直接に生な情報の入手が可能である。特に，自社や自店に頻繁に訪れる固定客または常連客は進んで自らの考え方を情報発信することが多い。一方，既存商品に対する不満や愚痴なども実に売り手の立場からは見逃されやすい大事な情報である。消費者の実際使用に発見された問題点こそが製品の改良や新商品開発のアイデアになる可能性が高い。顧客としては，自分の行きつけの店に自分が提案したニーズに応える商品が置いてあれば，そこで購入するのは当然であろう。

これまでは，小売業の取るべき対策として，消費者のニーズやウォンツをくみ取り，顧客の「生な声」を聞き入れて，これらの要望に応えるなど，多くの考え方がある。しかし，消費者の需要や顧客の声を聞くだけは顧客の好みの商品が生まれるわけがない。固定客や常連客を創出するには，商品開発に顧客の参加が必要である。それは，決して新商品の企画会議に個別の顧客に出席してもらいその意見を聞くことだけではない。商品のアイデア募集や新商品提案コ

ンテストなどのイベントの活用も必要である。または，新商品使用にモニターの募集と活用も実用的な方法である。そこから手にするアイデアの中から最も実際にヒットできる商品の開発や発売の事例も少なくはない。

2）少子高齢化社会の新戦略

　もう1つのポイントはこれから日本社会のさらなる進展する高齢化への対策である。2013年9月に，日本人口ははじめて25％以上に65歳以上の高齢者が占めるようになった。総務省の統計によると，2022年末には，高齢者人口の割合はさらに29.1％へ拡大し，加えて日本人の平均寿命は男女ともに80歳を超えた。人間は歳の積み重ねに伴い好みもこだわりも変わっていく。「人生100年」という呼び声が次第に現実になっていく今後では，高齢者人口の割合がなおさら増えて行くのが間違いないので，小売業としては，高齢者向けのマーケティング戦略を徹底的に取っていくべきである。

　これまでは，企業としては高齢者用に開発した商品の多くは実用性を強調したあまりにダサいと思われることが多い。時代の移り変わりの中，マスメディアやインターネットなど情報発信手段の増加と情報の共有，そして，情報爆発までと言われる情報化社会のさらなる高度な進展に伴って，若者のファッションや流行も高齢者に影響を与えていく。つまり，高齢者向けの商品イコール実用かダサいという発想はいかに時代遅れと認識する必要がある。

　他方，景気低迷が続いている中でも，高齢者は若者より経済的に余裕のある人が多く，時間的余裕も当然のように他の人口構成より十分にある。一部は若作りとは思われるが，時代の進展とともに，高齢者も自らのおしゃれやファッションに目覚めるのも時間の問題に過ぎないのであろう。人口の3分の1近く高齢者の総人口は，3,621万人（2021年10月現在）のマーケットとなり，小売業にとっては，それがどれだけ大きなセグメント（市場区分）のことが忘れてはならない。

第 6 章　小　売　業　◎——　173

3）顧客に近づく新出店戦略

　今日の消費者は仕事のほかには，せっかくの休日や休みの時間があると，それぞれ自分の都合に優先的に回すのが一般的になっている。最寄り品と言われても，日常生活の必需品を買うのに，コンビニやスーパーに出かけなくて済むことを望んでいる。また，買回り品や専門品を購入しようとする際も，わざわざ足を延ばして商品が揃っている店舗に行くのもためらいそうになり，それだけの魅力がなければ消費者は実店舗までに出向いてくれない。

　要するに，今日はかつての物足りない時代とは違って，消費者はちょっと離れた店に進んで足を運ぶのは一大の決断が必要となる。そこで，逆の発想から，小売業は自ら店や商品を消費者に近づくことに工夫するのが必要となる。昔の行商に戻るのではないが，発想は似たようなことである。

　テレビショッピングやネットショッピングなどもあるが，前述したミニスーパーなどのように，店舗を小型化して住宅地や消費者の通いやすい場所に移動することがまず考えられるのであろう。もう1つ考えられるのは，商店街の振興にもなるが，既存商店街の空き店舗などを活用してもらい大型小売店本体やその系列の小型店の出店を誘致することも考えるべきである。特に，超高齢社会へさらに進んでいく今後では，高齢者たちに馴染みの商店街に近代的な小売店の出店そのことが商店街の活性化にもつながるので，歓迎されるはずである。平均して51.2店舗が存続している全国に12,210の商店街（2021年10月1日時点，令和4年3月，中小企業庁『令和3年度商店街実態調査報告書』）に活気が戻れば，伝統的「パパ・ママ店」や「ジージー・バーバー店」にも潤いことになるのである。

4）インターネットツールの活用

　インターネットを生かして商売につながるのはもうとっくに新たな手法ではなくなる。ネットビジネスについての議論は，第9章に譲るが，ここで考えてみようとするのは，超高齢社会におけるインターネットの活用法である。もちろん，小売業は高齢者だけのためにあるものではないが，全体は3,600万人も

超える巨大規模の市場区分にターゲットとして戦略的設定するのは誰が見ても勝算が十分あるのであろう。

　高齢者には，金銭的余裕と時間的余裕があるが，若い時には情報化社会の経験がなく，今さら一からパソコン叩きやスマホいじりを勉強するなんて，と思う人は圧倒的に多いかもしれない。パソコンの操作やネットショッピングの利用などを無料で教える方法もあるが，パソコン自体を持っていない高齢者も多い。そこで，どうやって高齢者たちの手とり足となり，インターネットを活用して自分の生活の利便性を高めることにポイントがある。

　例えば，前述の地域に出店する小売店の店頭や高齢者の集まりそうな場所に代行サービスの窓口を設け，パンフレットや動画などを見せながらネットショッピングの代行を受け付けることができる。また，高齢者自宅近所の最寄りのコンビニやミニスーパーなどと提携して，ネットショッピングの買い物代行や受け取り窓口になってもらうことなども考えられる。さらには，郵便局や宅配便業者などと協力して，カタログやパンフレットによる注文や販売，そして注文後の配送も可能である。もちろん，この章の「ミニコラム」の「移動販売」も1つの有効な手法である。

📖 第6章を読んでから考えてみること

1. 小売業は毎日でも通えそうな場所にあるが，色々な形態がある。この章で検討している小売業の立地を踏まえて，あなたにとってはそのほかにも有っていい形態があれば，1つ挙げてみよう。
2. 商店街は，周知の通り，日々衰退しており，東京や大阪などの大都会のほかに，全国各地にもシャッター通りと呼ばれる商店街が多くある。商店街復興に役に立ちそうなアイデアがあれば，あなたなりでもよいが1つ披露してみよう。
3. 小売業は時代の変化に応じて業種や業態の入れ替わりが激しいと言える。少子高齢化の今の時代に，今後に向けて，どのような小売業タイプが期待できそうかについて，あなたの考え方を言ってみよう。

ミニコラム　古き「行商」と今時の「移動販売」

　小売と言えば，まずは百貨店やスーパー，コンビニやドラッグストアなどとイメージするのが今の時代に生活している我々の常識である。しかし小売の始まりは，世界どの国においても行商であったに違いがない。行商は，古くて時代遅れの産物だと思われがちで，行商は天気や気候，地理や交通など多くのハードルをクリアしなければ消費者に辿り着くことができない。

　一方で，小売店は立地産業と言われるがゆえに，顧客が便利に買い物できる「商圏」や時間などのハードルも無視はできない。つまり，欲しいなと思っても，ちょっと遠いやら，今は時間がないなどでなかなかその店に行くのが決断できないかもしれない。小売店は避けられない欠点とも言えるこの立地的特徴に対し，行商は消費者や顧客が小売店までに足を運ぶに代わり，その生活や仕事の場所に出向いて商品選びと購入が手軽にできるサービスを提供してくれる。もちろん，かつては，風呂敷を背負い，天秤棒を担いで商品の大量携帯が不可能に近い。

　ライトバンや軽トラックなどを使い，今日の移動販売は昔の行商より遥かに快適になり，また，顧客の買い物の選択肢もかつてと比べられないほど増える。とは言え，消費者が欲しがる商品は決して今時の移動販売で積んでいない場合も多い。そこで，移動販売をしながら，実物商品にないカタログの配布も1つの考え方になる。カタログで選んだ商品が実際届くまでには，心配でドキドキすることも，ウキウキに楽しむこともある。さらに，スマホは高齢者にも普及されつつある昨今では，SNSを通じて常連客とのリアルタイムでのやり取りを通じて消費者の指名した商品取り寄せも可能であり，移動販売の欠品解消につながるのであろう。

　かつての行商と今時の移動販売は，消費者に出向いて商品を販売するという共通点もあれば，行商は主として手持ちの既製商品の販路開拓に力を入れる。対して，移動販売は消費者に選択肢を提供すると同時に消費者のニーズとウォンツを汲み上げることもできる。さらに，高齢者に対しては，ネットショッピングの代行サービスのような移動販売も，SNSを通じての直接連絡で顧客の指名買いも可能になるのではないか。

第7章
商業のグローバル化と日本的商慣行

　今の時代では，交通手段の発達による遠方や外国には簡単に行けるのがもとより，インターネットを使えば，かつての隣人同士の日常的な井戸端会議のような挨拶や世間話は，玄関を出ることなく，海外に居る知人や友人とも簡単にコミュニケーションが取ることができる。また，ネットを通じて新たに知合いを作ることもできる。こう言う意味では，1つの地域や1国においての歴史ある独自の風土や習慣がいつの間に変わっていくことも十分可能になる。当然なことで，個別企業の市場開拓や事業展開も，商品や物質的交流や人の交流を含めてグローバル的に広がることも日常的になっている。

　国境を超えて外国の品物（物的商品）を取揃えるのが貿易と言う。貿易は，関係国の間に互いの利益を尊重して，対等的に行われるのが原則で，国の間も企業の間も，ある意味では，それは持ちつ持たれつのような妥協的な産物である。一昔は，貿易に従事するには，専門知識などの習得などかなりのハードルがある。ところが，物品貿易の場合は，物的商品や原材料，エネルギーなどが生産者から商業や流通業を経由して消費者に届けられる。それは，商業活動とは全く変わることがなく，その延長線にあるのに過ぎない。変わる要素は，生産者と消費者，また流通業者は異なる国の人々である。

　グローバル的市場開拓や事業展開は経済のグローバリゼーションであると簡単に口にするが，企業活動のグローバル化は長い道のりがあった。ところが，それは広義の商業の一環に過ぎず，これまで説明してきた卸売業や小売業などの商業企業は国境越えの商取引へと事業範囲の拡大ほかならない。

1　商業のグローバル的展開

　今日では，近所のコンビニや八百屋に行っても外国産の品物が並べられるのが珍しくはなくなる。そして，東京や大阪などの大都会には，ちょっと足を延ばしたら外国からの小売店が目の前にあるのも日常になっている。後述のように，国内小売業などが海外に進出すると同時に，海外からの小売業も日本にやってくる。これは，いわゆる商業のグローバリゼーションである。ところが，グローバル化は一日にしてできるものではない。今日のようなグローバリゼーションは1960年代以降からいくつかの段階を経て広がってきたものである。

1）グローバリゼーションの経済環境

　国際貿易の始まりは，商業の発生当初にクレタ島の人々が地中海やバルカン半島，さらにはエジプトや黒海沿岸諸国までに行商することは第3章で検討していた。それらは商業の発生のルーツでもあれば，行商が及んでいた範囲を見れば，歴然外国貿易あるいは国際貿易の始まりでもあった。つまり，国際貿易も商業も同じ時代で誕生したと言っても良いが，今日のような国際貿易はイギリスの産業革命以降から広がってきたものである。また，国際的ルールである国際貿易憲章（Havana Charter of an International Trade Organization）の締結は第二次世界大戦後の1948年であった。

（1）国際化（internationalization）

　国際化とは，簡単に言うと，それは企業などが国境を超え，国境に跨る規模に広がる商業行為である。経営の角度から見れば，それは，国内中心に事業を展開してきた企業が物品輸出やライセンシング生産，海外企業との業務提携や合弁事業の創設，または海外で単独資本の子会社設立などを通じて海外市場に進出して，国際ビジネスや市場開拓，つまり海外で新たな事業を展開して行くのである。

1960年代以降，当時のアメリカとソビエト（1991年に，その大半の領土は現在のロシアとして分離）の両超大国をはじめとする東西冷戦の対立は定着し，世界情勢は両陣営勢力拮抗のもとで平和的とも言えるほど平穏期に入っていた。個別企業のビジネスも，国際間の経済・貿易における物品取引やサービス貿易の交流も大幅に成長していた。そして戦後，国内市場の回復から飽和状態になりつつ，欧米諸国の企業は海外へと事業拡張に乗り出した。そこで，自由貿易原則を掲げて，諸国の間には，国境を越えた企業活動が急速に拡大していた。

　こうした企業活動は従来の物品貿易枠組みを超え，相手の国に進出して，合弁企業や子会社を設立し，現地で製品の製造や物産の産出などに直接投資するのが注目されてきた。これは，国際化と言い，グローバリゼーションの始まりである。国際化の動機とは，まずメーカーがより良い生産環境を求め，人件費や原材料などの生産コストの低減ができる国や地域を探して，限られている国内市場の制限を乗り越え，企業の事業範囲を拡大させ収益も大きく拡大するのが主な目的であった。

　一方，商業企業の場合はどうなるか。輸入の場合は，従来のルートで貿易相手から物的商品を購入すると相手国の流通経路を経由するため，関税は計算に入れなくても，流通コストがかかるに加え，相手企業の利益も上乗せられる。それより，現地での代理店や合弁会社に委託するやら，自ら設立した子会社が現地での買い付けや，直接現地の生産者や卸売業者から商品や物資を購入した方が仕入原価の削減ができる。また，輸出の場合は，貿易相手に物的商品を販売することで，同じく相手国の流通経路を利用するためにそのコストが必要すとともに相手企業の利益分も支払わなければならない。このため，販売価格が抑えられ，輸出企業の収益も当然に減ってしまう。現地での販売代理店と提携するか，あるいは思いきり単独資本で投資して海外で直接に小売店舗を設立して現地の消費者に商品を販売するのが売上も収益もあがれるというのである。

　以上のような国際貿易の視点から経済規模の拡大または利益追求の理由で個別企業は自らの事業活動を外国へ拡張し国際化するのが理解できる。しかしそのほかに，もっと大きな要因と言えば，それは，経営的・マーケティング的な

ものである。まずは，国内市場規模の制限があるため生産規模を拡大するには，国外市場の開拓以外に方法がなく，それが国際化を踏み切る必要となる。また，途上国や新興国企業の場合は，国際化は外貨の獲得はもとより，企業自身が国際市場とのつながりを通じて海外企業との提携や協力ないし競争を通じて自社の経営力を向上させられることを狙っている。

（２）多国籍化（multi-nationalization）

しかし，国際化とは言え，それは２ヵ国間のことに限られるに過ぎない。２ヵ国以上と貿易すると，それは多国籍化と言うことになる。多国籍化の場合は，経営上から見れば，進出した国で獲得できた経営資源は必ずしも最も合理的なものに限らないことがあり得る。より合理的な経営または企業利益の最大化への追求などは海外進出の最大な目的でもあるため，より魅力的な一部分の経営資源を進出国とは別の国から獲得する意欲は企業に内在する。自社の生産技術や経営ノウハウをもとに自社に有利な進出国の物的または人的資源を利用するのが海外進出の目標達成にはなれるが，進出国よりさらに有利な資源（原材料や部品など）を加えたら，最適という良い結果につながるからである。

メーカーの場合は，製造事業の国際化により，現地資本との合弁企業や現地での単独投資で設立した子会社などの形態を通じて，進出国Ａでは安価な原材料の調達ができ，廉価の労働力の活用もできる。しかし，場合によっては，第三国Ｂにはもっと安い原材料あるいは製品の製造に活用できる部品や部材があるが，製造や加工技術のレベルは進出国Ａの現地企業より劣れる。そうすると，Ｂ国からは原材料などだけ調達して，Ａ国で製造・加工することが考えられる。こう言う場合は，上記のＡとＢの二ヵ国にわたって１つの事業展開あるいは１つの製品の製造に係わることとなる。こうした事業を取り掛る企業は多国籍企業と呼ばれる。1980年代以降に，このような多国籍に係わる企業の事業活動が世界中の多くの地域に広がっていた。つまり，前述の第三国Ｂから進出国Ａにより良い資源あるいはより安価な資材や部品，部材などを持ち込んで，技術的に信頼できる進出国Ａで製品に加工し製造や組立てること

が最も合理的な経営モデルになる。

　一方，商品輸入の場合も同じことが考えられる。いわゆる海外で展開する日本メーカーの現地合弁企業あるいは現地子会社が生産した製品を国内に持ち帰り販売する逆輸入は国内市場の需要に支えられる。また，国内小売業が国内消費ニーズに応えるため輸出国に出向いて，現地のメーカーや輸出会社に対して日本国内専用の仕様書を発注してその全量を買取り，日本国内に輸送して販売するという開発輸入の形態もある。そのいずれも二ヵ国間での取引もあれば，しばしば「通過貿易」のような複数国の企業間の事業提携や業務協力が必要となる。これは国際貿易分野での多国籍化である。

　もちろん，現在では，国内に本社を置いているが，海外の複数ヵ国に原材料の買い集め，部品の生産，組立て，完成品に仕上げるなど，様々な生産活動，さらには，研究・開発機能も海外に持って行く企業も少なくはない。業界的に言えば，まずは部品数が2～3万個にものぼる自動車業界はその代表格である。その他に，家電メーカーや電気光学メーカーなどより複雑な製品を製造する企業などの場合が多い。もちろん，国内小売業にも後述のように百貨店やスーパー，コンビニまで多国的に事業展開している事例も多い。

(3) ボーダーレス化 (Borderlessness)

　以上のように，企業は国境を越えて2ヵ国の事業展開は国際化と言い，2ヵ国以上の国際的事業展開は多国籍化である。そして，同一事業の展開において，複数ヵ国あるいは世界規模にわたり，原材料や設備調達，さらには，技術協力から人材配置まで，国境に跨る自由移動ができるとボーダーレス化と呼ばれる。ボーダーレスとは，国境をなくしあるいは国境を無意味にすることで，関係国の政治力で決めた国境を企業の経済活動の妨げにならないようにするのはその狙いで，関係国の間には何らか互いのメリットがあるのが協定を結ばれる前提になる。

　ボーダーレスができるのは，国境による制約が，インターネットなどの情報技術や輸送手段の発達，企業による海外現地生産の推進などにより緩くなって

きたことが背景にある。もちろん，事業展開にかかわる複数の所在国政府の応援と協力がなければ実現できないことでもある。

具体例と言えば，EUの場合は，加盟国27ヵ国域内（2021年末，イギリスの脱退で，27ヵ国に減少）においては商品や物資などが自由に取引され自由に通過されるのはもとより，各国間の人員もビザなしに行き来できる。さらに，EU加盟国外の諸国からの出張や観光のために訪れる人々もEU加盟国一カ国の入国許可を取得するだけでEU内各国への移動も制限されなくなる。一方，元々12ヵ国で交渉してきたTTPがアメリカの脱退で11ヵ国が合意し，2018年末に発効したCPTTP（Comprehensive and Progressive Agreement for Trans-Pacific Partnership ＝ 環太平洋パートナーシップ）に関する包括的及び先進的な協定の場合は，物品貿易分野に限って，各国間の関税削減をはじめ，国境のハードルが取除かれ自由に貿易ができる。しかし，ビザなしの人員交流はまだできず，また，交通や輸送に関しては，スムーズにできるよう協定参加国間の協力と協調に委ねられる。さらに，2020年11月に合意し，2022年1月1日に協定参加国の中の10ヵ国，2023年1月にさらに2各国が加えて発効した日本，中国，ASEAN中心のアジア太平洋地域の15ヵ国間の自由貿易圏であるRCEP（Regional Comprehensive Economic Partnership ＝ 東アジア地域包括的経済連携）もCPTTPのように，経済や貿易の領域に限ってのボーダーレス化が可能になっている区域である。

海外に進出しているメーカーにとっては，多国籍と比べると，ボーダーレスはより自由に生産活動ができ，ヒト・カネ・モノ・情報などの経営資源がより合理的に配分できることが最大なメリットである。例えば，資源が豊富で物価も安いが製造・加工技術は未発達のＡの国と，製造・加工技術がわりと高くなっているが人件費はまだ低いＢの国，そしてすでに経済成長がある程度達成して国民の生活水準もわりと高くなっているＣの国という3ヵ国がある。いずれも日本よりは遠いが互いには隣国同士である。こうした場合は，わざわざＡ国の原材料を日本に輸入して国内で製造・加工して完成品を仕上げてからＣ国に輸出することは，輸送費や輸送に必要時間など経済的にも経営上で

も合理的ではないと言わざるを得ない。この場合，最も合理的なのは，A国の原材料をB国に輸送して，そこで製造・加工してから，C国の市場に投入して販売することが最も合理的だと思われる。

商業企業にとってもこうしたボーダーレスのビジネス環境が事業展開に有利である。仮に，日本製の良い商品がともに前述のようなA，B，Cの3ヵ国で販売されるとする。しかし，C国では売行きが良くて品切れになりそうで，遠い日本から商品の追加輸送は当然できるが，A国やB国に手持ちがあれば，ひとまず近所からの調達は商機を逃さず迅速な対応ができるのであろう。もちろん，それはA，B，C3ヵ国間の政府間の協力が前提となる。現段階では，EU加盟国27ヵ国域内にはこう言った商品の調達が迅速に対応できる環境が整備されている。一方，すでに発効したCPTPPも15の協定参加国中12ヵ国が発効済みRCEPも加盟国間のボーダーレス化が現実になっている。

（4）グローバル化（Globalization）

グローバル化はグローバリゼーションとも言う。それは，まず社会的あるいは経済的な関連において，人為的に定められた国家や地域などの境界を越え，地球規模に拡大して様々な分野に変化を引き起こす経済現象に始まったことである。グローバリゼーションの始まりは，1960年代に欧米の石油メジャーの世界制覇の行動がきっかけだとは思われるが，その発想の根底はコロンブスの新大陸発見を代表する「大航海時代」に遡ることができるという考え方もある。

今日では，グローバリゼーションは社会，文化，経済など，様々な人間社会の活動にも用いられる言葉になっている。企業の経済活動や事業展開に当たっては，世界の異なる国や地域において異なる産業間の関係結び付き（産業の地球規模化），地球の東西南北に関係せず，企業の事業展開における自社に都合のよい経営資源を都合のよい地域に配分して，互いに関係つけさせようとする地球規模の生産・販売中心の経済活動のネットワーク（地球規模化）構築などがグローバル化とイメージするのができる。世界貿易機構（WTO）は貿易を中心とする経済活動のグローバル化への壮大な試みとは言えるが，現実では，関

係各国の自国利益優先や各自の思惑の違いなどもあり，真のグローバリゼーションは，今後，加盟国間の協調と譲歩ないし妥協に掛かるものになる。

　メーカーの場合は，地球全体を1つとして経営資源，生産資材や物品貿易の自由な調達や取引ができるとすれば，理論的には，最もコストの安い国や地域から原材料などを調達して，それらを製造・加工技術と人件費とのコストパフォーマンス（費用vs効果）が最も合理的な国や地域に持ち込み，そこで製造・加工してから最も販売価格と企業収益のパフォーマンスのよい国や地域に輸送して販売することができる。これは，もしかして，真の企業利益最大化あるいは極大化になれると言えるかもしれないが，現実はそう簡単にはならない。例えば，国連と言う地球規模の組織があるが，あることについての決議を通しても，それを実施するかどうかは，大小問わずそれぞれ200近くの加盟国の政府が自分の管轄域（国や地域）内の企業や個人のすべての活動を統制する法的権限に基づいて最終決定権があるから，グローバリゼーションとは言っても個別企業が進出する国や地域の政権や法律を無視するまで自由に事業展開することが不可能に近いと言えよう。

　表7-1にまとめているように，国際化からグローバル化までには1つの流れである。区別があるとしたら，それは企業活動が展開する時の自由度の違い

グローバリゼーションの流れ			
国際化	多国籍化	ボーダーレス化	グローバル化
2カ国間の人員・物資の移動，情報・文化の交流	2カ国以上の複数カ国間の人員・物資の移動，情報・文化の交流	複数カ国における人員・物資の自由移動，文化・情報の自由交流	社会的・経済的活動の地球規模的な展開により一連の自由な行動のできる環境
経済あるいは企業経営における意味合い			
2カ国間に，主として貿易手段を通じての国境を超える事業活動	複数カ国に進出して，多国籍において合理的な事業活動展開	複数カ国において，企業の都合での自由な合理的な事業活動展開	地球全体を考え，最も合理的に人的資源を含め経営資源の配分，事業活動展開

表7-1　国際化からグローバル化までの考え方

である。ただし，グローバル化の場合は，これまでの国際化とは質的な違いがある。国際化や多国籍化，ボーダーレス化の場合は，基本的に企業の本部が創業して成長した国籍にこだわり，また，企業の経営者も同じ国籍を有するのが一般的である。しかし，グローバル化した企業の場合は，こうした企業の所有や経営者に対するこだわりがあるとしたら，それは，その企業の経営者の国籍や民族を問うより，むしろ，同社の経営にとって最も相応しい人材であるかどうかが決め手である。また，企業の所在地に関しても，どの国で創業したかどうかにかかわらず，同社の経営にとっては，取扱商品や付随サービス，仕入先企業や製品の投入市場，販売先の市場規模や販売経路など事業活動が最も展開しやすいように合理的に判断される。

結局，自国より広い範囲での人員や物資の交流や移動は関係する各国の政府にもメリットがあるので，すでに実効性のある WTO（World Trade Organization ＝世界貿易機構）のほかに，CPTPP や RCEP をはじめ，さらに，その他の複数ヵ国の間に EPA（Economic Partnership Agreement＝経済連携協定）や FTA（Free Trade Agreement＝自由貿易協定）などの締結交渉が行われ，通商上の障壁取り除きにと止まらず，2ヵ国間ないし複数ヵ国間において，貿易や投資の自由化，物資や人的交流の円滑化の実現に関して駆け引きを取り交わされている。

ところが，グローバリゼーションの主体は個々の企業であるため，個別企業の事業展開や市場開拓の中で第4章で検討したグローバル的サプライチェーンも出来上がる。コストの安い国外で生産され国内に逆輸入された数々の商品は個別企業の経営成果には大いにプラスになっているが，それが決して特定の国の政府にも都合のよいことには限らない。個別企業はグローバリゼーションにおける自社の営利目標を完全に達成しようとすれば，後述のローカリゼーションの視点が必要になる。

ところが昨今，前述したグローバリゼーションに対する逆の動きも見え始めっている。グローバル的事業展開の始まりはアメリカのコングロマリットと呼ばれる巨大企業グループではあるが，それら巨大企業は経済活動のグローバル化を通じて巨万の富を手にしたが，グローバリゼーションがもたらした生産も

流通も国内から海外へと移転したため，アメリカ国内の「産業空洞化」が深刻になっていた。つまり，本来アメリカ国内での生産が国外へ移転されたためアメリカ労働者の雇用は必要でなくなった。その結果，アメリカ労働者の賃金収入がなくなるのに止まらず，アメリカ政府の税収にも大きな打撃を与えたている。これこそが昨今のアメリカ政府がグローバル的サプライチェーンを断ち切るのもいとわず，本国の安全保障などをはじめ，経済的論理や市場原理にそぐわない理由などあらゆる手を打ってまで製造業を本国に回帰させようとしている最大な要因である。しかし，こうした政治的作為は果たして経済的論理や市場原理を変えさせるまで機能するのかは答えが待たされるのであろう。

（5）ローカリゼーション視点の必要性

一方，グローバリゼーション進展の流れの中に，経済開発に遅れている国家や地域の存在はしばしば見落とされるか，無視される場合が少なくはない。言うまでもなく，世界各国やそれぞれの地域にはいずれもその地の歴史や伝統，社会通念や文化，風習や慣行，独自の基準や価値観などが存在する。経済開発に遅れ，あるいはかつて植民地にされていた国際政治上に弱いと思われる国や地域の歴史や伝統，価値観などがグローバリゼーションにおいては，先進国から進出してきた企業に尊重されるべきであるが，その欠落が多くの進出企業にもあった。これはまさにローカリゼーションの視点である。

実は，先進国の間にもこういうローカリゼーションの無視もある。例えば，日米の貿易摩擦の中で，日本人には常になぜか日本がいつもアメリカのルールやアメリカの都合に合わせなければならないのかという素朴な疑問があるかもしれない。それは，日本はアメリカにノーを言えない現実があるからである。同様に，日本も他国や他の地域との経済を含むあらゆる交渉においても，自らの苦い経験を生かして，相手と互いに利益があるように意識し行動する必要である。なぜかというと，海外進出やらグローバル的な企業活動やら，いずれも自国を飛び出して他国や他の地域にやっていくことだからである。他人のテリトリーに入ったのに，自分がグローバルスタンダード（地球規模の基準）だから

と言って，相手の歴史や文化，価値観などを否定して，自分が基準だと相手を押しつけるのは自分にも不利益が跳ね返ってくるはずである。相手は小さくても，弱くても，その地においては国家として保有している独立的かつ強制的な公権力が個別企業の投資や事業展開を制限できるからである。

　外来の文化や価値観は如何に優れるとしても，辿りついたその地の人々に受け入れなければ，その地での企業活動の定着や事業発展はありえない。いわゆる「郷に入っては郷に従え」と言うのである。これも，後述する他国で成功した海外の著名商業企業の日本進出事例における失敗と撤退のわけである。鎖国的な考え方ではないが，外部からやって来たものは自分がグローバルスタンダードと威張って進出国の現実はすべて良くないと決めつけ，進出国の消費者に自分のルールや自分の都合を受け入れさせるように押しつけ的行為は決して企業戦略でもなければ，マーケティング的手法でもない。

　もちろん逆に，地元の文化や価値観に合致しないからとか言って，地元の伝統や文化よりも優れる他の地域からの良いものまでも拒否することも決してローカリゼーションではない。ローカリゼーションとは，グローバリゼーションの中で外来の良いものをためらわずに受け入れると同時に，歴史的に伝承されてきている地域特性や独自の価値観が尊重されることに意義がある。つまり，グローバリゼーションとローカリゼーションの間には，相互の理解と尊重が必要であり，共生していく共通の価値観と互いのパートナーシップの視点が必要とする。

　商業企業のグローバル化と言えば，自社や自店が異なる国や民族の地域に行き，そこは全く異なる伝統や文化のもとで発展し進化してきた地域なはずである。しかし現実では，これらを無視してまで海外で強引に事業を進めていく企業は決して少ないとも言えない。結論的に言うと，日本企業も同様な失敗があるが，後述する日本に進出したが長く続けられずに撤退した海外商業企業の事例は根本的に地元の現実や進出した地域の消費者行動を無視した結果だと言っても過言ではない。

　市場経済というのは，選択の自由が前提で成り立っている。また買い手市場

が常識になっている今の時代では，主導権を握っているのが買い手の消費者あるいは顧客である。したがって，企業行動のグローバル化を進めていく中で，海外他国や他の地域に進出し事業を展開しようとする日本企業にとっても，自社都合ばかりの押しつけは決して賢明的ではなく，進出先地元の利益とどう向き合い，互いにも利益をもたらせるような選択と決断が事業成功の基本で，企業がその地に生存できるかどうかにかかわる鍵でもある。

2）商業企業のグローバル的展開

では，実際，商業企業，特に我々の身近にある小売業のグローバル化の実態はどうなっているかについて，国内の事例を見てみよう。

（1）海外小売業の日本進出

まず，海外から日本に進出している小売業を見てみる。その先陣を切ったのはアメリカの玩具・ベビー用品専門店「トイザらス（Toys RUs）」である。同社は1989（平成元）年11月に，日本マクドナルド社と合弁会社を立ち上げ，フランチャイズ・チェーン方式で日本に進出し，順調に新店舗開設して業績を伸ばしていた。そして，1997（平成9）年には，新たに育児用品専門店の「ベビーザらス（Babies RUs）」を開業した。店舗形態とは，単独店舗の開業はもとより，大手百貨店や総合スーパー，ショッピングセンターのテナントとしての出店も多い。残念なことに，2018年3月，トイザらス本社はアメリカの事業撤退をしたが，日本トイザらスは日本での事業を継続すると決めている。2018年11月以降から現在まで，国内合計168店舗に6,500名の従業員（非正規雇用も含む）を有している。国内では，現在，トイザらス，ベビーザらス，トイザらス・ベビーザらス，トイザらス・ベビーザらスオンラインストアの4つの店舗形態で経営している。

またそのほかに，日本に進出して今日までに国内商業において活躍している外国の小売業には，アメリカからは，衣料品小売業GAPや会員制卸売業兼小売業のコストコ（Costco），スポーツ用品店スポーツオーソリティ（SPORTSAUTHORITY）

などがある。また，スウェーデンの低価格ファッション衣料品小売業H&Mや家具SPAのIKEA，それに，スペインのアパレルSPAのZARAなども名を連ねている。言うまでもなく，東京の銀座や青山通りには，欧米有名な高級ブランド品店がこぞって出店している。

一方，世界最大な小売業ウォルマート（Wal-Mart）が2002年3月，当時国内2位のスーパー西友に包括的業務・資本提携など資本参加の形で日本の小売業に進出し，2008年に西友を完全子会社にした。しかし，ウォルマート式の「EDLP」（毎日安売り）経営は日本の消費者行動にうまく合致することができず，2017年度の累積赤字が56億円に膨らんだ。このために，2018年11月に，ウォルマート側が西友株式の85%を放出し，事実上，日本での小売り事業から撤退した。現在，西友の株式は，アメリカの投資会社コールバーグ・クラビス・ロバーツ（Kohlberg Kravis Roberts= KKR）が65%，楽天グループ株式会社が20%を取得し，ウォルマートは残りの15%しか保有していない。そして，2010年代までに世界小売業2位だったフランスのカルフール（Carrefour）はイオンと提携しながら，2000年12月に千葉県千葉市の幕張店の開店を皮切りに日本小売業への進出を果たした。しかし，自社のPB商品を店舗所在地周辺の調達を経営特徴としているカルフールは日本の中小メーカーの支持を得られなかった。もちろん，本国の経営にも業績不振の理由があって，2010年3月に提携相手のイオンに全数の店舗を売却し，日本進出してから10年足らずであっけなく完全に撤退した。

そのほかに，イギリス最大手のスーパーテスコも2003年に関東地方の卸売業であるシートネットワーク株式会社を買収して日本に進出し，カルフールよりも巧みに日本の小売業界に溶け込んだとも評価されていた。その後，千葉県のスーパーフレックを買収して，関東地方中心に国内109店舗まで事業拡大した。ところが，2011年8月に，中長期的に日本市場の展望を見込めない理由で，日本の小売経営から撤退し，株式は全額イオンに売却した。

日本への進出に失敗した多くの海外小売企業の共通的な理由としては，生鮮食品にこだわる日本の消費者行動への対応が難しく，加工食品の利益率が低い

に加えて，売れ行きをもとに商品の改廃が激しいため仕入れ先の確保も困難など，いわゆる日本の流通経路に大きな障害があると主張している。

（2）日本小売業の海外進出

　海外で活躍する日本企業と言えば，従来では，資源の乏しい日本に商社主導で燃料や各種のエネルギー，原材料などを海外から輸入して，それらを加工型経済と言われる国内各産業に提供する。また，製造・加工された多種多様な工業製品も商社主導の物品貿易として輸出されるような流れであった。

　しかし，経済高度成長期以降には，従来型の商社の世界的展開とともに，重工業や化学工業，自動車や電機産業など，各産業の大手メーカーが自社の製品を自ら世界各国に輸出するように戦略を転換してきた。卸売業である商社については後述するが，ここでは，小売業の海外進出を見てみる。

　国内小売業の主力業界である百貨店や総合スーパー，そして未だに店舗拡大し続けているコンビニ大手の多くも海外において，多国籍的またはグローバル的に活躍している。

　百貨店業界の実態を見てみると，バブル経済崩壊以来，国内では，一向に売上が前年割れの状態が変わらない百貨店ではあるが，海外では力強く事業を展開している。例えば，現在，百貨店四大グループの1つである三越伊勢丹は以前より規模を縮小したが，伊勢丹ブランドでシンガポールとマレーシアに各1店舗，中国に2店舗を展開している。また，三越ブランドでアメリカとフィリピンに各1店舗のほか，台湾には，なんと10店舗の出店を維持している。その他に，高島屋グループも中国，台湾，シンガポール，ベトナム，それにグァムにそれぞれ1店舗ずつを展開している。

　一方，総合スーパーでは，イオンとセブン＆アイの2大グループが積極的に海外店舗を展開している。イオンは中国事業を海外戦略の1大柱として，中国本社のもとで総合スーパーからショッピングセンターまで展開するほか，アセアン諸国にもマレーシア，シンガポール，インドネシア，ベトナム，タイ，カンボジアなど多国的に展開している。中では，大型商業集積イオンモールだけ

で中国の14ヵ所のほか，アジア3カ国でも12のモールがあり，合計26モール（2022年2月）に拡大している。セブン＆アイグループの総合スーパーイトーヨーカ堂は主に中国の北京市と四川省成都市に集中して進出しており，2022年2月に，GMS総合デパート9店舗，食品生活館2店舗，ショッピングセンター1店舗の合計12店舗を展開している。

　コンビニ業界は，海外への事業展開においては最も活発的な国内商業であると言える。国内3大コンビニの実態を見ると，セブンイレブンは元々アメリカ発のグローバル的に展開するチェーンオペレーション小売業でもあり，国内小売業においても多国籍的またはグローバル的な出店もいずれも他社を圧倒している。2022年2月現在では，北米の15,403店舗の他，国内に21,327店舗を保有しており，その他世界18ヵ国には合計78,541店舗を展開している。一方，2位のファミリーマートも，2022年末に，国内合計で16,563を展開し，東アジアや東南アジアの7ヵ国と地域に加えて合計8,033店舗で進出している。3位のローソンは，中国での4,560店舗に加え，アセアン3ヵ国とアメリカのハワイを合計して4,862店舗（2022年2月）の出店がある。

2　日本の商習慣と非関税障壁問題

　商業は，前述したように，地域の文化や伝統に依存しているため国内商業は海外と比べると，日本的特徴のある社会的慣習や風土がある。当然ながら，国内においては地域ごとにも独自のしきたりなどがある。しかし，グローバリゼーションの流れの中で，世界トップレベルにある経済力を有し，また1億人超える日本の人口は欧米諸国の企業にとってはとても魅力のある大きな市場である。このような良質な市場を開拓しようとして，1980年代から日米の貿易通商交渉を重ね，19世紀末の日本の「開国」の再来を狙い，アメリカ側からは日本独特の流通構造や商習慣などが非関税障壁（Non-Tariff Barriers）として指摘し，撤廃せよと攻めてきた。

1）日本の商慣習（Japanese Business Practices）

　日本国内の流通構造に関しては，まず，卸売業の多段階（1次卸から3次ないし4次卸もある流通経路の長さ）構造や伝統小売業の零細性（5人以下の伝統小売店や自営業である個人商店の多さ）が海外の大型小売業進出の妨げとなるという指摘が最も注目されていた。特に日本の商慣習は最大な進出ハードルとして問題視されていた。

　商慣行とは，地域と密着している商取引が歴史的過程において形成された暗黙のルールで，世界各国にもそれぞれ独自な伝統や慣習がある。しかし，日本的商慣習と指摘されているのが，①輸入総代理店制，②継続的取引慣行，③建値制の3つである。

　輸入総代理店制とは，日本に商品を輸出しようとする海外のメーカーや卸売業がまず商社などの大手卸売業と一括的総代理店契約を結ぶことが必要とするため，輸入商品の販売はこうした総代理店の独占的状態下に置かれている。継続的取引慣行とは，後述の流通系列化の節で述べるが，ここでは返品制度とリベート制度について見てみる。

　返品制度とは，一般に書籍や雑誌が著作権保護の観点から日本の独禁法（私的独占及び公正取引の確保に関する法律）の適用除外商品として委託販売商品とされ，売れ残りは出版社や書籍販売会社に無条件に返品できる。しかし一昔は，百貨店にも返品制があった。それは，百貨店などの仕入は卸売業またはメーカーからの買い取りではなく，前述の委託販売商品として，売れ残りは全数仕入先へ返品する慣行である。近年では，返品制と派遣店員制度（卸売業やメーカーが自社の社員を給料負担までにして百貨店に派遣し自社の商品を販売すること）は百貨店業界では全部廃止となったが，一部の量販店では近い将来に廃止する予定である。総代理店制についても，バブル経済期からすでに総代理店とは別ルートでの並行輸入業者の営業が認められるなどで改善されている。

　リベート制とは，メーカーが販売促進という名目で卸売業や小売業に対して今後も取引が継続してもらうように，販売代金の一部を報奨として支払い戻すことで，割戻しとも呼ばれる。このような慣習は，特に中小企業の間に根深く

残っている。しかし，海外企業の日本進出にとっては，割戻しは一種の値引きとして見られ，また補助金とも思われる。これらは，国内商業企業にとっては競争上有利になるので，非関税障壁の1つだと指摘される。

　三番目の建値制とは，メーカーが小売業に対して，取引商品に希望小売価格を設定し，卸売業段階でも，小売業段階でも，取引交渉が行われる際にもそれが基準となる商慣行である。これは，事実上前述の独禁法にも違反する行為ではあるが，次の項で議論する大手メーカーが流通経路を統制しようとする流通系列にも関わりのあるものである。

2）販社と流通系列化

　販社をはじめとした日本的流通系列化は，戦後の経済高度成長期において大量生産体制が確立した国内メーカーが流通経路を統制しようとするために作り出された日本的な卸売形態である。1980年代後半から1990年代にかけての日米貿易摩擦においては大きな問題点として取り上げられていた。

（1）販社（Sales Company）

　販社とはメーカーの販売会社の略で，販社という形態は後述の「流通系列化」の1つとして日本独特の卸売形態でもある。昭和30年代に，戦後の経済高度成長期において，大量生産体制を確立した大規模なメーカーは自社製品を大量に流通させるため，対応できなくなったそれまでの流通経路に対し，当時急速に発生し成長してきた近代的スーパーマーケットなどの大型小売業と直接つなげようとして卸売段階に強力的に介入していた。伝統問屋に資本参加したり，自社製品を専門的に取扱うような子会社を設立したり，流通経路を自社系列にさせることは販社誕生のきっかけである。

　初期では，親会社であるメーカーによる100％出資する販社が少なくはなかったが，その後，巨額の資本投下や市場リスク負担の急増などデメリットが浮き彫りとなったため，資本独立の別会社に対し，卸売段階の流通再編を中心に，マーケティングの垂直的統合形態の1つとして，契約による特定地域での

自社製品の排他的販売権を与える特約店，自社製品の委託販売を受けたり，買い付け契約による販売代理店を増やすことなどにした。販社制度は多くの産業にわたって存在しているが，基本的には製造業の製品価格を維持できるように機能する卸売的な代理業者である。

　今日では，経済成長が鈍化している一方，流通経路の主導権を奪取し維持している大型スーパーマーケット，誕生以来持続的成長を続けている大手コンビニエンスストアチェーンなどの大型小売業による流通経路再編の主導権争い激化の中，流通経路における販社には新たな役割が求められていた。販社自体も従来の大量流通より地域密着型に適応するためのエリアマーケティング戦略を展開したり，小売店に対する販売支援や事業サポートを強化するように戦略転換してきた。また，情報化社会の一層の進展に合わせてネットによる販売促進なども取入れている。市場環境激変の中で，メーカーも既存の販社を再編して，各地における自社の窓口にしようとしている。

（2）流通系列化（Affiliated Distribution System）

　商業・流通のグローバル化において最も指摘される日本的非関税障壁とは流通系列化である。流通系列化とは，メーカーが自社製品を大量かつはやく販売できるように，卸売業や小売業を自社グループ内に取り込み，販路または流通のコネクションを作ることである。流通系列化による生産から販売までの強力な経営基盤を構築できるため，競合企業や新規参入企業から自社の市場シェアを守ることができる。もちろん，海外企業の新規参入の阻害にもなるため，流通系列化は日本市場への参入障壁として，アメリカをはじめ海外諸国からの非難の的になっていた。

　流通系列化を通じて，メーカーなどが自らのマーケティング計画に基づいて，卸売業や小売店を組織化することが狙いである。これによって，流通経路を自社の経営方針に従うよう管理・統制することができる。また，資本関係以外にも各種の販売店支援やリベートなどによる強い絆を結ぶことも多い。一方，メーカーの流通系列化に対して，大規模小売業が中小卸売業や中小メーカ

ーをPB商品中心に納入先として指定するなどの逆パターンとも言われる流通経路を統合しようとする行為も見られるようになり，川下からの流通系列化とも呼ばれる。

　流通系列化の形態としては，卸売段階までを組織化するものと，小売段階を含めて組織化するものがある。流通チャネルの効率化や専門知識に基づいて消費者への販売ができるなどのメリットを持つ反面で，メーカーと卸売業や小売業との間に支配と従属関係が生じるデメリットも存在する。これらが市場競争を阻害する不公正な取引あるいは市場独占行為が行われやすいこととなり，市場における取引の自由が制限され，消費者には不利益になることである。

　したがって，公正取引委員会は以下の8つの具体的な行為を決め，それぞれを独禁法に抵触する違法性の判断基準としている。①再販売価格維持行為，②一店一帳合制，③テリトリー制，④専売店制，⑤店会制，⑥委託販売制，⑦払込制，⑧リベートである。しかし販路の維持にもコストがかかるため，今日では，流通系列化の見直しを図る企業も増えている。

3　日米の商業・流通の比較

　1985年のプラザ合意以来，日本の経済構造，日本の商業習慣または商慣行は常に先進諸国特にアメリカに指摘されている。次では，日米間の流通経路や商業におけるギャップはいったいどこにどのように存在するのかを見てみる。

1）幌馬車由来の大型商業

　この節では，政治的要因，国家利益を考えずに，なぜ同じ資本主義社会制度のもとで自由経済を推進してきた日本とアメリカの間に，流通経路や商業のあり方が，貿易摩擦と言われるほど大きなギャップがあるかについてより客観的に議論をし，グローバリゼーションのあり方を考えてみる。

　さて，アメリカ的商業と日本的商業は，何がどのように違うのか。一言でいると，経営的要素や人的要素を取除いてみたら，その根本的要因は商業発生の

歴史的背景にあると言わざるを得ない。

　周知の通り，アメリカの国土は19世紀末葉になると東海岸の大西洋から西海岸の太平洋までに広がり，日本国土の25倍の広さまで拡張してきた。つまり，アメリカ人が隣の町に行くだけでの移動は，最大で日本人の25倍にも遠くなることもあり得る。一方，国土25倍もあるアメリカの人口は3億人を超えるが日本の3倍ほどに過ぎず，人口密度で言えば，平均して日本の八分の一にもないわけである。また，ミシシッピー川（the Mississippi）より西の中西部に広げる平野をはじめとして国土面積の40％以上（約日本国土の10倍）は平坦地である。国内での遠出は高速道路やバイパスなど整備されなかった昔から長距離移動には，西部劇の映画にもよく見られるように馬や馬車の利用は普通にできた。さらに，広い土地での遠出の行商では，リスク分担や仲間の助け合いなどチームワークによる連携プレイなどの組織的な行動も必要となり，商売が順調に拡大して行くうちに，構造的に大きな会社組織になってしまうわけである。

　このため，世界各国でも共通する商業のルーツである行商の時代に，アメリカでは，隣の町や村に行こうとしても徒歩での出掛けはかなり困難なので，馬や馬車が旅や行商の手段としていた。それに，天候の急変に備え馬車には幌を付けたり，また，馬車なので大量の商品あるいは大型商品を載せて行商に出かけることも可能である。幌馬車での行商はアメリカ商業のルーツで，その名残りでもあるが，今日のアメリカでは，大都会や田舎町に問わず，至るところに大型小売施設がよく目にする。

2）風呂敷由来の地域密着型商業

　では，日本の場合はどうなっていたか。歴史年代の時間的要素を取除いても，国土の狭い日本は広大な国土を有するアメリカとの違いは歴然である。地理的に見ると，関東平野や大阪平野，また濃尾平野のような各地に平坦地がありながらも，間には関東山地や紀伊山地などの山地や丘陵地帯などが車両移動の障害になり地理的に遠出の行商はしにくい。また，15世紀から16世紀にわ

たり，応仁の乱（1467年）以降，百年以上も続いた戦国時代（1590年まで）では，全国は150以上の大名が各地割拠した。諸国間の移動も簡単にはできなかった。それに，江戸時代までにも鈴鹿関や箱根関などをはじめ，いわゆる「日本六十余州」のように，地方強豪勢力による群雄割拠は各地の経済や社会情勢が統一されないなど，遠出の行商人にとっては自力ではクリアできない障害となる関門も各地に散在していた。対して，1776年にイギリスから独立してから今日まで250年にもない短い歴史の上，合衆国の各州の間には日本のような各地に人為的に建てられた関所や関門もなかった。

　要するに，前近代の日本では，自然条件である地理的にも，社会制度的にも，遠方に足を延ばして商売しに行く環境には恵まれなかった。

　当然のことで，山地などの地理的ハードルも多く，大名の地方割拠による人為的ハードルも多いため，個人や家族が中心となる行商の多くは近隣の町や村にしか訪れなかった。近隣地域に行くのであれば，風呂敷で商品を包み，天秤棒で商品を担ぎ，徒歩で出かけることもできるし，1人や兄弟あるいは家族数人での行商も十分に可能である。また，今日でも東京・大阪・名古屋などの巨大都市に人口の「一極集中」が長い間に問題視されるが，人が集まれば，地理的に狭くてもそれだけの商圏ができ，消費人口が集約しているため，商店街に狭い一軒家の小さい店だけで自分や家族の生計が立てられる生業になる。また，国内中小零細な小売店が住宅地に近隣する商店街のような小さい商圏に集約して，規模は中小・零細でありながら歴史の長い老舗が多く存在するわけでもあるし，大量な零細的伝統小売店を相手にする中小卸売業にとっても商売機会の確保や生き残りの依拠にもなる。

　したがって，アメリカ的なチームプレイ方式で組織化される大規模な卸売業，巨大な売り場を構えて大量な商品を揃える大型小売業店舗に対して，日本では，近代的大手小売業グループもあれば，歴史的にも商業の主力は，基本的に店舗数にしては圧倒的に多い伝統的中小零細型小売店である。

4　商社と商社のマーケティング

1）日本の商社（Japanese Business Company）

　商社とは「商事会社」の略で，日本特有の商業企業の1つである。歴史的に商社は卸売，小売，海外貿易など商業に係わるあらゆる事業を通じて総合的に物品売買に関連する一連の事業を展開する大型企業である。今日でも，主として外国との取引を行う貿易会社としてイメージが強い。商社には，また，商品やサービスを幅広く取扱う総合商社と特定の分野に特化した専門商社に区分される。

（1）総合商社（General Merchant）

　総合商社は明治維新以降に発生し，国内経済を牛耳ってきた日本独自の大規模商業企業で，総合的な卸売業という言い方もある。その事業領域は卸売業をはるかに超え多岐にわたっている。取扱商品や提供するサービスが俗に「ラーメンからミサイルまで」と言われるほど極めて幅が広いことから，国際的には，コングロマリット（conglomerate＝多種多様な業種・業態，企業を統合した複合的な企業集団）とも呼ばれる。

　総合商社は，少なくとも次の3つの特徴がある。①企業規模が巨大である。②多様な事業しかも総合関連性の強い商品を取扱う。③通常の商業活動（卸売・小売）の域を超え，製品製造や原材料調達，物流や保険，金融や投資，その他サービスも事業領域としている。

　こうして，商社は，複数の産業や業界にわたって，横断的（水平的統合）または縦断的（垂直的統合），さらには，国境を越え国際的ないしグローバル的に複合している業種や業態をまとめて，1つの巨大な企業グループとして総合的経営を行っている。

　近代から日本の各産業や流通経路を主導してきて，また金融事業にも展開していた総合商社は，バブル経済崩壊で巨大な打撃を受けた。事業縮小や経営不

振のため事業の統廃合や企業の吸収・合併（M&A）などを通じて乗り越えようとしてきた。いわゆる商社冬の時代を経て，それまでのような単純な貿易業務，物品販売や商社金融業務のほとんどは子会社や関係会社に移管されている。今日では，国内・海外企業への出資ならびに経営管理，経営層を含めた人材派遣，ICT（情報通信技術）による情報の蓄積や処理，システム開発，小売業への情報に基づいた提案，海外進出を計画する企業へのアドバイスなど，総合商社本社の業務内容は金融持株会社に近い機能になってきている。また，これらの機能を活かして，国内外においてM&Aや自ら新規事業を立ち上げることも多い。

現在では，一般的また慣習的に「総合商社」と呼ばれているのは下記の5社ないし7社である。それらは，①三菱商事，②三井物産，③伊藤忠商事，④住友商事，⑤丸紅，⑥豊田通商（2006年4月1日にトーメンを吸収合併），⑦双日（2004年4月1日にニチメンと日商岩井が対等合併して誕生）である。

（2）専門商社（Specialized Trading Company）

専門商社とは，特定の分野または業種において商事活動や商業的機能を果たす卸売性質の企業である。総合商社の寡占的な状態とは対照的に，企業全体の数は各業界にわたって非常に多い。

専門商社には，総合商社やその分野の大手メーカーの子会社や関連会社が多い。総合商社とは違って，商流（商的流通）のほか，物流や金融が現在でも業務の中心となっている。しかし，単純な輸出入または販売だけではなく，商品企画やマーケティング戦略の提案，流通に係わるICTなどの機能やサービスの提供で付加価値を追求する。独立系の専門商社などでは，総合商社と同様の投資業務に乗り出している事例もある。

取扱商品はあくまでも自社の専門分野を基本とするが，産業構造が大きく転換している昨今では，一部新規分野や新事業への進出を図る会社もある。一方，業務内容は貿易を中心とするものと国内卸を中心とするもののほかに，その両方とも取扱うものもある。

専門商社は，エネルギーや燃料，鉄鋼や機械，紙やパルプ，化学製品，医薬品や医療関連商品，そして繊維やアパレルなどの経済分野や業界に多い。

2）商社の機能とマーケティング戦略のポイント

商社は基本的にメーカーあるいは生産者と小売業の間に介在して両者のつながりとして機能するものと思われるが，商社はそう簡単に卸売のような仲介業者として見ては行けない。商社には，少なくとも以下の3大機能を有している。

（1）流通機能

商社も卸売業の一種であるため，メーカーや生産者と小売業のつなぎとして卸売機能を有するが，商社のゆえ，外国貿易における流通機能は一般の国内卸売業にはあり得ないものがある。また，総合商社の場合は，海外との商取引とともに取引が成立した商品の物流や貯蔵・保管機能も果たし，そして輸出入品の物流業務の仲介業務も行う。それゆえ，商社は戦後以降からバブル経済崩壊までに長い年月にわたって商業および流通業においては，他を圧倒するほどの競争優位を守ることができていた。その後，並行輸入や大手小売業者の開発輸入の解禁，宅配便の海外物流事業への進出など企業活動のグローバル化の進展とともに，流通業界の規制緩和も相まって，多くの分野において強力なライバルが現れてきた。結果としてはかつての圧倒的な競争優位性が次第に崩れ，今日は，商社とは言えども，商業や流通業における同業間また異業種間の激しい競争においては必ず他に勝てるという保障がどこにもないと言える時代になってきた。

（2）金融機能

貿易業務においては，外国で購入した商品を海運で国内に輸送する場合は，代金支払いと商品の到着との間に通常数週間ないし数ヵ月のタイムラッグがある。その間，商品が途中で損害されたり，滅失（災害や事故でなくなること）されるようなリスクは買い手と売り手の双方にもある。そのリスクを軽減するた

め，取引される物品に保険を掛けると同時に，銀行の信用担保を利用することが必須になっている。金額の大きい取引の代金支払いを担保する荷為替手形（Documentary Bill/Draft）や信用度の高い銀行が発行した信用状（Letter of Credit＝L/C）のような手法を取入れ，銀行にリスクを転嫁するなどの方法が国際貿易では一般的である。代金決済においては，特に総合商社の場合は，資金力やこれまでの業務の実績などで銀行に対する信用力がダントツに高い。また，総合商社のグループには，国内有数な大手銀行や信用取引のための子会社なども保有するので，金融機能における競争力は確かなものである。

しかし一方，2002（平成14）年以降実施された銀行・金融業務の規制緩和（金融ビッグバン）を背景に，「開発輸入」で直接国外から商品を大量に仕入れる大手総合スーパーや国内コンビニ御三家のような大手小売チェーン，そして大手通信会社なども金融自由化の追い風に乗り相次ぎ自社の銀行を開設してきた。このため，金融機能において強みのある商社は新たな脅威に苦しまれており，かつての金融機能の競争優位は脅かされるのに止まらず，有力な顧客が失われることも多々ある。

(3) 情報機能

景気低迷を脱出するための国内産業構造改革の推進に伴い，商社にとっては多くの既得競争優位が失われる中，これまで貿易業務の遂行に必要とする各国に駐在する海外支店ネットワークを基に収集される情報の整理加工および他社への提供における競争優位は相変わらず商社機能の中の最も価値あるものと言っても良い。総合商社では，各分野に専門スタッフが勢揃い，情報の処理や分析能力も他の企業を圧倒している。特に，海外市場の生産・販売・消費に関わる情報の収集分析の優位性は，自社にとっても経営戦略の見直しや国際市場情勢変化による戦略の再構築に役立つし，こうした情報分析やデータ提供は国内メーカーや国内卸売・小売業にとっても経営戦略レベルで高い付加価値がある。こうした国内の商業や流通業各社への情報提供，さらに経営に係わる最新情報に基づいた価値ある提案などはこれまでの商社の強みでもあり，今後とも

情報分野の商社機能の発揮は期待される。

　しかし注意すべきは，第9章で議論するように，情報化社会の一層の進展は，インターネットを通じて自宅に居ながらも世界中のニュースや情報を瞬時に入手できる時代になっている今日では，商社は従来のように単なる国内外の生産・流通・販売などの市場情報などビッグデータに似たような情報交換や提供だけでは，これまでの情報機能の意義が失われてしまうことになる。ビジネスの実際や国内外の取引では，商社が自社のグローバル的情報ネットワークをフルに活用して，特定の経済分野の最新動向やそれについての分析，特定の業界や個別取引の結果にもつながることのできる，かつ付加価値の高いビジネス情報に関する収集や整理，分析や提案，そして具体的なアドバスなどのような情報機能が求められるのであろう。

3） 今後の新たな商社機能について

　以上のような商社のこれまでの3大機能に対しては，前述のように各経済分野ないし各業界において，すでに多くの他業界・他の経済分野から現れたライバルにより脅威が確実に高まってきている。これからは，特に総合商社としては，以上の3大機能のほかに，新たな機能として，先端的新事業領域の開発（domain developing），新たな市場分野の開拓（market developing），大型投資プロジェクトの組織や管理（project organizing）などが求められる。これらの機能は，商社自身の業務展開や拡大にとどまらず，国内企業の国際市場への進出にも係わるものが多い。総合商社の場合は，事業領域の新規開発や市場開拓において，複数の企業と協力してチームワークのような組織を立ち上げ，総合的かつ大型のプロジェクトの企画立案，実施や統制においてはリーダーシップを発揮することが期待される。そして，海外投資などで，大型な投資分野や個別の投資案件などに関しても，多分野・多業界にわたり多くの企業との関わる案件も少なくはないので，そこで，これまでの国際貿易や海外投資のプロフェッショナルとして商社機能が求められるし，進んで発揮していくべきである。

（1） 総合商社の戦略

　市場競争が激しくなる一方の今日では，いずれの企業にも各自が所在する業界や市場に生き残った上成長して行くには，自社の存在価値がはっきりと関連企業からの認知や消費者や自社の顧客の支持，さらには社会的にも認められるのが前提である。総合商社とは言え，まずは，第3章で検討した企業の経営分析に常用されるSWOT分析や5FORCEs分析を活用して，より客観的に自社の強みや他社にない市場での競争優位性を見出して確認することが大事である。もちろん，自社の弱みや市場での顕在的または潜在的な脅威に対する分析も怠ってはいけない。グローバル的な事業展開においては，将来的な憂いに対する備えもいわゆる危機管理の意識を高めていくことが必要不可欠である。

　総合商社の場合，各国に分布している海外支社や支店は現地のあらゆる部門とのつながりがある。このような機能は国内のいずれの大手企業にも圧倒的な競争優位を有するため，真っ先に活用すべきである。また，流通においてもこれまで蓄積してきた物流にかかわる実力と海外貿易における金融力や各国の大手銀行との業務提携やビジネス関係を活用することは最大な競争優位である。例えば，情報分野では，国内大手チェーンストアの業務代行にもなれる。国外市場の情報収集・加工に基づいたデータベース化をもとに，それぞれの取引相手に提案的な情報提供が可能であるし，必要でもある。

　近年では，総合商社が国内商業や流通経路において，小売業に資金参入や吸収合併などの手法を使ってマーケティングの垂直的な統合を進めていることも1つの大きな方向性である（第4章4節）。こうした傘下に収めた小売業に対して海外取引で輸入した商品の提供だけではなく，せっかく海外に関してあらゆる面での経営資源を保有しているので，国内市場の限界を乗り越え，国内小売業の海外展開への助力や参画もでき，そしてこのようなビジネスにも力を入れるべきである。

（2） 専門商社の戦略

　専門商社は，企業の全体的体力からみて総合商社よりは劣るのがもとより，

国内の大手商業や企業グループよりも弱いことも珍しくはない。しかし，専門商社の存在価値と言えば，特定の専門分野における専門性と業務能力である。また，自社の経営分析をより客観的に行い，自分の身の丈をよく分かった上国内企業のメーカーから卸売，小売業まで，自社と対等的企業または自社よりも規模の小さな企業は大勢存在しているので，自社の力と機能を十分に発揮できる機会も多いはずである。

　一方，大手メーカーや大手小売業グループを相手にしても，自社独自の専門領域や専門的に取扱っている商品の品揃えや独自の取引関係や輸出入ルートに関しては決して大手企業より劣ることはない。大手企業も経営のコストパフォーマンスを考慮しなければならないので，自信を持つ分野においては大企業との取引関係を樹立して強化し，また，それを維持して拡大して行くこともできる。

　また，中小規模の専門商社も同様に多くの商機がある。商機とは待っていればやって来るものではない。自社から積極に売り込み，チャレンジすることの積み重ねによって，何気もない出来事から結局として成功のチャンスになったというように後で「これはチャンスだ」言われることが多い。

　また，俗に「失敗は成功のもと」というように，中小企業だからと言って，どうしようもないという意識はあってはならない。国内商業の主力は相変わらず中小零細規模の卸売と小売業で，GDPにおける売上の貢献は大企業に及ばないが，雇用に対する貢献は大規模企業よりずっと大きい。このため，中小卸売業や中小小売業は中小規模の商社にとっての大事な取引先である。それは，企業経営目標や利益目標達成に意味が大きいのみならず，国内経済ないし国際経済への寄与も大きな意味がある。特に，海外とのつながりが強みのある商社は小規模でも自社の専門性や自社特有のコネクションや取引ルートを保有しているから，その強みが事業成功に導いていくチャンスになるからである。

📖 第7章を読んでさらに考えてみること

1. グローバリゼーションについては，段階的に国際化，多国籍化，ボーダーレス化，グローバル化のように分けてみることができるが，グローバル化プロセスにおいて，ローカリゼーションの観点から進出先の地元との調和は不可欠である。あなたが知っている地元に溶け込んだ事例があれば，1つ挙げてみよう。
2. 商業企業，特に小売業のグローバリゼーションにおいて，海外企業の日本進出に関しては，成功できない企業の事例も少なくはない。あなたが気になっている1例を挙げて，原因分析などについて独自の分析でもよいから考えてみよう。
3. 商社は日本企業の花型と言われている。一般としては貿易や海外向けの投資を行う巨大企業のイメージが強いが，近年では，国内の流通経路にも参入して勢力を拡大している。商社によるコンビニ業界への進出は，マーケティング的には，垂直的統合とも言われるが，そのメリットとデメリットについて分析してみよう。

> **ミニコラム**　我々の生活における些細なグローバリゼーション

　グローバル化やグローバリゼーションなどを聞くと，それは企業の事業活動やビジネスであり，我々一般消費者には関係ない話だと思う人が多い。しかし，国内食料品の自給率が4割も達していない現実を見ると，グローバリゼーションは知らず知らずに我々の日常生活に浸透してきている。

　かつて，東京では，世界各国の物産を手に入れられると自慢していた知人が居た。ところが今日では，世界中のブランド品も贅沢品も，さらには国外からの一般生活用品でも東京に行くことなく地方都市や田舎に居たって買えるようになっている。

　今の時代では，我々は国を出なくても，海外の企業があらゆる商品を売り込みに来るし，国内の商社や貿易会社，普通のスーパーだって我先に日本を繰り出し，世界各国に出かけて「開発輸入」の形であらゆる商品を買い集めて持って帰る。また，我々個人だってインターネットで検索して，ある程度の外国語を読めるぐらいでも海外の企業や小売店のホームページや通販サイトから個人輸入とも言えるほど自由に欲しい品物を買い揃えることができる。

　バブル時代の円高では，時の日本人が意気揚々と海外旅行に出かけ，円高メリットを存分に楽しめ，行き先々で高級ブランド品や贅沢品を欲しいがままで買いあさり，まるで大金持ちのように大判振舞ってその地のサービスも快適に受けたりしていた。しかし，昨今のコロナウイルスのパンデミックや急激なドル高などで，行動制限緩和されても日本人の海外旅行の人数はそう多くはない。その代わりに，入国検査が簡素化され多くの外国人が日本にやってきて，円安のメリットを存分に楽しめている。国内各地を巡りまわり，日本の商品を買いサービスを満喫している。これらは，元々政府の「インバウンド」政策の必然ではあるが，残念ながら，日本は一方的にグローバル的に買われている。

　消費者の我々が見ているグローバリゼーションとは，地球上のすべての国を1つのエリアと鳥瞰できなくとも，目の前に各国の物品やサービス，人や文化，情報などが自由に行き来できることが分かる。今日では，我々が遠出をしなくても，近所の商店街やスーパーでぶらぶらするだけで，そこに，小さなグローバリゼーションの出来事が我々を待っている。

第8章
中小商業の現状と今後の展望

　本章は，まず，中小企業の全体像を検討し，中小規模の商業企業（卸売業と小売業）について議論していく。ただし，中小企業の全体論でも，中小商業の具体論でも，中小企業の発生や歴史的進展，あるいは中小企業の事業範囲や経営手法などについては，理論的に検討・分析していく展開ではない。むしろ，より実務的に中小商業企業今日の実態を分析して，その問題点を指摘し，中小商業企業存続の必要性，また，今後の生き残りに関して，戦略的に考えてみるつもりである。

1　中小企業と中小商業の実態

　企業は，その事業活動の分野によっては，第1章の図1-3のように，総務省の管轄では，日本標準産業分類として，すべての企業はAからTまでに20種の大分類に分けられる。この産業分類は，1951（昭和26）年の第一回の適用以来の最新版の第十三回目（2014年4月1日適用）の改訂になっている。本書の内容になる広義の商業の主な部分である卸売業・小売業は分類Ｉに属され，物流に関しては，分類H（運輸業・郵便業）になる。また，産業分類は，個々の企業の規模などとは無関係なものである。
　一方，経済産業省の管轄で，産業統計においては，より実務的に企業の資本金や従業員数などを基準に，大規模企業と中小規模企業に分別される。

1）企業の規模と中小企業
　従業員規模や資本金規模による企業の分類基準は最初1973（昭和48）年に公

表され，時代の変化に伴い，2016（平成28）年に法律第58号改正で改訂されたものである。現在では，表8-1に示されたように，同じ中小企業とは言え，分類基準はメーカーと卸売業・小売業，またサービス業に対してそれぞれに異なる規定がある。また，同じ中小商業企業であっても，卸売業は小売業より資本金規模も従業員規模も2倍と規定される。これは，第3章で述べた卸売業機能の「集中貯蔵原理」または「不確実プール原理」機能を果たすため，必要な貯蔵施設や運送手段またそれに伴う人員の配置が必要だと考えられる。

事業分野	中小企業基本法の定義	法人税の定義
メーカーその他	資本金：3億円以下，又は 従業員：300人以下	資本金 1億円以下
卸売業	資本金：1億円以下，又は 従業員：100人以下	
小売業	資本金：5,000万円以下，又は 従業員：50人以下	
サービス業	資本金：5,000万円以下，又は 従業員：100人以下	

表8-1　企業の分類基準

（1）中小企業（Small and Medium Enterprises＝SME）

中小企業は，中規模以下の企業であるとされるが，中規模企業と言う区分は法的な定義がない。しかし近年，中小企業における従業員20名以上のわりと規模の大きい中小企業を中規模の企業と表示されることもしばしばある。総務省統計局が公表している『日本の統計2022』の最新データによると，商業合計の店舗数は100万店舗の大台を割り込んだ。注目すべきは個人経営企業の割合の縮小で，商業全体に占める割合は32.98％から31.92％へ，卸売業は12.92％から11.50％へ，小売業は40.46％から39.44％へと逓減していた（いずれのデータも2018年の実績，表8-2）。

また，『日本の統計2022』の企業全体の最新統計データによると，2018年末

時点に，全国には5,578,975社（国・地方自治体事業所，事業内容等不詳を含む全事業所）の企業があり，中には，商業に当たる卸売業・小売業の事業所数は1,355,060社がある。また，表8－1の分類基準によると，中小企業と呼ばれる事業所は99％以上を占めている。一方，個人経営に近い小規模企業（従業員規模は1～4人の5人以下）は，法的規定はないが，習慣的には「零細企業」と呼ばれる。

　前出の総務省統計局が公表した『日本の統計2022』に掲載された2018年6月時点のデータで示される各産業の分類は，2013年10月に改訂された「日本標準産業分類」に基づくものである。そして，「電気・ガス・熱供給・水道業」と「情報通信業」以外のすべての産業においても「中小企業」と分類される企業数は各分類の割合の99％を超えており，そのうち，いわゆる零細企業とも呼ばれる「小規模企業」も多数の産業において8割以上の構成比を占めている。つまり，日本の産業構造においては，基本的に中小企業が主役として担っており，小規模企業と定義される零細企業も多数の産業の主役的な存在である。また，中小商業（卸売業と小売業）の経営実態は表8－2に示されている。

　中小企業基本法第二条の「中小企業者の範囲」によると，表8－1に示される資本要件と人的要件のいずれかに該当すれば，中小企業者として認定される。ただし，以下のような特例もある。例えば，ゴム製品製造業の場合は，資本金規模はメーカー一般の3億円以下とは同じだが，従業員規模は900人（卸売業の3倍，小売業の6倍）以下と規定される。また，旅館業の場合は，資本金規模は5,000万円以下でサービス業一般とは同じだが，従業員規模は200人以下と大きく規定され，サービス業一般よりの倍になっている。そして，ソフトウエア業・情報処理サービス業の場合は，資本金規模は3億円以下に加え，従業員規模は300人以下との規定で，サービス業一般よりは規模が3倍も大きい。

　しかし一方で，法人税法では，表8－1の業種による分類（人員規模も含む）には関係なく，一律に資本金1億円以下の企業を「中小企業者」と定義する。

年　　次		事業所数			従業者数[2]	年間商品販売額(100万円)[3]	売場面積(m²)[3] [4]
		合計	法人	個人[1]			
合計	平成26年[5]	1,407,235	943,144	464,091	11,618,054	478,828,374	134,854,063
	平成28年[6]	1,355,060	922,545	432,515	11,596,089	581,626,347	135,343,693
卸売業	平成26年[5]	382,354	332,947	49,407	3,932,276	356,651,649	―
	平成28年[6]	364,814	322,861	41,953	3,941,646	436,522,525	―
小売業	平成26年[5]	1,024,881	610,197	414,684	7,685,778	122,176,725	134,854,063
	平成28年[6]	990,246	599,684	390,562	7,654,443	145,103,822	135,343,693

(注)：1) 法人でない団体を含む。
2) 個人業主，無給家族従業者，有給役員及び常用雇用者の計。臨時雇用者は除く。
3) 数値が得られた事業所について集計。
4) 28年は個人経営の事業所を除く。
5) 警戒区域等をその区域に含む調査区分にある事業所を除く。
6) 東日本大震災に関して原子力災害対策特別措置法に基づき原子力災害対策本部長が設定した帰還困難区域を含む調査区を除く。

資料：1. 経済産業省「商業統計表　産業編（総括表）」（平成26年7月1日現在）管理，補助的経済活動を行う事業所，産業細分類が格付不能の事業所，卸売の商品販売額（仲立手数料を除く），小売の商品販売額及び仲立手数料のいずれの金額もない事業所を含む。年間商品販売額は前年1月1日から12月31日までの1年間。消費税を含む。
2. 総務省統計局，経済産業省「経済センサス - 活動調査結果」（平成28年6月1日現在）
出所：総務省統計局『日本の統計2022』

表8-2　卸売業・小売業の事業所数，従業者数，年間商品販売額と売場面積

（2）零細企業（Small [Tiny] Business）

　いわゆる零細企業とは中小企業の中でとくに規模の小さな「小規模企業」を指す言い方で，法的な根拠はないが表8-3を見ても分かるように，各産業分野に広く存在するのが現実である。また，産業ごとに事業活動の条件が異なるため，具体的にははっきりと示すことはできない。中小企業基本法によれば，小規模企業という定義があるが，それは，製造業では，従業員規模20人以下，商業・サービス業では，5人以下の企業である。また，自家労働と雇用労働の比率に注目してみると，自家労働的経営が圧倒的に多い従業員規模5人以下の企業を「零細＝勤労業者」，自家労働の比重が全体の35％前後を占める従業員5～9人規模の企業を「小＝勤労業者と資本家的企業の中間的存在」とい

(金額：1,000円)

産業	従業員構成	集計企業数	売上高	従業員数
全産業	合計	30,911	13,410	2.64
	事業主のみ		4,260	1.00
	事業主と無給の家族		4,879	2.18
	雇用者あり		21,784	3.80
建設業	合計	4,871	15,082	2.46
	事業主のみ		7,257	1.00
	事業主と無給の家族		21,036	21,036
	雇用者あり		21,036	3.31
製造業	合計	5,092	10,988	2.74
	事業主のみ		4,045	1.00
	事業主と無給の家族		4,140	2.22
	雇用者あり		15,351	3.54
卸売業、小売業	合計	5,107	25,255	3.21
	事業主のみ		5,787	1.00
	事業主と無給の家族		5,869	2.19
	雇用者あり		41,099	4.64
宿泊業、飲食サービス業	合計	5,007	10,494	3.31
	事業主のみ		3,140	1.00
	事業主と無給の家族		4,232	2.21
	雇用者あり		14,028	4.16
生活関連サービス業、娯楽業	合計	5,383	4,852	1.90
	事業主のみ		2,343	1.00
	事業主と無給の家族		2,268	2.10
	雇用者あり		8,264	2.81
サービス業、上記産業除く	合計	5,451	9,889	2.28
	事業主のみ		4,357	1.00
	事業主と無給の家族		4,794	2.19
	雇用者あり		17,152	3.52

(注)：「個人企業経済調査」(令和2年6月1日現在)による。令和元年調査より調査対象の拡大。「農林漁業」、「鉱業・採石業・砂利採取業」、「電気・ガス・熱供給・水道業」、「公務(他に分類されるものを除く)」及び「分類不能な産業」以外の産業を個人で営んでいる全国約40,000事業所を対象。

資料：総務省統計局「個人企業経済調査結果」(2020)

表8-3　令和2年　個人企業の経営状況（1企業当たり）

う規定がある。もちろん，両者をあわせて「中小零細企業」と呼ばれる場合もある。

　零細企業と呼ばれる5人以下の個人企業の実態については，表8-3は第一次産業の「農林漁業」「鉱業・採石業・砂利採取業」および大規模の設備などを有する大企業でなければ事業の遂行が不可能な「電気・ガス・熱供給・水道業」，そして個人では事業として認められない「公務」を除いた産業全体における1企業当たりのデータを示している。それは自営業を除いた個人企業の統計ではあるが，小規模の零細企業がいかに国内経済において，各産業にも活躍していることを物語っている。

　また，表8-3を見すると，5人以下の規模しかない零細企業には，「事業主のみ」か「無給家族」かのような自家労働と自己資本を中心とする個人的経営形態であるため，経営と家計とは未分離な生業的・家業的色彩が強く，自己資本が少ないものの，金融機関などからの資本調達力がないほど弱い。このため，設備投資ができず，技術水準も低く，生産性の低い労働集約的事業活動に従事するのが多い。しかし一方，零細企業に「強み」もある。それが，市場の需要単位が小さなビジネスにも柔軟的かつ創造的経営で適応することができる。情報化の高度進展で情報通信技術（ICT）の発達と普及の流れの中，自宅利用や東京などの大都市で徐々に広がっているデスク1台だけの極小スペースを貸し出して，ソーホー（Small Office Home Office＝SOHO）とも呼ばれるようなパソコンをインターネットに接続だけで創業する新しい時代の零細企業の事業モデルも増えている（第9章3節）。

（3）個人事業主（Owner-manager）

　法的に個人事業主と言われるのは，法人を設立せずに単独で事業を営む個人あるいは会社組織のない個人事業で，社会的には一般に「自営業者」とも呼ばれる。独立の経営で継続的な請負（下請）や納入業者，代理店などの個人や家族経営，また，雇用ではなく，契約に基づいて別の企業や個人（自営業も含む）の事業に従属する場合は，個人事業主と言う。個人あるいは家族，仲間で起業

し事業を展開するが，法人（株式会社など）の形態であれば，零細企業となり，法人ではない場合は，個人事業主になる。俗に，「自営業」に当たる。表8-2は個人経営の形で商業を営んでいる実態を表している。一方，確認できる公表された最新データは2016（平成28）年のもので，卸売業にも小売業にもいずれ大量な小規模企業が事業を継続している。ところが，こうした小規模ながらも法人企業であるのに対し，法人の設立をしていない個人事業主は国内全就業者の10％近いが自らの事業を営んでいる。

　事業主は一人のみ，また家族のみ，あるいは数人の仲間が集まって創業して，小規模の資本金で経営し事業を展開する形態が一般的ではあるが，事業が順調に進み，企業が成長し拡大して行くと，組織化し法人化へと経営方針を転換して大規模な企業になるような成功例も少なくはない。アメリカでは，マイクロソフト（Microsoft）やグーグル（Google），AmazonやFacebook，日本では，ソフトバンク（Softbank）や楽天グループなどもすべて小さな自営業的あるいは零細企業的経営から発足したものである。

　総務省統計局の2022年版の『労働力調査・基本集計』（2023年1月31日公表）では，2022年に国内全就業人口6,723万人に占める「自営業主（個人事業主）＋家族従業者」の合計は648万人もあり，2019年の676万人よりは4.4％も減ったものの，全国就業者総数に占める割合はまだ1割近くの9.64％がある。

　もちろん，個人事業主が事業を拡大しようとして，株式会社や合名会社，合同会社や合資会社などを設立すると，法人化となる。事業の内容や取引先などの関係者が全く変わらなくても，生業的経営を止め，個人の資産と家計と事業を分別すること（所有と経営の分離）になり，株の発行や取締役会の設立など法人化手続きを行わなければならない。

　全体的には，個人事業主は逓減していくのが間違いないこれからではあるが，卸売業や小売業には多くの個人事業主が独立した事業運営を続けている。また，情報関係分野では，前述のソーホーなど極めて零細な規模で，例えば，画期的なアイデアをもって1人で新規事業を創業して新たなベンチャービジネスを営む個人事業主が増えていくことが予想される。

第 8 章　中小商業の現状と今後の展望　◎―― 213

　他方，社会的にかなり信用される職業においても個人事業主が多く存在する。例えば，個人的に事業を展開しているものの，実は国際的に名の知られる建築家やデザイナー，ビジネスコンサルタントやプログラマなどの職業には多い。さらに，国家資格を有している弁護士や税理士，行政書士や公認会計士などもいずれかの事務所や法人企業に所属しなければ，まだ，個人経営の法人を設立しなければ，これらの人々も紛れもなく個人事業主である。もちろん，そのほかに，個人開業医や薬剤師，小説家や放送作家，評論家，漫画家や画家，音楽家や作曲家，歌手なども，従業員が何人を雇っても，法人組織ではない形で事業や仕事を展開するのであれば，個人事業主である。

2）中小卸売業

　ここからは，本章の主なテーマである商業における中小企業，特に中小卸売業と中小小売業について議論して行く。

　第 5 章で検討した「流通革命論」以降から流通経路においては，中小卸売業は社会的には最も危機的存在にさらされ，中抜きされやすい立場に立たされている。中小卸売業は，取扱商品の品種や品目が絞り過ぎて，単品問屋のようなかなり専門的商品しか取扱わない伝統的卸売業者も多いため，卸売業が逓減して行くうちになくなってしまうのではないかという恐れがあると思われる。

　ところが，表 8-2 を見ると，それほど悲観的な推測を裏付けられる根拠は決して見えなさそうである。卸売業全 364,814 社の内，従業員 5 以下の零細型の個人経営企業は 41,953 社があり，約 11.5％ を占めている。それに，前掲の『日本の統計 2022』によると，業界平均の 99％ 超は中小企業という概算によれば，36 万社以上の卸売業は中小規模企業になる。

　この現状を説明するためには，次の 3 つの要因があると言える。まずは，バブル経済崩壊後，消費市場における価格破壊が消費者物価の上昇を抑えていた結果に主因がある。

　次に，業況判断では，近年の経済回復は高度経済成長期の「いざなぎ景気」をも超えたと云々するが，昨年（2022 年）アメリカ連邦準備制度理事会（FRB

＝Federal Reserve Board）が立て続けの公定歩合上げ（利上げ）がなければ，輸入品の価格上昇がなく国内は物価低迷から脱出することはなかったのであろう。つまり，国内消費者の収入が上がらなければ本当の経済回復はあり得ない。2023年2月初頭の時点で，FRBの利上げ幅が縮小するだけで市場はすぐにも円高に転じ始めている。もしも，その後，利下げへと金融政策のかじをきるかもしれないという観測が現実となると，市場の円安の流れは完全に止まるのであろう。

　3番目の要因とは消費者行動にある。物質的に豊かさが高度化されて久しい国内消費市場では，消費者のニーズとウォンツはさらに多様化または個性化となり，消費者層はさらなる細分化してきたことや第9章で議論するネットビジネスあるいはインターネットショッピングの普及による買い物選択肢の拡大などが多くの中小卸売業の生き残りの土壌を醸していると考えられる。とは言え，一昔よりは卸売企業数は全体的に大幅に減ったのは現実ではあるが，それはこれまでの国内の卸売業と小売業の比例（W／R＝卸売業÷小売業の割り算の商）が大きすぎるという社会現象の整理と調整の結果かもしれない。また，この全体的な企業数縮小現象は後述の小売店の動向にも見られる。

3）中小小売業

　一方，中小小売業の実態も中小卸売業の推移と同様に，店舗数逓減の傾向にあるが，構造的には異なることがある。再び表8-2を見てみると，中小小売業の全店舗数は，990,246店の内，法人企業の599,684店に対し，個人経営の零細小売店は390,562店もある。企業規模の業界は99.9％で推計すれば，法人の中小規模は経営の小売業と個人経営の両方を足すと，小売業全体の98万店をも超えるはずである。

　要するに，2012年（2012年2月時点）の1,136,195店舗に対して，2018年になると，約13％弱減少したが，全国の小売業店舗は依然として99万店（2018年6月時点）がある。

　中小規模の小売業にとどまらず，小売業全体の店舗数減少の要因について

は，主として近年，社会的に情報通信技術（ICT）の進展は著しく，簡単にインターネットに接続できるスマートフォンはほぼ人口総数に追いつくような規模での急速な普及のほか，携帯タブレット端末やその他便利にネットアクセスのできる通信機器も容易にネットビジネスあるいはネットショッピングに利用されている。こうした社会環境が大きく変化する中，法人の小売業は積極的に個人向けの EC 市場での販売に力を入れ始めたが，零細小売店や個人経営小売店などがこうしたネットビジネスに活用できる経営ツールを十分に生かせないのが目立っている。これも，上述したような 6 年間で約 13％ も減少した要因だと考えられる。

そのほかにも，零細規模の自営業が大幅に減少するもう 1 つ大きな要因としては，後述の後継者難をはじめとする経営上の問題点が見逃せない。

2　中小商業の存続問題と社会的必要性

1）後継者難問題

中小や零細企業の多くは個人や家族的生業であるため，経営者の引き継ぎには一般に家族や親せきぐるみの問題になる。後継者が決まらないというのは中小零細企業経営の安定性・継続性における最大な難題であるのがほぼ一般的認識である。しかし，これは決して近年から，あるいはバブル経済がはじけてから現れた新たな経営難題ではない。これは実に半世紀もの以前の経済高度成長期にすでにその危機感が浮かび上がってきていた。

一般論として，中小企業の後継者難問題には，社会的・経済的な環境の変化，若者の仕事に対する意識や人生への価値観の変化，中小企業自身のあり方つまり経営スタイル問題の 3 つに集約してみることができる。

（1）社会的・経済的環境の変化

まず，社会経済環境の変化については，バブル経済崩壊してから「失われた十年」や「失われた二十年」と言われるように，近年では，前述の緩やかな経

済回復に相まって，団塊の世帯の大量定年退職や人口減少による少子高齢化社会が主因とする国内企業全体に直面している人手不足は，中小商業企業，そして中小企業全体の生き残りが特に厳しい状況にある。個人経営の零細小売店の後継者難は，戦後20年も続いた経済高度成長期からすでに注目された社会的な関心事でもあった。

　戦後復興が終わった後の経済高度成長は国内の社会や経済から国民生活のあり方までのすべてを一変した。日本は実に50年以上前の1968年にもすでに当時の西ドイツを追い抜き世界第二の経済大国となり，先進国の仲間入りを果たした。経済成長の中，大企業と言えば，メーカーだけではなく，商業においても経済高度成長に大きな役割を果たす商社のほか，小売業では，百貨店や大型スーパーなども経済成長に伴った国民生活水準向上の恩恵を受け，売上が急速に拡大し，企業規模も全国に展開して，さらに海外へと進出することができた。

　また，個別店舗の規模は中小企業とも見られるが，フランチャイズパッケージの提供やチェーンオペレーションで集中管理システムに基づく各地に出店するコンビニも従来の商店街の片隅に小さな家族中心の店舗を構えている伝統的「パパ・ママ店」と比べて見れば，紛れもなくマンモス企業である。コンビニなどが近代的経営方法のもと，多様なサービスなどの提供，長時間で深夜までの営業に年中無休を加え，消費者にとってはとても魅力的である。経済的に豊かになり，自らのライフスタイルを大きく変えた消費者は当然なことで，利便性を売り物とするコンビニのほかに，幅広い売り場に豊富な品揃え，自由に商品が選べられる「ワンストップショッピング」のできる大型スーパーまたはスーパーを中核店とするショッピングセンターなどの大型商業集積に引き寄せられていく。

（2）人生の価値観における変化

　戦後の経済高成長は社会全体にわたって，それまでの人生に対する価値観を大きく変化させてきた。特に経済の高度成長期に育てられた若い世代は，親世代とは子供の時から慣れた生活水準から成人になるまで受けた教育まで，まる

で違う国で育てられたような人ばっかりであった。また，自分の周りにも，大型メーカーや大型スーパーの成長をはじめとした買い物環境の変化が多く，親世代とは異なる価値観の形成は当然な結果となる。歴史において自然に成り立っている商店街に立地する伝統的で地味な「パパ・ママ店」の家業で育てられたが，高校を卒業してからさらに大学に進学した若者は仕事に対する意識や生活ないし人生への価値観そのものが親世代とは根底から異なる。本来なら，大学を卒業して，それまで生活を切り詰めてまで一所懸命に育ててくれた両親への恩返しとしても家業を引き継いで，また，大学で学んだ知識や大学で築いた人脈を少しでも生かして家業の拡大に精を出していくのは，それまでの日本の社会常識でもあれば，日本文化の伝統的価値観でもあった。

　しかし，経済高度成長が長く続いた日本の社会が完全に変わった。好景気に支えられ，ほとんどの大企業はいわゆる人材を確保するために，大学卒業直前の若者に対して，「青田刈り」とも言われたように，大々的に新入社員募集の誘いを仕掛けてきた。毎日背広を身にまとい，革製のブリーフケースを手にしながら，サラリーマンの仲間たちと一緒に「押すな押すな」で電車通勤して退社する姿は親世代では夢にも見ないもので，それを想像するだけでもウキウキするのであろう。さらに，近代的経営に加え，国民の消費需要にも支えられて成長が止まることすら知らない社会的にも名の知られている大手企業に就職し，安定した給与や賞与に加えカッコいい仕事に就くのは親がコツコツと営んでいる家業とは比べるようがない。もしかして，零細ながらも家業の維持に苦労している親自身だって成長した子供のカッコのよさを見て，仲間入りにしたいのではないかと思われそうである。こうした親子世代間のギャップは決して「ゼネレーションギャップ」で片づけられることではない。若者は自らの生活や仕事の意識，そして人生に対する価値観を変えたと言うよりも，彼らは経済高度成長がもたらした社会的な変革の流れにのみ込まれたのである。

（3）中小商業のあり方

　商業の主役と言えば，卸売業と小売業であるが，いくら大きな役割を果たし

ている中小卸売業とは言っても我々の日常生活との関係は遠い。なので，ここでは，従来の商店街に立地するか，あるいは住宅地の近くに立地して自宅も兼ねながら商売を続けている中小小売店に焦点を当ててみる。

　伝統小売店は創業の時代が古く老舗と言えるほど自慢のできる店が多いが，小売業界における市場競争の優位性から見て，近代的小売店舗と比べると，店構えの外観から商売のあり方など内面の経営手法まで上回れるところは見当たらない。生計確保でギリギリの経営では決して時代の変化に応じて建物の修繕や売り場のリフォームに金を回せず，間口が狭く奥行きの長い店に入らないと，中に何があるかは見当つけず，店舗のレイアウトも商品の陳列も，品揃えも昔から変わったことがない。

　対して，一店舗の売場面積は小規模で零細の伝統小売店とほぼ同じぐらいかもしれないコンビニやミニスーパーの場合は，買い物客に与えるイメージは全く異なると言わざるを得ない。店舗の構成は伝統的中小小売店と真逆で，間口が広くて奥行きが浅い。コンビニのほとんどは間口の面は全面ガラス張りで，入店しなくても外から中の様子ははっきり見える。商品棚の位置や商品そのものもはっきり見えるぐらいで，誰でもが入りやすい店作りである。店内では，売場のレイアウトも商品陳列もすべて入店客の動線によって緻密に計算されたもので，店員に声をかけなくても店内を一回りしたらどこに何があるかは，初めて入った人にも分かりやすい。さらに，チェーンオペレーションで展開するために，店名が統一され，本部による広告宣伝が各地の消費者にも伝えられている。国内各地ないし海外に出かけても，地元や国内の同じチェーン店とは，品揃えから商品陳列まで馴染みがあり，入店しやすく安心して利用できる。だから，国内のコンビニの1日の売り上げは「パパ・ママ店」では，1週間ないし1ヵ月も頑張らなければ達成できないほど羨ましがられるほどである。

　また，経営方法にも徹底的な違いがある。伝統的零細小売店では，一回の仕入を済ませれば，1週間や2週間，1ヵ月にわたっても気にせず，店や店内商品を宣伝せず，コツコツと売り切れるまで日々辛抱して顧客の来店を待つだけである。対して，コンビニの場合は，1日に本部から2〜3回の商品補充もあ

り，弁当や日持ちの良くない商品はその日に全部売り切るのが目標とする。その分，商品や資金の回転は伝統小売店と桁が違う上，顧客の来店頻度なども伝統小売店では考えられないほど違う。また，伝統的零細小売店主のように，カウンター裏にじっと座って店番をしながら顧客の来店を待つのではなく，1店舗の売り場面積はさほど変わらないチェーン店であるコンビニやミニスーパーの場合は，本部主導のもとで積極的に店舗の存在（店名や立地）や商品の仕入情報，買い得や値引き情報など，声を高くして近所に，周辺に宣伝して販売促進が行なわれている。

　以上の分析に基づいて言えるのが，中小商業のあり方は確かに後継者難が最もその核心を突き止めた問題かも知れないが，その原因は中小企業の変わらぬ伝統にあると言うならそこまでである。経営の環境である経済や社会の進展，市場のトレンドや消費者の行動パターンなども時代とともに変わる。そして，後継者になり得る若者の職業意識や人生観そのものが変わったので，商売のあり方も今昔と大きく変わったのに対して，自らの店舗や商売の仕方が江戸時代や明治時代，あるいはそれよりも前の時代から引き継がれてきた家業や家訓などを守りつつ，それを変えぬまま今日までにやってきて，今後にもそうやっていこうとすることに問題があるのであろう。

2）中小企業の共通的問題点

　全産業にわたって絶対的な多数を占めている中小また零細企業は，前述のように，あらゆる経済分野や業界においても資金力や技術力，経営能力や競争力，そして経営知識や人材，等々，すべての面においても弱さばっかりと指摘される。したがって，中小企業の今後を考える前に，その弱さをはっきりと分析したほうが実態を知るのに役立つのであろう。中小や零細企業の場合は，メーカーであれ，卸売や小売であれ，共通した問題点と言えば，以下の3点が最も注目される。

（1）経営難問題

　企業の経営難と言えば，長き続いた戦後の高度成長期，または俄かにやってきてまた急いで消えてしまったバブル経済期を懐かしがることしかできない今日では，大企業にまでも悩まされる成長問題がある。中小・零細企業経営難の要因については資金力や人材不足，販売高の低さや市場シェアのなさなど色々と指摘ができるが，根本的には事業に独立性つまり自主的に自社の事業を展開して市場を開拓していくことができないし，そのやり方も知らないからと言える。

　製造業では，中小メーカーの大多数が大手製造業の下請け企業あるいは二次下請け，三次下請け企業として，大企業の完成品を製造・加工また組み立てのための部品や部品のユニットなどを生産し，独自に製品の設計や組み立て，そして完成品としての製品を作る能力などがほとんどない。経済成長の長期低迷の中，大企業がいわゆる経営合理化の大義名分で推進しているコスト削減が直ちに中小企業の売上と収益に直撃し，企業の経営と成長にとっては解決できないほどの難題にもなる。元々弱い経営体制からさらに従業員の人員整理や給与削減などに圧迫され，事業の継続さえできなくなる恐れがどの業界にもあると言える。

　商業企業では，中小卸売業の経営難が特に注目されるが，卸売業と小売業の事業に違いものがある。メーカーからも小売業からも板挟みにされている中小卸売業は，バブル経済崩壊以降の価格破壊をきっかけに，社会的低価格志向が強まる流れの中，また歴史的形成している日本独特の多段階流通経路においてはいつ中抜きされるかと恐れ難しい経営に強いられている。中小卸売業は川上と川下に対して自社独自の新たな付加価値提示もなかなかできなく存続の危機に直面するのが当然であろう。

　一方，中小小売業の場合は，伝統的零細小売店は大手チェーンストアやコンビニチェーンなどに顧客を奪われるのはもとより，従来の成り行き的店の経営を止め，自力で経営を立て直すには，店舗の外構や内装を一新にするハードウエアの改造だけではなく，最も重要なのはソフト的要素である商売のやり方に

関わる革新にあると言える。チェーンシステムで組織化されている近代的小売業への対抗として，単独店のままで経営を維持していくならば，顧客がより戻れるような魅力には足りない。中小零細店舗は大手小売業には敵対ばかりではなく，いかに自分自身を強めていくのが最も有意義な行動である。例えば，中小や零細同士間の協力や協業，後述の中小商業のマーケティング的対策として，互いに共通利益を見出せるところで業務上の提携を通じて競争力を高める考えが必要である。

(2) 存続難

　周知の通り，平成に入った間もなく，今日にまでも後遺症を残っていると言うべくバブル経済がはじけた。バブル経済の期間は一般に1986年～1991年の間と言われるが，その崩壊は，1989年末の大納会で日経平均225社の株価は4万円近く（38,915円）の超高値に高止まった株式市場が，翌年の大発会から下落し始め，次第に右肩下がりの一途を辿り1990年の大納会（23,849円）ではなんと1年間で3割超の時価が吹っ飛ばされた。その後，「失われた十年」と言われ，経済の回復は21世紀に期待を寄せたが，21世紀に入ってもやはりバブル経済の後遺症と言われ続け，「失われた二十年」までになっても景気の回復はなかった。そして，今日までになっても日本経済の上向きはなく，つい「失われた三十年」と言われている。後述もあるように，国内景気の超長期間の低迷の中で倒産や解散に追い込まれた企業の大多数は中小または零細企業である。

　ここ数年では，前述のように，日本経済が大企業中心の業況判断による高度成長期よりも長期にわたって景気拡大と言われる中，特に中小や零細企業は景気が緩やかな回復したとの実感はなかった。中小企業の経営実態は決して見通しが明るくなるとは言い難い。と言うのも，中小や零細企業の経営は好景気の時代でも大手企業に圧迫されていたので，景気の好転が未だに実感されにくい今日では，中小や零細企業の多くは大企業のコスト削減の身代わりとなり，大企業の業績回復や増収増益には貢献しながらも，自らの経営は決して手放し喜べる状況にはない。今後とも，相変わらず中小や零細企業の生き残りが社会的

に注目される。また，その存続は主な課題で有り続けると言わざるを得ない。

（3）廃業と倒産

　中小企業の実態は帝国データバンク2022年の調査（2022年1～12月）によると，2013年以降より全国の企業倒産は件数が減ったものの（2013年の10,332から2022年の6,376へ），負債総額は5年ぶりに2兆円を超え（2.37兆円），2013年（2.76兆円）に迫る勢いを見られている。それだけ国内経済の厳しい実態が続いていると言わざるを得ない。

　一方，東京商工リサーチの「全国倒産件数2022」を見ると，卸売業の増加に対し，小売業の倒産件数全産業の全体増に反し倒産件数は1.4％減を見せたが，負債総額は15.2％も増加した。それは，中小零細型の小売業の倒産がやや落ち着いてきて，逆により規模の大きい小売店の倒産が増えていると言える。中では，東京都の鶏卵販売会社の食品企業の負債額は278億円も超えた。しかし，他産業では，中小零細企業の倒産が6.3％もある。また，代表者の病気や死亡を主因とした後継者難での倒産が2.1％も増えている。また，帝国データバンクによると，人手不足や後継者難，予想以上の賃上げや景気回復の不透明，コロナ禍の中の過剰債務処理や私的整理などが要因で2023年は廃業や倒産が一気に増える事態に発展すると想定している。

　これまでは，事業継続を断念して廃業や解散を決断した企業の多くは中小・零細企業が占めている。2022年には，政府系・民間金融機関による活発な資金供給やコロナ対応の補助金により，経営体力に乏しい中小企業の休廃業発生を大きく抑制し，前年を下回った。しかし，これはあくまでも一時の時間的余裕に過ぎず，根本的な経営体力の回復は各産業に大量に存在している中小や零細企業の自身の経営活動の拡大にほか方法がないと言わざるを得ないのであろう。もちろん，中小零細の商業企業も例外にはならない。

　以上で議論した「経営難」と「存続難」の自然なりの結果とも言わざるを得なく，中小・零細企業の多くは廃業か解散かの厳しい決断に直面される。また，前述のような伝統小売業の変化としてに高齢者経営の「ジージー・バーバ

一店」現象が広がっているように，中小零細企業経営者の多くは高齢者しかも75歳も超える後期高齢者が増えている。このために，超高齢化している経営者に伴う深刻化に進んでいく健康悪化も見逃すべきではなく，政府や地方自治体などによる緊迫感のある対応策が待たされる。さらに，後継者難は前述したように，戦後の経済高度成長期からすでに中小零細企業の経営や継承を悩まされており，現実的には今日になってもその難題の解決は目途が立たない。言うまでもなく，「高齢」のため「健康」には優れていない経営者には，無理にしてまで現役で頑張ってもらうことは如何に非現実的なことであろう。

3）中小商業の社会的役割と存続の必然性

これまでの分析を見ると，中小零細商業ないし中小企業全体の将来は見いだせないように感じられている。ところが，以上の分析だけでは，中小企業の多くないし全部がいよいよ消えていくのではないかという結論に結ぶのがまだ早計である。

かつての「問屋無用論」（第5章2節）のように，国内経済あるいは商業および流通業の革新的な変化の中で，中小零細企業には生き残れる未来がない，という見方は決してあってはならない。現実では，前節で議論したようなあらゆる統計データを見ても中小企業の絶対数は確実に縮小しつつも，それぞれの産業分野や業界における中小企業が占めるシェアは依然として99％以上に維持されている。したがって，今後とも中小零細企業がそれぞれの業界に存続して行き，また進化して行くことには間違いがない。問題なのは，今のままでの経営でもよいのであろうか。

（1）中小商業の社会的役割

今日において中小商業の社会的な役割はどうなっているのかについては，零細商店こそ，流通がもつ経済循環の毛細血管的役割を果たし，消費者に近接して日々，地域住民に密着しつつ，商品供給の大きな役割を果たしているという学説的な分析があった。こうした認識は前出の表8-2と表8-3に示されたデ

ータにも裏付けられる。要するに，中小や零細の卸売業企業数そして中小や零細の小売店舗数が大幅に減少してきたものの，業界全体に占める割合は決して急激に下げていることはない。

　もう1つ重要なのは中小零細商業の社会的役割にその存在価値があり，特に消費者に対する中小零細小売店の補完的機能である。元々，大型スーパーマーケットの補完的機能としてコンビニが現れたと言われている。買い忘れやとっさの思いつきなど，細かいながらも日常の生活には欠かせないカップめん1杯やジュース1本，ガム1個のような小さな買い物などが身近に24時間で入手可能という利便性が受け入れたものである。しかし，伝統的零細小売店の場合は，品揃えはコンビニとは被らないので，異なる面においては大型小売店舗または大型商業施設の補完的機能を持っている。例えば，コンビニが取扱ってなさそうだが，主婦や家庭にとっては急に必要となる洗剤や石鹸，調味料や香辛料，その他調理に必要な補助的食材や家事に欠かせない品物などの取揃えが考えられる。もちろん，周辺の店舗構成や場所によって，具体的な小売店の立地などによっては，様々な考え方やアイデアが浮かんでくることが可能である。重要なのは各自の店の実情や近所のコンビニや他の競合店との品揃えの重複がなく，いわゆる他店との差別的な存在感を作り出すことである。

　中小商業は経済的にも社会的にもその重要な存在価値があるため，政府も経済高度成長期からすでに中小商業の生き残りに関する対応策や助成策を講じてきた。中小卸売業の振興策としては，第5章4節で検討した卸売団地の整備があり，中小小売業の振興策としては，政府系金融機関による資金援助や資金貸与，中小小売商業経営の近代化や組織化，商店街の振興などがある。特に，情報化社会に入ってから間もなく，中小企業庁はすでに中小企業の情報化に関しても動き出している。残念なことに，こうした多くの政府努力が認められつつも，評価できる実効性のある結果はそう多くはないのが現実である。

（2）中小商業存続の必然性

　小さな山間の村落から大きな大都会まで，人々が生活している地域である以

上，人々が日常的に様々な生活に必要とする商品やサービスに対する需要がある。それが商業の存在価値であり，地方や都市に遠隔する過疎地域では中小零細商業の存在価値がその地に生活している人こそ身をもって感じる。どの地域でもよいが，その地に人々が生活していると，買い物は日常的に必要になるのはもとより，その他，他人との付き合いやコミュニケーション，自分の生活に豊かさや精神的癒しなどを求めるためには，食事処や飲み屋，ゲームセンターやカラオケなどさらなるレベルアップしたサービスのような欲求が生まれてくる。このような人々の物的商品やサービスに対する需要や欲求（ニーズやウォンツ）こそが地域の商業企業，本書は議論していないが，外食産業や娯楽施設，その他人々の精神的な需要に応えられるサービス業なども含めての広義的商業の全体がしっかりと各自の事業を続けることができる土台である。商業が存続できれば，その地の繁栄または成長という地域経済が継続することも十分あり得ることになり，長年叫ばれている地域の過疎化や人口流出対策にも役立つものである。これも，中小零細商業が必ず存続して行き，必然的な行く末だと言っても良いのであろう。

　日本にもモータリゼーションの普及が久しい，自家用車で郊外や自宅から離れている大型ショッピングセンターやモールに出かけることは簡単にできるのは間違いないが，出かけるために費やされる時間やコスト，発生しやすい交通の渋滞などに加えて，食材や食料品のまとめ買いには鮮度や賞味期限などの制限がある。特に，国内消費者には缶詰や瓶詰めなどの加工食品が主食にする習性がなく，毎日ほど適量の新鮮な野菜や果物，鮮魚や鮮肉を入手しようとする気持ちが強い。このようなニーズやウォンツに応えられるのは中小零細商業が最適だと言える。近所にあり，零細店舗だからこそ，今日だけの少量の需要という顧客のわがままに応えることができる。65歳以上の高齢者が人口の3分の1もある超高齢社会の日本の今では，第6章3節で検討したように，大規模小売業さえミニスーパーのように近所に住む高齢者の日常生活に対応しようとしている。過疎地域の場合高齢者の比率はさらに高く，零細規模の商業企業こそがその地の消費者の日常生活に欠かせないものになる。

一方，地域や人口の大きさはどうであれ，人々の暮らしの営みに必要なものが揃わないと，人口の流出や地域の衰退につながることになる。日本の人口は長期的には大幅に減少して行き，多くの地域が消滅していくという恐ろしい予測があるが，それは，その地の生活が成り立たなくなるということが前提として推計されている。大型小売業店舗や商業施設の存立根拠には一定規模の人口が必要なので，小さな村や集落，地方の町への進出はそう簡単にはできない。それこそが，中小や零細規模の商業企業が生存できる「真空地帯」（第3章1節）と言っても過言ではなかろう。また，第5章にも指摘したように，小売業は地域住民にとっての存在価値の1つとしては，地域住民の生活必需品の集中貯蔵のような機能も有するからである。ある地域の中小零細小売店の存立ができるならば，その経営の安定と継続をサポートして対応できる中小零細卸売業の必要性も自然に要請される。

　一方，地域社会に対しては，中小商業の存在は単なる日々の商売を営む上，自分たちの儲け分を確保すると言う考え方ではない。大型商業施設がなかった昔の時代では，地域に中小零細小売店しか存在しなく，よろず屋という名残のように，その地の住民に買い物の利便さを提供することにとどまらず，地域の情報交換や共有の場，また近所住民のコミュニケーションの場としても活用されていた。今の時代になっても，地方の町や過疎化の農村地域に行っても，中小零細小売店が圧倒的な割合を占めている。これも中小零細小売業が必ず生き残っていくという根拠の1つである。超高齢社会では，地元の商店街や個別の小売店がこうした地域経済活性化や地域住民の日常生活に対する貢献とも言える社会的機能の再認識と強化が大切なのである。さらに，地域との密着は，地域の防災や防犯にも役立つことになる。中小や零細小売店の生き残りは，こうした地域社会への社会的機能があるから，政府や行政の助成も必要となるが，根本的には小売店を営む経営者の自己努力がカギである。

　しかし，中小企業の経営者には，高齢者でもよいからどうせい誰かがここに住むから，商売がそのままでも続けていけるだろうという考え方は安易過ぎて危険である。高齢者だけの地域は結局として前述の恐ろしい予測のように，若

い世代の引継ぎがなければその地域自体が存続できなくなるので，地域の住民にも後継者が必要不可欠である。その地には都会にも負けない買い物環境を提供してくれる商業企業があれば，その地にUターンしてもあるいは移住して生活しようとする若い世代に対する魅力が，中小零細企業には過酷かも知れないが，それが必要である。

3 中小企業のマーケティングの可能性と必要性

　マーケティングと言えば，大手企業の経営戦略に連想するのであろうが，マーケティングは決して大型企業あるいは大型商業企業に専有的なものではない。この節では，中小商業の立場に立って，自社や自店の生き残り，可能であればさらなる成長の可能性，または地域活性化ないし地域の存続にも役立てるようなマーケティング手法の着目点について議論して行く。
　中小商業とくに中小零細小売店の真価はやはり地元との密着性や地域に対するそれぞれ独自の存在価値の発揮などにある。それは，自立的経営を貫くか，中小零細商業同士の連携・協力に基づく助け合いか，または大手商業と協力しながら地域と共生していくか，などが考えられる。

1）自立的経営の貫き

　先祖代々の家業を引き継いだ以上そう簡単に止めるにも行かないし，易々と他人と手を組んでやっていくには，相性の問題や何かのトラブルがあれば，面倒になるなど，零細ながらも独自の経営スタイルを貫こうとする中小商業のオーナーが少なくもない。このように決断すれば，生き残りにかけて，生業的と言われながらも自立的な経営を維持していける戦略的考え方が必要になる。
　消費者はだれしも自分の都合があり，新しくて珍しいものに目が引かれやすい。夫婦二人三脚であれ，家族経営であれ，小規模のままで独立的にこれまでの経営スタイルを維持していこうと決断するならば，消費者の気持ちやより具体的な需要をよく理解して，地道に自店顧客のニーズやウォンツに応えること

に力を入れるべきである。固定客の維持や常連客を増やしていくことが大事である。日常生活においては，オーナー自身だって一人の消費者だから，消費者の気持ちを忘れてはならない。自分にも満足できない商売は他人に支持されるはずがないからである。

　また，人間は常に新しいものに好奇心があり，新商品への移り気がある。定期的でも不定期的も品揃えを時代の変化や流行，消費者の好みに応じて少しずつでもよいが，変えていく必要がある。もちろん，変化して行く根拠は自らの情報収集が必要としながらも，固定客や常連客とのコミュニケーションからヒントが得られるものが直接に購買行動につながるのでより大事である。中小零細だからこそ，オーナー自身が直接に店に訪れる顧客と日常的コミュニケーションができ，より深い付き合いもできるので，顧客参加型の経営は最も有効的手法である。卸売の場合は，小売店のニーズやウォンツを最優先にして，小売店の場合は，それこそ顧客の生の声を取入れることがキーワードである。

　一方，中小零細商業だからと言って，地域や近所の顧客にしか商売ができないと思いきや，インターネットが誰でも自由に活用できる時代では，ICTを活用すれば，経営視野も変われば，取引商圏も変わる（詳細は第9章3節）。地元の物産は地元の顧客には当たり前だと思われるが，ネットショッピングに出品すると，独特やら，珍しいだからと，遠隔地からもしかして海外からの需要もキャッチすることができる。大事なのは自社や自店に地元に特有な物産や独特で魅力のある商品を取揃うことである。例えば，近所の生産者と連携してその地の特産物を店頭で販売するか，通販サイトへの出品などを活用すれば，その店の独自性の確立には十分に役立ち売上増大にもつながるのであろう。

2）中小商業同士の助け合い

　地方の町，農村や過疎地域では，人口が少ないために，中小商業者同士は昔から各自に特徴のある商売を営んできた。狭いエリアにある中小商業は全くの品揃えが被ることはできない。このため，商店街でない場所でも，隣近所，向こう三軒などの零細小売店の近隣同士が助け合うことが考えられる。品揃えが

うまく調整ができれば，一定規模のスーパーに負けない店づくりになることさえあり得る。

　一方，中小零細小売店が最も集中しているのは商店街である。商店街は，昔から横の百貨店とも呼ばれるが，実際では，独立している零細店舗で各自の商売を営んでいる個人事業主同士が無関係に集まっているだけでマーチャンダイジング的には全く関係性がない。ところが，もしも零細店舗同士が真剣に，各自の店の品揃えを研究して，互いに補完的商品を揃えるように調整することができれば，商店街全体を実質的に1つの大型百貨店や総合スーパーのように構成することが可能になる。事実上でも横の百貨店のような品揃えや売り方ができるとすれば，近所や地元に対してだけではなく，やや離れた近隣地域の住民にも引き寄せられる魅力が自然に生まれてくるのであろう。

　大型小売業である百貨店も総合スーパーも，そして小売商業集積のショッピングセンターも別々の販売部門や店舗に構成され，それぞれ各自で異なる商品を取揃えている。だから，一回だけを駐車すれば欲しい商品などが買い揃えられるというメリットがある。もしも近所にある商店街に出かけるだけでワンストップショッピングができることになれば，その利便性が郊外などの商業施設の魅力を上回ることになれるのではないか。遠のいた消費者は再び商店街により戻ることになることも考えられるし，超高齢社会にももってこいのような利便性ではないか。街作りや町おこし，地域の再開発などに活用して商店街に休憩場所や子供の遊び場なども備えることができるならば，決して大型商業施設に負けることはないのであろう。

　商店街の活性化を推進しようとして，中小企業庁が昔から全国の中小商業のオーナーたちに零細型小売店のボランタリーチェーン方式のビジネスモデルを勧めてきたが，問題なのは，せっかくの事業協力や提携が共同仕入と共同配送にしか止まらなかった。ボランタリーチェーンの特徴は第6章2節で議論したように，各自の店舗や事業の独立を中心に成り立っているが，真に1つの大型小売業のように機能するには，その旗振り役である本部がしっかりと戦略的に企画し，戦術的に実行して，協力し合っているチェーン全体の目標達成に向け

て統括していくのが重要なのである。

　現実では，事業の独自性主張のあまりに，形的にはチェーンとしては存在し，全体的には大型商業企業よりも規模が大きくなるものもあるが，経営は各自独立が優先されるため，せっかくのチェーン規模になっても，1つの大型小売業のように機能して戦略的事業協力や品揃えの調整など規模の経済性的経営手法として有効に活用することができなくなる。ボランタリーチェーンは広域的にも全国的にも広げることができるが，経営上の合理性や品揃えの整合性を考えると，商店街ごとに取扱商品の調整と調和についての考え方が合理的であろう。地域との密着性を目指して商店街全体の経済効果を達成しようとすれば，どこにもあるような商店街連合会や商店街組合などの組織力を強化して，確実に大型小売業にも勝つかも知れないその潜在的規模の経済性を発揮するのが不可能ではない。

3）大手商業企業との協力，または地元との共生

　商店街に入居していない中小商業にとっては中小零細小売店同士の間の協力が難しくなる。特に地域の人口が少ない過疎地の町や村落の場合は，店の規模が零細でもあるし，店舗同士も分散する。そこは商店街自体にならないことも多い。それでも商売を続けて行くならば，他力活用あるいはアウトソーシング（外部経営資源の活用）という方法も考えられる。キーワードは協力と共生で，つまり大手商業企業との協力のほか，地元との共生という2つの方法が考えられる。

　大手商業企業もできるだけ自社の取引範囲を拡大して行きより多くの商品を販売することに積極的ではあるが，採算上の人口規模が達していない場所にはさすがに出店ができない。しかし，零細小売店の場合は，1人か夫婦，または家族での経営が多い。その地域的な存在が大手商業企業にも魅力的で，両者の事業協力が可能である。もちろん，フランチャイズチェーンのビジネスモデルもあり得るが，フランチャイズ契約を結んでしまうと，独立した店作りができなくなる。事業的協力であれば，仕入に限定して大手小売店と協力するか，大

手小売店のアフターサービスの窓口になることもできる。それは対等の立場で契約や協定を結ぶことができる。このような事業提携は，大手には販路開拓となり，零細小売店には，複数の大手企業との事業提携ができれば，自店の商品供給源が広げられる。互いにメリットもあれば，ウィン・ウィンというよりも，共通した利益で合意に達しやすい。

　もう１つ他力利用の方法とは，地元行政との共生である。もちろん，顧客は店の支えではあるが，地域住民の人口が少なければ，売上だけでは店を続けられない場合もあり得る。こう言う場合は，店の存在自体が地域存続に対する貢献となり，店の業務をスムーズに続けていけるには，地元自治体という店の外部資源を活用することが考えられる。例えば，出店場所は町や村役場の一角を活用し，役場に行くと同時に買い物もできる。また，仕入商品の数量は大量ではないため，地元自治体が地域住民に対して公共サービスとして提供している村営や町営バスのような地域公共交通機関の活用ができる。大都会への「一極集中」がますます進行して行くこれからを考えると，こうした零細小売店の存在は中小小売業界にとどまらず，地域社会そのものの生き残りの支えになるのであろう。

📖 第8章を読んでさらに考えてみること

1. 同じ中小小売業ではあるが，中小零細規模事業においては，法人と個人の違いがある。零細企業と自営業の違いを整理した上，小売店の一例をあげてみよう。

2. 中小企業の経営難は長い年月をかけて言い続けていた。経営難にはいくつかの要因があるが，最も核心的な問題と言えば後継者難だと思われる。地元の商店街に立地する零細小売店をイメージしながら，後継者難の対策として考えてみよう。

3. マーケティングと言えば，組織や経営資源が必要だと思われる。このため，中小や零細商業企業はマーケティングとは無縁なものではないかと思われる。しかし，マーケティング部門がなくても，中小零細企業にもマーケティング手法が必要だという考え方について，あなたなりに是か非かを論述してみよう。

> **ミニコラム**　商業近代化の流れの中のパパ・ママ店

　規模零細の伝統小売店は昔から夫婦が家族の家計を立てるように小さながらも二人三脚で店を何世代にもわたって引き継がれている生業的商売である。戦後の経済高度成長期からすでにこう言った規模が非常に小さな伝統小売店を「パパ・ママ店」と呼んでいた。今日では，至るところにもあるような「パパ・ママ店」は，後継者難で経営者の高齢化から「ジージー・バーバー店」に呼ばれるほどになっている。実は「パパ・ママ店」は日本にだけあるものではなく，海外でも ma-and-pa stores と言われるほど，特に地方都市などに大勢ある。

　日本では，かつての通商産業省（現在の経済産業省）が主導する流通近代化において，能率が悪く生産性が低いため，最も流通近代化の足を引っ張るものだともされていた。しかし，冷静に考えてみると，「パパ・ママ店」とは主として売り場面積が小さいから言われるゆえんである。ならば，外見上では，近代的コンビニエンスストア（CVS）の多くも実質オーナーとアルバイトでなり立っている規模が零細の小売店である。しかし，コンビニ成長の勢いは未だに衰えず，業界全体の年商は百貨店業界を抜き，スーパーマーケット業界に迫っている。

　だけど，パパ・ママ店との違いは実に分かりやすい。組織化されるコンビニは，実は全体的に見ると，紛れもなく大型小売業である。チェーンオペレーションという競争の優位性は別にしても，品揃えなど経営手法は近代化され，商品販売の傍らに多種多様な便利なサービスも提供している。対しては，伝統的「パパ・ママ店」は成り行き的商売の仕方から脱却できず，中期的または長期的店の戦略はもちろん，来年には何か新しいことでもやろうかという発想すらないからである。

　店舗が小規模零細とは言え，それだけでは生き残れないと言うとそれまでである。大事なのは，川下にあるため，川上から川中を経由して物的商品が流れてこなければ商売のしようがない。また，その商品は顧客の欲しがるものであるかどうかの確信がなければならない。今の時代では，顧客のわがままがどういう形で受け止めて商売のチャンスにしていくのかが中小零細小売店の生き残りにかかるキーポイントになる。だとすれば，中小零細店舗同士の助け合いや店の外部の資源をうまく利用することなど，いわゆる経営の近代化の取入れが生き残りの道を広げていけるのであろう。

第9章 情報化社会とネットビジネス

　情報という言葉については，日本語では，一般社会常識から生物や理科系，さらに宗教や政治・外交・軍事などまで，異なる分野において様々な意味合いや解釈がある。英語においても，information を情報の意味という他に，知識や知恵なども含む人間の知能や知性を表す intelligence を用いることもある。さらには近年，AI（artificial intelligence＝人工知能）の技術進歩が急速に展開され，発想や理念に止まらず，多くの分野においての実用も広がっている。しかだって，情報と言うものは知能としてその内容がますます拡大してきている。

　ところが，情報とは，元々人々の間に伝えあう物事にかかわる内容や様子，またはその知らせである。情報化社会がさらに高度進展している今日では，情報という言葉は日常生活やビジネスにおいても幅広く使われている。

1　情報化社会の高度進展と商業環境の変化

　戦後の経済高度成長期の終結とほぼ同時期に，1970年代後半から80年代にかけて，アメリカ，日本，旧西ドイツ，イギリスなどの先進工業諸国（G5）においては，アメリカの社会学者ダニエル・ベル（Daniel Bell）が提唱した「脱工業化社会」（post-industrial society）という新たなコンセプトが受入れられ，また経済のサービス化などの表現も取り上げられることになった。それまでは，最も重要視される目に見えやすい要素である物的商品や資材，資産や資本，土地などの物財（ハードウェア）が経済開発や市場拡大をけん引してきたが，経済開発の主役は次第に目に見えにくい要素である知識やノウハウ，技術や情報（ソフトウェア）などに移り，情報化あるいは情報化社会という言い方が広く使

われるようになった。

　ある事業や部門において，情報は重要な経営要素または経営資源として扱われ，その事業や部門の中心的役割を果たすことになっていくことは，その事業あるいはその部門の情報化と言う。情報が人々の日常生活や社会活動，経済活動などにも大きく影響を与えることとなり，そして，その結果にも左右できるようになる社会は情報化社会（information society），あるいは情報社会と言う。情報化社会では，情報と言われるものが日常生活の必需や企業の経営資源などと同等の価値があると認識される。また，情報化社会をさらに発展させ，人々の社会活動・経済活動などを主導するようになると，高度情報化社会あるいは高度情報社会と呼ぶ。因みに，前述の人工知能（AI）の開発と実用が今後のさらなる高度化に進展して行く情報社会における経済成長の主役になるのが間違いない。

　しかしこれまでは，情報化社会であるかどうかに関する評価や判断には，統一される基準がなかった。基準になると思われるものは主として情報関連産業や情報関連技術が他の経済部門，技術部門と比べて顕著な成長があるかどうか，また，個人や企業，国家などが生活水準の向上や経済的繁栄のために情報通信技術（Information Communication Technology＝ICT）を活用しているかどうか，そして，政治，文化や教育，日常生活など様々な場面においても情報技術が浸透して大きな変化をもたらしたかどうか，等々，いわゆるそれぞれの国や地域の社会実態や経済状況に基づくものである。

1）情報化社会の止まらぬ進展

　脱工業化や経済のサービス化が叫ばれ，情報化社会に入ってからはまだ歴史が短いが，社会の情報化は確実に進展してきて，今後は様々な業界や経済分野ないし人々の日常生活や社会活動において，なおさらの進展が期待される。

　産業革命以降，イギリスをはじめ欧米諸国はそれまで手工業をもとに進められた経済開発パターンを大きく革新させた。その後の経済成長においては機械化の普及によって工業生産の規模拡大や生産性向上に加え，製品販売のための

市場拡大にも国力を注ぐことに競い合った。日本はアジアで唯一欧米諸国を追い掛け追い抜くと目標にしていた国であった。1970年代までは，世界的にも1国の工業生産における機械化導入と発達程度を先進国の基準にしていたが，脱工業化社会から情報化社会への定着以降は先進国の評価基準が変わってきた。こうした考え方は，社会発展段階説を根拠にしている。

（1） 人類社会の発展段階説

　人類社会の進展に関しては，社会発展段階説（Theory on the stages of social development）がある。中には，いくつかの学説もある。歴史的には，その発想の源は18世紀のドイツ歴史学派に遡ることができるが，今日の主流的なものは，1960年代初頭に，ウォルト・ロストウ（Walt W. Rostow）やダニエル・ベルなど多くの社会経済学者によって提唱されていた人類社会発展の3段階分類説である。その学説的集大成と言えば，それは1980年に登場したアメリカ未来学者アルビン・トフラー（Alvin Toffler）の「第三の波」説である。トフラーの学説によると，今日までの人類社会の発展には3つの波のような段階がある。第一の波の主役は農業社会段階を定着させたのは農耕革命であり，第二の波は産業革命がもたらした工業社会である。そして，第三の波は，1970年代当初は脱工業化社会として提唱されていたが，今日では，グローバル的にも定着している情報革命による情報化時代であるという。

　人類社会の最初の発展段階は時期的には最も長かった農業化社会である。農耕技術は人類最初の生産手段として定着され活用され，生活の糧を田畑の耕しによって確保することができた。その後，万年以上も超える長い年月を経て18世紀に入ると，イギリスに始まった産業革命がやっと人類社会を第二の発展段階である工業化社会に導いた。機械設備による工場生産の確立や規格化された工業製品の大量生産体制の定着が人々に豊富な物財文明をもたらした。とろこが，1970年代に始まった脱工業化の流れが産業先進諸国に生まれ，人類社会の第三の発展段階である情報化社会がやってきた。それはパソコンの出現を皮切りに，数々の情報革命が起こり，情報通信技術（ICT）の急速な進歩に

よる情報化社会がグローバル的に広がった今日までの社会である。初期では、電話やファックスなどの通信機器の出現と普及、テレビのデジタル放送などの電気通信技術の高度化をはじめ、インターネットがそれぞれの通信端末を地球範囲でつながり、自由に情報の交換や共有ができるようになった。今日になると、社会の情報化は産業の構造展開や新産業の確立、事業の規模拡大や市場の開拓どころか、人々の日常生活の毎日にも残すところなく浸透している。

（2）情報化社会の急展開

ところが、紀元前1万5,000年頃の農耕革命が今日までの人類社会の進歩に「第一の波」を引き起こしてから18世紀の産業革命による「第二の波」の出現までには、1万6,700年もの長い時代を要した。そして、産業革命によってようやく手にした物質的な豊かさが主導してきた近代社会は200年も続かなかった。20世紀後半になると、我々は人類社会の「第三の波」に直面することになっている。それまでの経済成長の核心的な原動力であった物質的要素が主導してきた機械化はもはや非物質的情報化に取って代わられた。今日では、先進国の脱工業化に始まった情報革命の流れはすでに新興国や途上国にまでグローバル的に普及されている。

情報化社会の始まりは、1970年代末IBMが世界初で発売した個人用コンピューターであるパソコン（personal computer = PC）が象徴的であった。初代コンピューター誕生（1950年代）から今日までの高度情報化社会になるまでかかわる時間的プロセスは、図9-1でイメージされる流れである。時間的には、1人の人間が還暦も過ぎないぐらいで、それは産業革命から情報革命までにかかる時間と比べてみると、信じ難いほど短かった。今日の情報化社会は、iPhone

情報社会の進化

図9-1　情報化の急展開

やスマートフォン（android），iPadなどの携帯端末と呼ばれるような超小型パソコンの普及を背景に，後述のユビキタス社会と言われるグローバル的に展開している情報ネットワークの日常化である。また，昨今の情報化社会では，インターネットアクセス環境に基づく情報の交換や共有に加えて，高速・大容量で提供されるクラウドコンピューティングサービスと呼ばれる各種のネットワーク経由のサービスが手軽に受け入れられるようになっている。それは，各自単独に使用されるパソコンの登場からは，わずか30年前後に過ぎなかった。

2）情報化社会の生活

さて，これだけの速さで進展してきて，構築された情報ネットワークによってつながっている今日の社会においては，我々の社会生活はどのように変わってきたかを見てみよう。

トフラーは『第三の波』（1980年）という著書で，情報化社会では，人々の仕事と生活に大きな変化が起きると予言していた。その典型事例は，電子化事務所（electronic office）と電子化家庭（electronic cottage）である。電子化事務所とは，職場である会社や事務所の自動化（OA）をはじめ，企業情報が各種のコンピューターや情報機器によって収集され処理される可能のシステム化である。電子化家庭とは，電子機器による情報化は家庭までにも広がることである。そして，会社と自宅の間を高性能な通信回線で結べば，人々はもはや朝晩のラッシュアワーを耐え忍んでわざわざ会社までに行き来して出退勤する必要はなく，自宅に居ながらにして仕事ができるようになる。

今日になると，インターネットのアクセス環境の急速な進歩と普及を背景に，トフラーの予言した在宅勤務（telecommuting）という情報化社会における斬新な考え方がすでに実用化されている。今日，ビジネス実践では，第8章1節で言及した極小スペースを借りて，または自宅の利用でも創業できる零細規模の「ソーホー」（Small Office Home Office＝SOHO）はすでに多くの分野にわたって，ベンチャー企業として創業され各地の経済成長への貢献が注目を集められている。また，企業や組織はもとより，個別家庭内のインターネット環境も

すでにトフラーの予言より進歩している形でコンセントにルーターを差すだけで無線ランであるWiFiを通してインターネットへのアクセス環境が簡単に設置できる。もちろん，ビジネスでは，本社や本部とのやり取りや通例の会合や社内会議などもすべてインターネットを通じて，国内はもとより，海外にある支社や支店との間にも日常に動画によるweb会議が招集されるようになっている。

　さらには，地方の企業はこうした情報ネットワークを活用して，消費者が集中している三大都市や県庁所在地などでアンテナショップを開設して遠距離での店舗経営を行っている。他方，三大都市以外に立地している地方大学でも人口集中している三大都市をはじめ，サテライトキャンパスなどを設立して自由に使える情報ネットワークの環境を活用して複数キャンパスを運営している。

　特筆しなければならないのは，2020年から今までもまだ終息していない新型コロナウイルスのパンデミックが引き起こした人々が互いの対面的行動を控える中で高度化された情報ネットワークの経済や社会にわたって実用と活躍が広がっている現実である。「三密」回避が推奨されたことによって人々が極力に互いの対面的行動を控えることは人類社会の社会活動ないし経済活動などが停止せざるを得ないほどとなった。ところが，高度化されている「電子化事務所」と「電子化家庭」はこうした人類社会にとっての災害的局面の打破に大いに役立っている。後述もあるように，商業においては，特に小売業の場合は，電子取引の普及はここ数年急速的な伸びを見せている。

3）商業環境の変化

　経済高度成長期では，各家庭に電話機が設置され始め，各種の情報の伝達や交換はそれまでは考えられないほど飛躍的に進歩した。主婦の間には，日本の文化伝統とも言える近所付き合いを兼ねてのコミュニケーション手段である「井戸端会議」は徐々に減り，その代わりに，長電話による雑談がてらの情報交換が増えてきた。親せきや友人との連絡も電話一本で済ませるから，手紙や葉書を書く機会も次第に減っていく。また，消費者は商品情報や店の特売セ

第9章　情報化社会とネットビジネス　◎── 239

ールやバーゲンなどについても互いの口コミ情報を電話での交換ができ，また小売店に出向いて聞く必要もなく電話での問い合わせも簡単に小売店の情報を入手できる。一方，ビジネスにおいても，メーカー，卸売，小売業の間に電話での情報交換も簡単にできるため，外勤や得意先への訪問回数なども減らすことができる。さらに，企業が消費者に対して，従来の訪問販売より簡単にテレフォンセールスも普及していた。

　しかし，以上の利便性は今日から見れば，あくまでアナログ的な情報のやり取りに過ぎない。本格的な情報化の急速な普及はやはり高速・大容量回線を通じての情報のデジタル化を基に実現したさらなる大量かつ時短での情報の自由交換がきっかけである。

　1980年代以降，企業業務のOA化を推進するための情報機器の開発や技術革新により，個別企業内や建物内の情報通信網LAN（Local Area Network）の整備が進められた。家庭には，パソコンをはじめ生活情報機器の普及とその活用技術の開発，また，情報交流を円滑化するための高度情報通信システムINS（Information Network System）などの通信網高度化計画が推進され，アナログ時代からデジタル時代に移り変わった。1990年代以降は，情報通信網の整備では，インターネットを情報化社会の基幹として整備されるようになり，通常の電話線でも高速大容量通信が可能な総合デジタル通信網ISDN（Integrated Service Digital Network）や非対称デジタル加入者回線ADSL（Asymmetric Digital Subscriber Line）などの実用化をはじめ，一般家庭への光ファイバーの普及や有線テレビ（Cable Television＝CATV），デジタル衛星放送などの活用が進められていた。

　21世紀に入ると，パソコンや地上デジタルテレビ放送など家庭の情報機器を利用して商品データを取り寄せ，手元の情報端末から買い物の発注ができるようなテレショッピング（teleshopping）やオンライン・ショッピング（online shopping）の環境整備ができた。さらに，インターネットの普及によるインターネットバンキングや代金支払いの電子決済（キャッシュレス決済）など，商業企業にとっては，事業展開の環境が大きく変わってきた。その結果，消費者にとっては買い物の環境は以前では思いもつかなかったような利便性は目の前に現

れ，日常生活の日々に活用しつつ，しかも年を追うように買い物ツールがバージョンアップしている。

2　社会のネットワーク化

　今日までに進化してきた情報化社会においては，人々にとっては最も便利だと感じられているのは情報ネットワーク普及と進化である。今日のようなビジネスにも日常生活にも便利に活用できる情報ネットワークの基礎を提供しているのは，言うまでもなく，「ユビキタスコンピューティングネットワーク」で，略称はユビキタスである。

1）ユビキタスと社会の情報化

　ユビキタス（ubiquitous）とは，情報化社会において，コンピューターの存在を全く意識することなく利用できるコンピューティング技術によって，いつでも・どこでも・誰でも利用ができ，誰とでも情報の交換や共有を可能にする情報ネットワーク環境を指す。

　ユビキタスの語源はラテン語で「（神は）遍く（あまねく）存在する」の意であるが，コンピューター科学にこの概念を最初に取入れたのは，アメリカゼロックス社パロアルト研究センター（Xerox Palo Alto Research Center＝PARC）のマーク・ワイザー（Mark Weiser）である。彼は1988年に研究プログラム名に用いて，続いて1991年の『サイエンティフィック・アメリカン』誌で発表した論文に初めて「21世紀のコンピューター」をユビキタスコンピューティングとして提唱した。その後，彼はコンピューター技術の進展について，「汎用コンピューター」（メインフレーム）を第1の流れとし，「パーソナルコンピューター」は第2の流れとした。そして，第3の潮流は「日常生活にとけ込んだ目に見えないコンピューター」つまりユビキタスコンピューティングを提唱した。

（1）ユビキタス社会

　ユビキタスは，コンピューターの存在を意識せずに，その機能を誰にでも自由かつ制限なく利用できる情報ネットワーク環境という意味で用いられるため，「ユビキタスコンピューティング」として表現する場合が多い。また，ユビキタスコンピューティングを可能にするインフラとなる多種多様な電子機器をつなぐネットワークは，「ユビキタスネットワーク」と呼ばれる。そして，ユビキタスネットワークを通じて，時間や場所などが制限されることなく利用できる高度な情報ネットワークの社会的環境は「ユビキタス社会」と呼ばれる（図9-2）。

　国内では，1990年代後半から2000年初頭にかけて，携帯電話の全国民までと言えるほどの普及を背景に，携帯電話からのインターネットへの接続と情報の受発信が可能となったことを基本とした本格的なネットワークが機能できる情報インフラが整備された。ユビキタス社会環境のもとで個人的利用からビジ

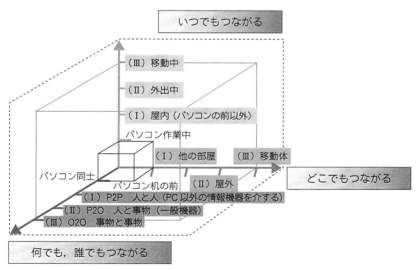

出所：「ユビキタスネットワーク社会の国民生活に関する調査」。

図9-2　ユビキタス社会のイメージ

ネス的活用まで，様々なサービスをいつでもどこからでも情報の送受信や共有が我々の日常生活に定着している。今日では，ユビキタス社会が意識せずに情報ネットワークのさらなる活用へと進化して，小型化した情報端末が家電製品などに組み込まれ，持ち歩いているスマートフォンやタブレット（iPadなど）の情報端末と連動して，ビジネスでは，外出先から事務所とはリアルタイムにこまめの情報交換や共有ができ，社員同士間の会議や業務進行に関する議論や意見交換も実用化されている。一方，日常生活では，自宅のセキュリティから家電の作動まで遠隔でリモートコントロールができる。さらに，2017年にAmazon社が率先して導入したネットワーク中継に監視カメラを加えて一回きりの暗証番号の発行による留守宅への商品配達を始めたが，置き配による盗難被害が多かった。そう言ったトラブルを解消するため，現在は，郵便局を含む国内大手宅配業者の多くは自宅の室外や集合住宅の玄関入り口，そして駅や小売店に設置が普及されつつある配送ボックスの利用が急速に増えている。もちろん，荷物の集配ともユビキタス環境下のインターネットを生かした一回切りの暗証番号の発行と利用が基本となっている。

　しかし，ユビキタスがうまく機能するためには，そのインフラになる様々な電子情報機器の互換性が不可欠となる。国際的には，WWW（World Wide Web）の標準化機構であるW3Cが，グローバル的にユビキタスが確実に利用できるように，各国に向けて標準化の促進に関するワークショップを開設すると同時に，各国での標準化団体による情報の送受信できるICタグの規格化や標準化の促進などが進められている。

　2001年3月に，総務省IT（現在はICT）戦略本部が「高度情報通信ネットワーク社会の形成に関する重点計画」（e-Japan）を発表し，「5年以内に世界最先端のIT国家となる」ことが目標とし，IT社会実現に向けて政府が迅速かつ重点的に実施すべき施策を，①世界最高水準の高度情報通信ネットワークの形成，②教育および学習の振興並びに人材の育成，③電子商取引等の促進，④行政の情報化および公共分野における情報通信技術活用の促進，⑤高度情報通信ネットワークの安全性と信頼性確保，という5つに集約した。そして，02年6

月には，同計画の見直しが行われ，「e-Japan重点計画2002」が策定され，IPv6等のブロードバンド時代に向けた研究開発の強化や05年度までに公立小中高校の全教室を高速インターネットで常時接続することなどが盛り込まれた。

さらに，2004年5月に，総務省はe-Japanの後継として，図9-3のイメージのように，「次世代IT（情報技術）戦略構想」（u-Japan＝Ubiquitous Network Japan）を発表した。u-Japanは2010（平成22）年をめどに，いつでも，どこでも，誰でもインターネットで情報を取得できる「ユビキタス社会」の実現に向け，基盤づくりに必要な高度の技術者養成をめざす中期ビジョンである。さらにネットワークを活用し，自宅で医師の診察を直接受けられる遠隔医療や，外出先で自宅の安全を確認できるようになる，ネットワーク社会実現も目標にする。一方でネット社会の不安解消に向けて，プライバシーの保護，情報セキュリティの確保，電子商取引環境の整備，有害コンテンツの駆除なども目指している。そして現在では，高度情報化社会の今後に向けてデジタル化社会の定着とさらなる進展への政府の具体的な対策の出発点として，2021年9月1日に，デジ

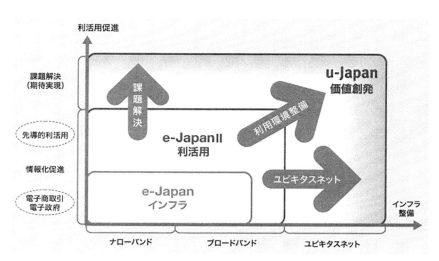

出所：http://www.soumu.go.jp/menu_seisaku/ict/

図9-3　e-Japanからu-Japanへのイメージ構図

タル庁を発足させ，内閣府と各省庁間の縦割り行政を打破し，社会における情報やデジタルに関する行政サービスを総合的に企画立案し統括監理できる体制を確立している。

　因みに，e-Japan の e は，当時，急速に普及してきた e コマース（電子商取引＝electric commerce）の e で，u-Japan の u は，ユビキタス社会（ubiquitous）を指すが，ユニバーサル universal やユニーク unique などの意味も込めている。また現在では，かつて国内で称されてきた情報技術（IT）を，国際的な認識に合わせて，情報通信技術（ICT）に統一することになっている。

（2）クラウドコンピューティング

　近年では，クラウドという言葉がビジネスでも日常生活においても普通に耳にすることができる。クラウド（cloud＝雲）とは，クラウドコンピューティング（cloud computing）の略語で，一言で言うと，これは，前述のユビキタス情報ネットワーク環境の基礎になっているインターネットを通じて提供される各種の情報サービスである。それは，インターネットのプラットフォームはいつでも，どこでもアクセスできるため「雲」のように世界中に自由に移動できることに例えられるわけである。仮想の世界であるインターネットプラットフォームに保存されている文字や音楽，画像や映像などあらゆる情報やデータなどは，時間や場所の制限がないまま手持ちのパソコンやスマートフォンなど携帯端末でアクセスして手軽に使えるネットサービスの仕組みである。

　クラウドサービスは，図9-4のイメージのように，自宅や学校，会社や外出先，図書館やネットカフェ，国内や国外，等々，世界中のどこでも，インターネットへのアクセスができる。企業や個人の所有するノートパソコンやスマートフォンなどの携帯端末につながると，インターネットプラットフォーム（クラウド）に保存されている自分所有の情報やデータなどを閲覧し，編集することもできる。また，グループウェアを利用して他人との情報やデータの共有もできる。さらに，新たに入手する情報やスマートフォンで撮影した写真や動画などもリアルタイムでネットワークにアップロードして他人と共有すること

もできる。これまで主流的なクラウドサービスと言えば，アメリカ発のYouTubeや日本発のニコニコ動画，そして近年，日本にも急速に広がりつつある中国発のTiktokなどはその代表例として挙げられる。

　従来のコンピューターの場合は，ユーザー（企業，個人など）がコンピューターのハードウェアやソフトウェア，データなどを，自分自身で保有して管理する。利用する際パソコンのハードディスクや携帯できるUSBから必要な情報やデータを引き出して処理し活用する。これに対して，クラウドコンピューティングでは，ユーザーはインターネットに保存されている各種の情報サービスを，利用料金を払うだけでクラウド経由で受け取ることができる。つまり，クラウドサービスを受けるには，ユーザーが用意すべきものは最低限の接続環境（パソコンや携帯などの情報端末，それにその上で作動できるブラウザなどインターネットへ接続できる端末の設定など）のみである。そしてそれぞれのクラウドサービスの提供者に対し利用料金の支払いを済ませれば誰でも自由に利用できる。

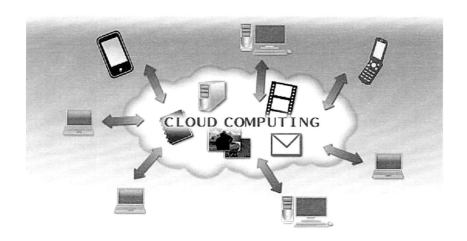

※利用者は，インターネットを通じてさまざまなITサービスを利用できる。
出所：http://www.is702.jp/special/781/partner/183_s/

図9-4　クラウドコンピューティングのイメージ

現在では，提供されるクラウドコンピューティングサービスは次のような3種類がある。また，それぞれのサービスを利用する場合と自社が同じインターネット機能を独自に保有する場合との比較は図9-5で表している。

① ソフトウェアを提供するサース SaaS（Software as a Service）

サース（SaaS）とは，インターネット経由して，電子メール，グループウェア，CRM（顧客関係管理）などのアプリケーションソフトウェアパッケージを提供するクラウドサービスである。利用者のコンピューターにアプリケーション・ソフトウェアがインストールされていなくても，必要なときに，必要最低限のアプリケーション・ソフトウェアをダウンロードして使うことができるため，投資コストを抑えることができる。図9-5を示されたように，自前のパソコンやスマートフォン，それにそのパソコンを動かす OS，さらにはアプリケーションソフトも必要としない。SaaS そのものは一種のネットビジネスではあるが，SaaS を利用して企業や個人がホームページやブログを開設して，ネット上で商品の販売や購入，その他のサービスの提供と受け入れなどの商業利用も可能である。

② 開発環境を提供するパース PaaS（Platform as a Service）

パース（PaaS）とは，インターネット経由で，アプリケーションが実行できるためのプラットフォームを提供するサービスである。SaaS と比べると，さらに自前のアプリケーションが必要となる（図9-5）。仮想化されたアプリケ

出所：http://bizmakoto.jp/bizid/articles/01/r

図9-5　クラウドサービスの比較

ーションサーバーやデータベースなどがプラットフォームとして提供され動作させるようにし，ユーザーが自分のアプリケーションを配置して運用できる。もちろん，PaaS というクラウドサービスを活用して自らのネットビジネスを立ち上げることもできる。

③　インフラを提供するハース HaaS（Hardware as a Service）または IaaS（Infrastructure as a Service）

ハース（HaaS）あるいはイース（IaaS）とは，インターネットを経由して，ハードウェアやインフラを提供するのみのサービスである。図9-5のように，ネット上に存在する仮想化サーバーや共有ディスクなどの利用ができるサービスで，ユーザーが他人のコンピューターを使えるが，自前の OS やアプリケーションソフトの用意が必要である。そして，自前のソフトは他人のコンピューターを含めてシステムの導入や構築ができることである。

クラウドサービスを受け入れるのに，最も便利なのは SaaS で，個人や企業（例えば，小規模零細企業や個人事業主）も含めて，コンピューターのハードウェアまで持たなくても，スマートフォンや携帯端末などだけでもインターネットを通じ情報ネットワークサービスを利用することができる。

ところが，企業にとっては，クラウドの利用には致命的リスクもある。それは，自社の経営情報やデータベースなどのすべてを赤の他人に預けてもらうのだから，社内マル秘やトップシークレットのような高度秘密性のある情報やデータなどの加工や処理もすべて他人に公開しているのを意味する。このため，一旦ネット上でこうした情報やデータが漏洩することになれば，想像もつかない結果を招いてしまうことになる。もちろん，個人の場合でも，ネットビジネスにかかわる取引のデータや顧客情報，さらには代金決済やクレジットカードの情報などの流出防止も非常に重要なことである。

（3）モノのインターネット（IoT）

モノのインターネットとは，英語 Internet of Things の訳語で，略して IoT と書くことが多い。それは，建物や設備，自動車などの乗り物，電化製品や医

療機器など，パソコンやサーバーと言ったコンピューター以外の多種多様な「モノ」がインターネットに接続され，互に情報のやり取りや遠隔操作による作動し機能することなどができるようになることである。

　今日では，自宅のテレビや冷蔵庫，エアコンなどの日常生活の電化製品が外出先からコントロールできることが実用されてきた。また，防犯カメラのリアルタイムによる監視画像は自宅に留守しているペットの様子や不審者侵入の情報も外出先のスマートフォンなどの携帯端末で見ることができる。なお，事業用事例として，電力メーターをインターネットに接続することによって，電力会社は電力使用量のデータ収集の自動化ができ，各送電地域の使用量に基づいた発送電のコントロールも可能になる。最近では，弁当などを無人販売する小売店がネット中継とつながり，リアルタイムに現在陳列販売される商品の状態や個別商品の残り個数などの情報も購入希望者が検索できるようになる。

　また，医療現場においては，病院や自宅にある医療機器がインターネットで接続されることによって，患者の情報はセンサーを通しての共有ができる。在宅介護中の患者の情報を自宅から病院に送信することやら，異なる病院間で複数の専門医が同患者の情報を共有することもできる。このため，在宅医療や遠隔医療の実現が可能となっている。因みに，コロナ禍の中で，前述の「三密」を避け外出を控える患者に対して一部分の医療機関はすでにネット経由で患者を診療してから，処方箋または処方された薬そのものを患者の住所までに配送することまでの医療サービスを行っている。

　一方，道路交通の場合は，自動車に搭載されたセンサーや道路に設置されたカメラなどがインターネットと接続されると，車同士の情報交換もできる。渋滞情報や行き先にある様々な運転に関する情報，さらに天候情報などもリアルタイムで知ることができる。因みに，モノのインターネットはすでに一部分の産業や業界において実用されている。日本国内の具体例はまだ確認できないため，以下の2例はいずれも中国の事例ではある。1つは，科学技術振興機構（JST）の「Science Portal China」の情報サイトでは，2020年7月に，中国山東省青島市山東黄金鉱山が地下500メートの坑道で5Gを利用して自動掘削運

第9章　情報化社会とネットビジネス　◎——　249

転，地面への自動化輸送の遠隔操作が実用されたことを報じている。もう1つは，ジェトロ（JETRO）ビジネス短信によるものであり，中国検索エンジン最大手の百度は2022年8月8日，重慶市と湖北省武漢市の両政府から運営資格を得て，両市内で中国初の無人タクシー営業サービスが始まったという。

　一方，総務省令和4年版の『情報通信白書』によると，今後，国内にもエネルギーや運輸・物流，小売などの分野でのIoTの活用が見込まれ，家庭・個人向けにも普及されるとしている。そして，世界のIoTデバイスは2021年の292.7億台から2024年の398.5億台に急増すると予測されている。さらに，AI技術の進展でIoTが様々な業界や産業にわたり，個別企業の生産性向上や品質維持が期待されているが，接続安定性やセキュリティ問題，異なる機器間の情報交換標準や大量のデータによるネットワークの過負荷などの課題は解決すべきとの指摘もある。

2）SNSの商業利用

　日常生活においては，図9-6に示されているような，スマートフォン，iPhoneやiPadなどの携帯端末が便利に利用されているソーシャル・ネットワ

Twitter	Instagram	TikTok	YouTube	Facebook
140文字以内テキスト発信	映える写真	ショート動画	動画	リアルな知り合い中心
LinkedIn	LINE	Wechat	Pinterest	Snapchat
ビジネス活用	コミュニケーションツール（日本版）	コミュニケーションツール（海外版）	画像検索	投稿内容がすぐ消える

図9-6　世界主要なSNS

ーキング・サービス（social networking service＝SNS）と呼ばれるインターネット情報サービスシステムスがある。

　SNSとは，インターネット上自由に利用できるサービスであり，提供されるウェブサイトを利用して双方向に情報の交換や共有できる社会的ネットワークである。狭義には，SNSとは，人と人とのつながりを促進しサポートするためのコミュニティ型の会員制サービスである。また，そう言ったサービスを提供するウェブサイトも含まれる。こうしたサイトは，アメリカでは2003年，日本では，2004年に現れている。代表的なSNSサービスとは，日本にはmixiやGREE，MobageやAmebaがあり，世界的には，主としてアメリカに誕生したFacebook（現在はMeta［メタ］と改名）やTwitter，Google＋やInstagram，中国生まれのWeChat（微信）やWeibo（微博）などがある。また，コメントやトラックバックなどのコミュニケーション機能を有するブログや「2ちゃんねる」のような電子掲示板なども広義的にはSNSとして見做される。

　ソーシャル・ネットワーキング・サービスは主に，人と人とのコミュニケーションを自由に手軽にできるため始まったものである。以前は，人のつながりを重視して既存の参加者からの招待がないと参加できないという招待制システムが多かったが，近年になると，登録制による参加型SNSが多くなっている。2006年には国内のGREEがモバイル版の開始と同時に登録制になり，2010年3月にはmixiも招待制を廃止し登録制に移行した。因みに，2022年11月現在では，世界の利用者数上位5社のSNSはそれぞれFacebook, WeChat, LinkedIn, Pinteret, Snapchatであるが，国内の上位5社は，LINE, YouTube, note, Twitter, Instagramの順である。国内SNSのnoteは健闘しているが残念ながら，国内の古参SNSであったGREEやmixiの利用者はいずれも低迷している。このために，mixiは2020年5月18日に，日記やアルバム機能の提供を終了すると公表した。

　SNSの基本的な機能と言えば，元々，プロフィール機能，メッセージ送受信（私書箱）機能，ユーザー相互リンク機能，ユーザー検索機能，日記（ブログ）機能およびコミュニティ機能などの非営利的機能が挙げられる。ところ

が，今や後述のように，商業企業はもとより，個人なども一般公開されるSNSのネットワーク特性を活用して商品の販売や購入など商業活動に活用されている。

3 商業企業のネットビジネス

　情報社会がさらに高度化へ進展してきた今日においては，インターネットへのアクセスと他人へのつながりをもとにしているユビキタス社会の情報ネットワーク環境の整備，それに個人にも企業にも簡単に利用できるクラウドサービスの拡大などが商業企業にとってもネットワークを利用して商品販売やマーケティング活動を展開する絶好の環境が提供されている。

　ネットビジネス（net business）の表現に関しては，eトレード（electronic trade），またはeビジネス（electronic business）などの言い方もあるが，公式な日本語表現は「電子商取引」（electronic commerce＝EC）で，略称はeコマースである。ところが，消費者の立場からでは，インターネットショッピング（internet shopping）と言い，略称ネットショッピング（net shopping）でもある。こうした企業側の販売活動やら，消費者側の購入活動やら，いずれもインターネットを利用して行われるビジネス行為である。商業企業の立場で言えば，ネットビジネスと言い，消費者の立場では，ネットショッピングと言う。

　1990年代の終わりに始まったネットビジネスは，今やもはやグローバル的に普及されている。日本やアメリカなどの先進国に限らず，BRICsと呼ばれる新興国などにもネットビジネスが勢いよく成長し拡大し続けている。特に注目すべきは，2011年11月に発足した中国のSNSであるWeChatが巨大な人口を背景に加え，ネットショッピングやキャッシュレス支払いサービスなどでの市場開拓によって急速に拡大し，2022年現在では登録者数12.6億を超えている。

　因みに，それまで世界最大級のビジネス特化型SNSは前述のLinkedInである。同社は2003年5月にアメリカカリフォルニア州サニーベール市で創業

し，2022年4月現在，登録者数は7億5千万人を超えている。利用者がビジネスビ専用のプロフィールを作成し，同SNSを通じてビジネスパートナーや人材を探したり，営業先の顧客や商談先，専門家などとの直接コンタクトを取ることもできる。

　ネットビジネスの歴史は短いが形態は多種多様がある。主としては，人間による手動操作型ネットビジネス，機械による自動完結型ネットビジネス，そしてネット仮想世界と実社会との結合型ネットビジネスの3種類がある。

1）手動操作型ネットビジネス

　インターネットは人間同士の情報交換やコミュニケーションから始まったが，インターネットのメリットを生かして商業活動にも十分に活用できると気付いた人間はすかさずにネットビジネスを始めた。多くの取引形態においては，売り買い双方が直接にネットの端末を自ら操作して，リアルタイムで個別の取引を成立させ完結させるようなネットビジネスは，いわゆる手動操作型で，さらに次の4種類がある。

(1) B2B

　B2Bは正式にはB to B（Business to Business）で，企業と企業の間のネット上取引である。流通経路において，メーカーから卸売業へ，卸売業から小売業へ，というようにイメージされやすいが，メーカー同士間の取引も，卸売業同士間の取引も，小売業同士間の取引も実際行われている。B2Bは企業同士の取引であるため，迅速なオンライン決済システムの提供やネットビジネス専用のホームページの構築など，一般消費者向けとは根本的に異なるスタイルでもある。また，メーカーと小売業の間にも直接取引が行われ得るため，第5章で検討されたように，流通経路においてはいわゆる卸売業の中抜きが最もされやすい場合でもある。

　そして，個々の取引はインターネットを通じて行われるもので，特定の地域や国などの制限がなく，日常的かつグローバル的に，しかも24時間での取引

も可能である。近年では，専用ホームページを開設して，自らのB2B取引をせずに，ネット上の卸売業のような形で，主として情報の提供や販売商品の仲介などで他の企業間のビジネス仲介をする業者も現れている。情報ネットワークの機能を強化することは，卸売業が中抜きされずに自らの役割を十分に発揮できる新たな商機にもなっている。

（2）B2C

B2Cは正式にはB to C（Business to Consumer）で，あらゆる企業が個人消費者に対するネット経由の取引である。この形態では，メーカーも卸売業も小売業のように個人消費者に商品を直接販売することが可能になる。メーカー直販の場合は，従来の流通経路を通さずに卸売も小売も中抜きされることが現実に生じてくる。自社サイトによるB2C販売が企業にもたらす利益はそのサイトを訪れるユーザーの数とはほぼ正比例になるので，多くのB2Cサイトは，アクセス数を増やし売上を拡大するために，ホームページのデザインや検索エンジンの選択と利用，また販売促進やアフターサービスなど，あらゆる方法を駆使してユーザー数拡大に余念がない。しかし，インターネット情報ネットワークはすべてのサイト開設者に平等にネットビジネスができる環境を提供しているだけに，B2C形態での競争では，小売業も卸売業も決して他社が安易に優位を勝ち取ることをさせないのであろう。

一方で，語学堪能の個人消費者の場合は，海外メーカーや卸売，小売などのB2C販売サイトにアクセスして直接に商品を購入することも可能である。また，後述のように，国内商業企業も自社のB2C販売サイトに英語や中国語など多言語バージョンを同時に立ち上げ，さらには外国消費者向けの専用サイトを増設し，海外からの購入注文を受け付けている。特に大手小売業の場合は，ネットショッピングやネットスーパーなどの事業分野に経営資源の投入を強化しており，新しい事業分野として成長させ拡大して行く事例も少なくはない。

他には，インフルエンサー効果を狙い，フォロワー数の多い個人のホームページやブログ，SNSなどに商品の広告を表示してもらい，それを自社の商品

販売ページに誘導し，売上につながることも多い。その見返りにホームページやブログ，SNSの開設者に販売代金の一部分を報酬として支払い，いわゆるアフィリエイト広告（affiliate advertising）の活用も販売促進の手段としてよく使われる。

（3）C2C

　C2Cとは，正式にはC to C（Consumer to Consumer）と言う。これは，昔の祝祭日によく見かける不定期的フリーマーケットのように，一部の消費者が自宅の不用品を持ち込んで，他の多くの消費者が自由に来場し，気に入ったものを見つけては出品した人と駆け引きで値段を決めるという金銭的見返りを狙う不用品処分があった。今やインターネットの環境が整備され，わざわざどこかの広場や公園に出かけなくても売り買いができる。また，一度出品して取り下げさえしなければ，24時間365日を通じて販売することができる。出品者にとってのメリットは，ネットオークションという方式を利用して，商品を最も高い値段を付けてくれる相手に落札してもらえるから，フリーマーケットよりもっといい値段で処分することも可能となる。中では，このシステムを利用して，不用品処分と言うより，マニアック的あるいは半分専業的に物品売買を商売にする個人も少なくはない。

　そのほかに，同人コミックなどのような商品を集め，ダウンロード販売するネットショップも，個人である場合は，C2Cと判断される。しかし近年では，個人レベルでもネット上のショッピングカートサービス（ネットショップで商品注文から金額計算，決済，注文者住所確認などの一元的管理）をレンタルし，気軽に物品販売を行えるようになっているため，C2CとB2Cとの間にはっきりとした境界線を設けることが難しくなっている。一方，個人間の取引では，代金決済にトラブルが多かったが，オークションを運営する事業者の代金決済仲介サービスや運送業者による代金と商品の引換（代引き）サービス，また，コンビニを窓口とする商品の受取りなどのサービスが一般化になり，取引がより円滑に行われるようになっている。

（4）C2B

　C2Bとは，正式にC to B（Consumer to Business）で，文字通り，個人が企業相手に製品や商品を販売し，サービスを提供することである。第8章1節で触れた各種のデザイナーや作家，漫画家や画伯など専門知識を持っている特定の個人事業主のような個人に対し，企業がアウトソーシング（outsourcing＝外部資源活用）の形で仕事を発注するか仕事の要請をすることがある。今日では，ネットワークを活用すると，注文や仕事のやり取りも簡単になるし，多くの利用可能な外部資源が現れると自然に提供者の間にも競争が生まれ，企業にとっても仕入れコストの削減につながることができるというメリットがある。

　また，DELLコンピューターのように，顧客からの特注に応じてその顧客だけのパソコンを生産できるようなビジネスモデルもC2Bである。そして，個人で作成したSNS用の「絵文字」や「デコ文字」などコンテンツの買取りやネット上の意識調査に参加してもらい見返りのポイント付与や金銭的支払い，新規商品の開発などに採用した消費者アイデアや提案に代金を支払う形もC2Bに当たる。

2）自動完結型ネットビジネス

　商売や取引は人間が主体であると同時に客体でもあるため，人間同士が取引関係に結び付き，手動で取引を完結するのが当然だと思われる。前項で取上げられているB2BからC2Bまでの4種類のネットビジネスでは，人間同士が直接インターネットのアクセス環境を利用して自らの手で操作して取引を完成させる手動操作型の取引形態である。

　ところが，人間の介在は時には操作の不慣れや入力が遅い，また人為的ミスなどもあるため，トラブルが起きる場合も少なくはない。場合によっては，人間の存在は逆に仕事の効率低下あるいは人為的ミスによる非能率または取引や仕事の障害になる可能性さえある。一方で，長期かつ継続的24時間体制で行われる必要なビジネスやその他日常に同じことの繰り返しのようなルーチンワークの場合は，人間がその場に居なくてもコンピューター制御システムによる

自動的に仕事が進行するほうがよほど能率よく必要とするコストの削減もできる。したがって，人力を省いてコンピューター同士が事前に設定された指令に基づき，時間センサーなどの作動によって，決められた時間帯で自動的に取引あるいは仕事のやり取りを完成させる形態が必要となる。

それは，インターネットを経由して機能するM2M（Machine to Machine）形態という自動完結型ネットビジネスである。M2Mのイメージは図9-7で見て分かる。その最大なメリットと言えば，コンピューター同士間のやり取りなので，データ量の安定と継続，また定期的に行われる仕事やその他のやり取りには最適だと言える。ここでの人間の役割と言えば，システムがトラブルや故障のないように維持・監視することである。

M2Mシステムでは，コンピューター同士に故障やトラブルがなければ，無人で24時間年中無休で自動的に指令された取引や仕事などの処理ができる。元々は電力や水道，輸送や交通，防災やセキュリティなどの安全性や継続性を保たれるために開発されたものであったが，ネットビジネスの場合は，固定の数量で長期的・継続的な取引には最適な手法だと考えられる。最も適切に活用できるのは，小売業と卸売業との間のEOS（Electronic Ordering System）によ

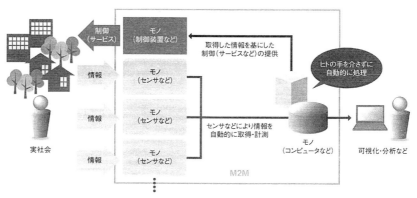

資料：三菱総合研究所，2013年。

図9-7　M2Mのイメージ

る自動注文システムがある。それは，小売店の端末（小売店事務所内のコンピューター）からネットワークを経由して本部または仕入れ先の卸売業などへの定期的に自動発注を行うことにより，迅速かつ正確な受発注作業が実現できる。

そして，EOS を導入することにより，従来の帳票でのやり取りに比べ，発注から納品までのリードタイムの短縮や多頻度納品などによる人件費コストの削減ができる。さらに，小売業の売り場レジの POS（Point of Sale＝販売時点情報管理）システムと連携することになれば，リアルタイムで単品ごとの売上データと在庫データをリンクすることができる。言うまでもなく，M2M を経由することでより迅速かつ的確に仕入先のコンピューターに注文指令を出すことができる。

一方，卸売業や小売業にかかわる物流センターの在庫管理や入庫や出庫などの物流管理（第 4 章 3 節）などにも M2M の利用が必要だと考えられる。コンピューターはいつも正常に機能さえすれば，人間による様々なミスを防ぐこともできる。問題なのは，業界内または日本国内，さらには国際的情報交換や通信技術の標準化や互換性などである。今後では，技術の進歩や国際標準の統一などがあれば，グローバル的な取引においても，M2M は確実にバーチャル的ネットビジネスに限らず，従来の小売業のリアル店舗における商品の売買や発注・納品などにも大きな役割を発揮すると期待される。

3）実店舗との結合型ネットビジネス

ネットビジネスでは，消費者は企業のホームページや販売サイトにアクセスして直接に商品を注文して購入することもあれば，仮想商店街などのバーチャル的形態で商業企業が運営する販売サイトでの買い物も多くある。このために，典型的な形態と言えば，以上のような完全にネットワークという仮想的世界で完結するものである。それは，企業がネットで商品を紹介しながら販売促進も行い，そしてネットで取引を成立させ商品の配送ができるからである。そして代金支払いを確認して，商品を購入者の指定された住所に送る。

一方，完全にネットビジネスによる商品販売は小売店頭に出向かうことなく

買い物を済ませることができるが，購入者が商品を手に触れず確認できないリスクも常に伴っている。消費者のこうした切実な悩みを解決しようとして，特に大手小売業グループは実店舗とネットビジネスを結合させる形態を導入し始めている。実店舗とネットビジネスとの結合型は少なくとも次の3つの形態がある。

① O2O（Online to Offline）

小売業店やサービス業店舗はいわゆる立地産業である。小売店の場合は，消費者の来店がなければ店頭での商品販売が不可能である。また，サービス業のほとんどは来店顧客と対面してサービスの提供しかできない。したがって，いかにして消費者または顧客が店舗の所在地に来てもらい，対面の商品販売やサービスの提供ができるのかが立地産業である小売店やサービス店の今時の経営難題にもなっている。近年では，O2Oという方式をもってネットという仮想世界と実店舗という現実世界と結合して商品を販売しサービスを提供することによって顧客の悩みと店舗側の難題の同時解決に役立っている。O2Oビジネスモデルのイメージは図9-8に示されている。

O2Oとは，正式には，オンライン・ツー・オフライン（Online to Offline）で，近年，急増を見せた小売業やサービス業によるネットビジネスと店頭販売の組み合わせによる取引の1種である。主に企業の事業活動においてオンラインとオフラインの組合せで販売促進をしながら最終的に顧客に物品を販売したり，サービスを提供することである。O2Oの方法は主として個別店あるいはチェーン店舗などの独自の実施するものと，会員制の商品やサービスの販売促進代行がある。

まずは，独自実施の方法とは，小売業やサービス業がネット上で，商品やサービスの情報を公開して宣伝すると同時に，実店舗に出向く際に使える割引券や優待券などの特典を個々の消費者のパソコンに送信するか，スマートフォンのアプリにダウンロードすることができる。そして，特典を受信した消費者が実店舗に行き，商品の購入やサービスの受入れに際して特典の約束した割引や優待サービスなどを受け取れる。特に大多数のサービス業が提供しているサー

第9章 情報化社会とネットビジネス ◎—— 259

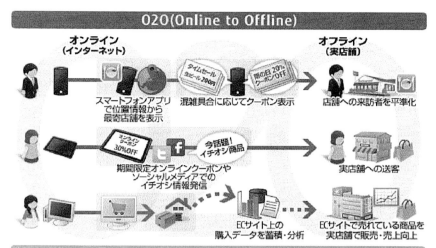

出所：http://jp.fujitsu.com/solutions/crm/web-integration/column/column006html

図9-8　O2Oネットビジネスの概念図

ビスは従業員と来店顧客と対面で行う以外に方法がないため，O2Oは中小零細サービス業の生き残り対策にもなれば，新規顧客獲得の手法でもある。

　O2Oの販売方法は，スマートフォンなどの携帯端末がほぼ人口と同数に普及されている今日では，特に規模巨大の小売業グループ企業に好まれる。傘下に多業種・多業態の店舗を多数経営している上，ネット通販も展開する大手小売業グループは自社顧客の利便性を考慮して，ネットで注文して店頭で受け取ることもできるし，店頭で商品を確認してからネットで注文することもできる。こうすると，買い物に時間がかかり過ぎという思いが生じてきそうな顧客の店離れを防ぐこともできるし，買い物の利便さが口コミとなり新規顧客の獲得もできるという一挙両得のメリットがある。

　また，販売促進代行方式とは，まず，主宰するサイトは特に中小や零細小売企業やサービス店舗を会員制で募集し，会員店に余力ある商品やサービスの割

引を決めてもらう。一方，一般消費者に対しても会員制で募集して，会員店の割引付きの商品やサービスの受け入れできるクーポン券を消費者会員に販売する。購入した消費者会員が会員店に行き，購入した割引券やクーポン券を使用して商品の購入やサービスの受入れができるというシステムである。こうした代理方式の活用は代理業務を行う企業の社会的知名度の活用ができる一方で，個別店舗よりは集客力がはるかに高くなる。また，個々の店舗が自力でO2Oシステムを維持するよりもコストの削減ができる。

　さらには，昨今，SDGs意識が高まってきている中，国内に年間500万トン以上の食品ロスを少しでも削減させるために，実店舗の小売店や飲食店の一部有志店舗による余った商品や食品が割引で購入できるようなアプリを開発して実用し始めている。利用者は購入したい商品をアプリで予約して代金を払えば，実店舗に出向い，商品を受け取るシステムが話題になっている。

　②オムニチャネル（Omni Channel）

　O2Oは，実はネット上の価格比較サイトで商品の最安値を調べたり，オンラインショップに掲載されている購入者の口コミを参考にしたりして，実店舗での購入を検討するような事例はネットビジネス（EC＝電子商取引）が普及し始めた2000年頃から始まったものである。最初では，ネット上の店舗で注文して実店舗で商品を受け渡して代金を支払うという組み合わせで，「クリック＆モルタル」（Click and Mortar）とも呼ばれる。近年のSNSサービスの一般化やスマートフォンの普及に伴い，ネットビジネスは，すでに「クリック＆モルタル」の範囲に遥かに超え，共通するネットワークに独自のアプリを使って，複数企業を経営している小売業大手が販売促進や注文の受け入れから，代金決済，商品配送，そしてアフターサービスまでの大掛かりな複合的サービスをグループ内で提携するような形態が注目され今後のさらなる普及も期待されている。

　こうしたようなO2O形態をさらに拡張して顧客にネットショップと実店舗など複数の店舗の利用ができ，複合的に買い物からアフターサービスまでも提供できる大手小売業グループの販売形態は「オムニバスチャネル」とも呼ばれ

る。多業種かつ多業態の事業を展開している巨大小売業グループが直面しているのは、ネットビジネスが普及されている今日に、実店舗への来店顧客減少をどうやって解決するのかという経営上の大きな課題である。1人の消費者にとっても、B2Cサイトでの注文には商品の確認ができず購入に失敗するリスクがあり、サイト上の写真ないし動画を見たとしても実際の商品を触れずに購入しての失敗が多くの消費者も経験している。

　以上のような実店舗経営の悩みと買い物客の心配をいずれも解消できるのが、おそらくオムニバスチャネルによる販売であろう。複数の業種や業態の実店舗などを経営している巨大小売業の場合は、スーパーマーケットからコンビニエンスストア、百貨店から専門店、その他のサービス店も同時に経営していることもあり得る。同一企業グループの中に以上のような複数の実店舗とネットスーパーや百貨店のネット通販などの複数のB2C販売サイトを互いに協力や提携すれば、一般消費者や自社の顧客に同企業の社会的イメージへの信頼性が高い。そして、いずれの販売チャネルでの注文あるいは受け取るができるならば、消費者や顧客にとっては、通勤や通学、自宅からのアクセス利便性などの自己都合に合わせて買い物ができるのも顧客の店離れを防げるし、アクセス便利な場所に社会的知名度の高い小売業やサービス業の存在が新規顧客への魅力も高い。したがって、オムニバスチャネル型の販売は、店舗の経営側にとっても消費者や顧客にとっても共通利益になるメリットがある。

③ OMO（Online Merges with Offline）

　OMOとは、Online Merges with Offlineの略で、直訳すると「オンラインをオフラインと融合する」という意味である。顧客が販売チャネルの違いを意識せずに買い物したり、サービスを受けられることができるように、オンラインとオフラインを分離せずにマーケティング戦略を構築していくことの考え方に基づいている。OMOという言葉は最初にイギリスの週刊経済紙『ザ・エコノミスト』2017年12月号に掲載された。提唱者は中国のベンチャーキャピタルであるシノベーションベンチャーズ（創新工場）の創業者李開復（りかいふ）である。

それは，スマートフォンなどモバイルでいつ・どこでも利用可能なデリバリーサービスやDX（digital transformation＝デジタルトランスフォーメーション，デジタル化がもたらした変化）を活用したサービスなどが含まれるという。近年，国内にものデジタルや情報技術の発展による人々のライフスタイルの変容を背景に，オンラインとオフラインの境目は徐々になくなっている。

多くの人が日常的な買い物をスマホ決済に移行しており，スマホユーザーの増加と店舗のレジとのネット連携が進んでいる。これはユーザーの買い物にとっては非常に便利ではあるが，実は企業側にも大きなメリットがある。なぜなら，これまでは別々だったオンラインとオフライン，それぞれの消費者行動のデータは一元化できるからである。

例えば，実店舗で買い物をした場合でも，スマホ決済であれば購入データを顧客のIDに紐づけて蓄積できる。それらのデータをECサイトの登録情報に紐づけて，関連するおすすめ商品をオンラインで購入者に対して，新商品の情報提供やアプリなどを通じて新たなクーポンの送付も可能である。そしてクーポンの使用状況や来店のタイミングなど，これまでよりもさらに詳細に顧客行動をデータ化できるので，企業にとっては販売効率が高くなり，その顧客の「ライフタイムバリュー」（Life time Value＝顧客生涯価値）を高めることもできると同時に，顧客にとってもより便利なサービスを受けて利用することができる。

また，2020年の新型コロナウイルス大流行はそれまで未到達であった分野にもデジタル化の波を到来させ，結果，他人との接触を最小限にして接触時間もできるだけ短縮したいなどの新たな消費者の買い物意識が行動に移り，このOMOの流れに拍車をかけることとなった。

4　情報化時代のマーケティング

これまで議論してきたように，情報化時代は商業や流通業のみならず，人々の日常生活から企業経営の環境そのものまで大きく変わってきた。企業にとっては，経営活動は主な事業ではあるが，消費者にとっては買い物行動が日常生

第 9 章　情報化社会とネットビジネス　◎── 263

活の一部分に過ぎない。このため，従来の形での製品の製造あるいは物品の生産，従来の形での商品の販売や流通では，時代の流れに淘汰されることになりかねない。したがって，メーカーから商業，流通企業までも情報化時代においては，ユビキタス環境の情報ネットワークを活用して，企業各自の実態に見合ったクラウドサービスを受けながら自社の事業活動を進めていく必要がある。

　この節では，情報化時代のマーケティング戦略の企画立案や実施と制御，また4Pはどうなるかについて議論することではなく，情報化時代においてそれぞれの企業の事業活動においてマーケティング的視点で考えるべき最重要なポイントを見てみる。

1）メーカーの視点

　まず，流通経路の川上に位置するメーカーの立場で見てみる。

　一般論的には，川上から製品や生産物などが流れなければ，川下に販売できる商品や物品などがないという論理がある。しかし，情報化時代ではなくても，経済高度成長期が終結してから，市場はすっかりと消費者の需要に左右されるようになっている。つまり，昔の「モノを作れば売れる」という時代から今の「売れるモノしか作らない」というように，メーカーはかつてと正反対の立場に立たされている。そこで，何か売れるかという情報が製造業の事業継続のキーポイントにもなる。

　これまでは，メーカーは卸売業を通じて小売業段階で収集してきた自社製品に対する消費者の評価や要望，苦情などの情報に頼る傾向がある。情報ネットワークの普及やユビキタス社会の情報コミュニケーション環境整備によって，メーカーでも消費者からの情報を生で聞くことが可能となる。しかし，情報の収集や整理，検討や分析には専門人材を集め専門部署の設立が必要である。大型企業の場合，マーケティング部門とは別に情報管理部門の設立については，資金力もあるし，必要な人材も揃えられ，情報活用のための投資ができる。情報部門が収集して分析した情報は自社の製品開発や生産技術関係を中心になるが，市場トレンドや競争相手などに関する情報も取り扱う必要がある。

一方，99％以上に占めている中小や零細企業の場合は，大企業のような対応策を真似しようとしてもそう簡単にはできない。情報化に対応できる人材の欠如だけではなく，企業の規模や売上，収益や事業経費などから見ても自前の情報管理部門の設立は不可能である。ところが，これで情報のやり取りを諦めるわけにはならない。前述のユビキタスに基づいたクラウドサービスの受入れやビッグデータの活用は中小零細企業には最も効率的かつ合理的方法になり得る。

　また，ネットビジネスを通じて直接に消費者や顧客との関係作り，そしてその維持が大切なのである。いわゆるワン・ツー・ワンマーケティング（one to one marketing）のような対応は，大企業より中小企業のほうに強みがある。自社顧客は大企業より多くはないが，その分固定顧客や常連客との関係維持がやりやすくなる。自社の製品やサービスのファン顧客やサポート顧客を中心に長期的な取引関係が守っていけるならば，それだけで企業の経営や事業継続の根拠になる。

2）卸売業の視点

　繰り返しになるが，今の時代では，流通経路において卸売業は排除されやすい商業企業である。バブルがはじけてからの価格破壊が30年を超えてもデフレ経済からの脱出ができない。消費者は低価格志向，市場は低価格訴求が強まるばかりである。メーカーや小売業の経営合理化の柱とも言える経費削減では，中小卸売業は真っ先に排除される対象とされそうである。ところが一方，情報ネットワーク環境の活用は卸売業にも吉報となる。前述のようなB2Bビジネスモデルでは，販売コストの低減にのみならず，在庫管理や販売員の出張経費などにも軽減できる重要な手段である。

　情報ネットワークの活用については，言うまでもなく大規模卸売業には断然に有利なのは事実である。特に大手商社の場合は，元々，グローバル的に展開しており，世界中に遍在すると言えるほどの支社や支店のネットワークは各種情報の収集や加工，整理や分析には断トツの優位に立っている。各種の人材も

大量に保有しており，膨大な資金力も情報管理部門の設立・運営には十分に支えることができる。国内向けの大手卸売業も業界のリーダー的立場にあり，メーカーから小売業まで多くの関連企業も有し，情報部門の設立と運営は必要で，その企業力から見れば比較的に簡単に整備できる。

　一方，中小卸売企業の場合は大手より比べられないほど立場が弱い。大手との競争には勝ち目がないので，自社の身の丈に合わせて情報化時代をうまく利用することは最重要課題である。もちろん，B2Bのビジネスモデルも利用できるし，クラウドサービスを活用して，ネットワークを通じて中小小売業との関係を強化すると同時に，中小卸売業同士の協力や連携も可能である。また，中小小売業同士とのボランタリーチェーンシステムによる協力，情報ネットワークの活用も可能である。

　情報化時代とは言え，農村地域や地方の遠隔過疎地域などでは，バーチャル的世界よりもリアルの店舗がより重要である。中小や零細とは言うものの，卸売業の顧客は小売業である。情報化時代では，特に情報ネットワーク利用に弱い中小零細な小売業もまた大量に存在しているので，地元の中小卸売業は大都市に立地するメーカーや卸売業同士とはB2Bでつなぐことができる。一方，地元の中小小売業に対しては，販売支援を主要な事業とする様々な支援活動はリアルの世界で展開されることも多くある。これこそが中小または零細卸売業の存続にかかわる立ち位置かも知れない。

3）小売業の視点

　ユビキタス社会の情報ネットワーク環境やクラウドサービスを多く利用されるのが一般消費者である。情報ネットワークでは，日常生活に関わる様々な市場情報から商品情報までは消費者が入手しやすいように提供されている。また，前述もあるように，一部分の消費者すらネットワークを利用してC2CやC2Bのようなネットビジネスに参入しているのに，小売業は，情報ネットワークを利用しない理由がない。次では，大手小売企業の対応と中小れい零細小売業の活用に分けて見てみる。

（1）大手小売企業

　流通革命以降，市場の主導権は次第にメーカーから大手小売業に移ってきたが，大手小売業においても決して安泰な経営ができるわけでもない。時代は時の流れとともに止まることなく前へ前へと進んでいる。大手とは言え，時代に遅れたら日本一の企業だって倒産することもありうる。かつて国内小売業界を君臨していたトップ企業は経営破綻してすでに他社の傘下に入ったのも我々の経験済みの出来事である。情報化時代は商業企業の経営にも多くの変化をもたらしているので，大手企業も時代に遅れることなく積極的に対応していく必要がある。

① 従来の販売経路の活用と強化

　勘違いではないかとも思われるが，情報化時代がグローバル的に広がっているのに従来の販売経路を大事にすると言うことはまずないではないか。表9-1のデータを見てみると，国内の物販系小売業のEC市場規模は，2022年は2020年に対して8.61%の伸び率を示し，13兆2,865億円に達し，これまで最大となっているものの，国内小売業年商150兆4,620億円に対して，EC化率は1割未満の8.78%に過ぎない。また，小売業全体のEC市場規模は20兆6950億円にもなるが，全国小売業年商に占めるEC化率は，わずか13.75%に過ぎない。

	2019年	2020年	2021年	伸び率(2021)
A. 物販系分野	10兆515億円 (EC化率6.76%)	12兆2,333億円 (EC化率8.08%)	13兆2,865億円 (EC化率8.78%)	8.61%
B. サービス系分野	7兆1,672億円	4兆5,832億円	4兆6,424億円	1.29%
C. デジタル系分野	2兆1,422億円	2兆4,614億円	2兆7,661億円	12.38%
総計	19兆3,609億円	19兆2,779億円	20兆6,950億円	7.35%

出所：経済産業省商務情報政策局情報経済課「令和3年度デジタル取引環境整備事業（電子商取引に関する市場調査）」

表9-1　BtoB-EC市場規模および各分野の構成比

表9-1は，経済産業省商務情報局情報経済課がまとめた2022年8月12日に公表した国内EC市場調査報告書を引用したものである。同報告書によると，2021年のEC市場規模の国際比較も行った。1位の中国は24,886億ドル，2位のアメリカは8,707億ドルに対しては，両国の取引総額はそれぞれ日本の16倍と5倍以上になっている。

　ところが，EC化率では，中国の52.1％とアメリカの12.9％（いずれも2021年）に対して，現段階での国内小売業現状の低さは，今後，B2C市場は潜在的成長性があるとも言える。現時点では，従来の流通経路を利用せざるを得ないのも国内小売業の現実である。もちろん，それは，現在の販売経路を変えずに維持していくことではなく，今後のネットビジネス市場の成長を見込んで，徐々に仕入先とのB2B取扱量の拡大や自社顧客とのB2Cによる販売促進や商品販売そのもののECへの強化に移行していくのが期待される。

② ネットスーパー

　百貨店業界のネット通販や総合スーパー業界のネットスーパーの成長は著しいと言えるが，小売業界のネットビジネスは前述の通り，いまだにEC率の割合はまた低い。ネットスーパーは元々消費者が買い物の時間を節約できるように，また，深夜でも早朝でも注文できるようなシステムとして用意したものである。にもかかわらず，国内消費者は小売店頭に出かけて，自分の目で見，実物を選びながら購入する習性はなかなか変えられにくい。

　しかし，近年の異常天気もあり，特に真夏の炎天下で酷暑と闘いながら買い物に出かけるのが決して楽なことではない。また，真冬になると消費者も外出を控えがちである。これらの消費者行動の変化はネットスーパーを成長させ，拡大させる大きなきっかけにもなる。さらに，昨今のコロナ禍の中で，政府も「三密」を避け，外出を控えることを推奨しているため，表9-1に示されたように，2019年以降のEC率の伸びが進展しており，国内消費者行動に大きな変化が表れてきた。実店舗への出掛けは少なめにした分，ネットショッピングの回数が増えてきた。いい意味でも悪い意味でも，これは企業のネットビジネスへの追い風になりそうである。

一方で，ネットスーパーは消費者にだけメリットばっかりあるわけではない。小売業にとっても多くのメリットがある。商品の紹介は売場の陳列写真やビデオでできるので店内に新たな売り場スペースの確保が必要としない。また，事務所のパソコンで注文データが集計されているので，購入商品は1点ずつレジを通す人件費も必要としない。これだけで販売経費と人件費の節約ができる。特に，商圏内の消費者向けの場合は，購入商品の当日配送も十分に可能であるし，一定の売上を超えると送料無料サービスも付け加えられる。超高齢社会が一層進展して行くこともネットスーパーへの将来需要が十分見通せるとも言える。問題の核心と言えば，それはいかに高齢者たちにインターネットに近付かせ，ネットワークをスムーズに使えることにある。

③　オムニチャネルの強化

オムニチャネルのメリットは前述した通りである。今の時代では，消費者は仕事や勉強，友人との付き合いやレジャー，多くの自己都合があるのは一般的である。買い物は日常生活という大きなドラマにあるほんの1つの小さなエピソードに過ぎない。しかし，物販業である小売業にとっては，物品の販売は事業の継続または会社の存亡にかかわる大問題である。消費者は店舗に来なければ，消費者に近づこうという考え方があるべきである。前述したネットスーパーは1つの良いアイデアではあるが，商品を見て確認してから買いたい人にはやはり店頭に来てもらうことが最上の対策だと言える。これも前述したオムニチャネル販売法は多くの顧客の人気を呼んでいる最大な根拠でもある。

企業の商品やサービスは消費者との接点は限られている。消費者との接点を可能な限り増やすことは立地産業である小売業経営の重要な手立てである。大手小売業であれば，企業は消費者に対して，実店舗，オンラインモールなどの通販サイト，自社サイト，テレビ通販，カタログ通販，ダイレクトメール，ソーシャルメディアなど，同質の利便性で商品を注文し購入できる環境の提供ができる。前述のように，ウェブ上で注文して店舗で受け取ると言う点では，O2Oとは共通しているが，店舗で在庫がなかった商品を即座にオンラインでの問い合わせで補ったり，グループ内他店舗からの調達もできる。オムニチャ

ネルの場合は，店舗で実物を見て，ネットでの注文もできるからである。
　「オムニ」とは「すべての」「あらゆる」という意味で，いくつかの販路を組み合わせて提供する取組みはマルチチャネルとも呼ばれるが，オムニチャネルは小売業の持っている全ての販路を統合することに相違点がある。特に大型小売業グループの場合は，百貨店から，総合スーパー，コンビニ，専門店など多くの業種や業態の実店舗が傘下にあるため，自社の固定客にはもとより，新規顧客に対しても多様な買い物の選択肢が提供できることは魅力的である。大手小売業のオムニチャネルの活用はネットビジネスと実店舗の結合だけに他社よりは絶対的な競争優位があると言える。

（2）中小零細小売店

　では，中小あるいは零細小売業には活路があるのかを見てみよう。
　中小小売業にとっても前述の物販業の共通の悩みで，消費者がなかなか来店しないことに直面しているが，大手小売業と比べると，住宅地に近い場所に立地するのは経営上の競争優位であると言える。中小や零細小売業にとっては，EC活用から見れば，仕入れと販売は時代に合わせてネットビジネスの強化が必要ではあるが，日ごろの商品販売においては，次のような対策が必要であろう。
　① 消費者と仕入先との密着化
　まずは消費者との密着化である。地元に立地している店は地域に根を深くおろし地元との一体化は当然必要なのである。大量生産・大量流通以前には，商店街に立地し，顧客に近い中小小売店も零細小売店も，取扱っている商品は消費者の望んでいるもので，固定客や常連客に好まれる。しかし，時代が変わり，消費者のライフスタイルも変われば，好き嫌いや欲しがる商品も変わる。近くにある小売店がそういう消費者のわがままに応えられなければ，車社会になっている今日では客離れを止めるようがない。したがって，もう一度原点に立ち戻り，消費者の要望をきちんと把握してからそれらに応える努力がぜひとも必要となる。近くの店が小さいが欲しがる商品があるのにわざわざ時間を掛

けて離れた大きな店に行くことは合理性がなくまず考えられないのであろう。

　次に，仕入先との密着化である。卸売業であれば，中小規模でも今の時代ではB2Bによるビジネスができないというのが生き残れない。零細なパパ・ママ店あるいはジージー・バーバー店であっても，前述のクラウドサービスを利用することができる。SaaS方式のサービスであれば，スマートフォンやタブレット1台で仕入注文などはもとより顧客への販売もできる。しかし，超高齢社会の日本では，全国平均的には顧客の3人に1人が年寄りで，地方の町や村では，その割合がもっと大きくなるには違いがない。つまり，完全にネットビジネスに切り替えることではなく，仕入れはネットビジネス化にして，販売は旧来の対面方法での使い分けと組合せが必要である。こうすれば，人件費削減に優勢のある大手小売業に負けないような中小零細的ネットビジネスモデルにもなり得る。

　②　買い物代行とアフターサービス窓口

　大量流通・大量消費の時代では，中小零細小売店の最大な弱みは売り場が小さいため，大型商品の販売ができず，多量の商品の陳列もできなかった。高度情報化社会の今日になると，パンフレットやB2Bのネットビジネスチャネルがあるから，仕入の柔軟性が効き，販売での個別ニーズ対応できる商品の取り寄せも手軽にできる。また，大型商品に関しても顧客の注文代行を行い，商品は顧客の自宅まで届くように委託することができる。大事なのは，メーカーや卸売業との業務提携や協力などの関係を樹立すれば，アフターサービスの受付窓口の機能を追加することもできる。

　一方，ボランタリーチェーンで卸売業との提携や小売業同士の協力もできるが，パパ・ママ店でも，ジージー・バーバー店でも，後継者難の問題解決も含めて複数の店舗が共同で若者を招聘してネットビジネスの担当にしてもらい，またネットビジネス専門のサービス提供会社と契約して外注することもできる。中小や零細とは言え，消費者や顧客に最も近い場所に立地しているのが自らの最大な競争優位ということが忘れてはいけない。

第 9 章　情報化社会とネットビジネス　◎━━ 271

4）ネットビジネスによる小売業の宅配サービス

　近年，小売業界の宅配サービスの急速な拡大が注目されている。大手総合スーパーや大手コンビニチェーンに限らず，中小小売店舗も地元に対する宅配サービスをしている。また，宅配の内容は店頭あるいはネットスーパーの商品にとどまらず，特にコロナ禍の中での食事などのデリバリーは毎日の生活に必需なサービスになっている。また，利用客は高齢者にのみならず，様々な年齢層や性別にも需要がある。一般消費者は老若男女に限らずそれぞれ各自の都合があり，その都合は時により，他人との関係により，またはその時の気分により個性的に変わってくるからである。このような消費者の個別ニーズやウォンツに応えようとする小売形態には，前述のネットスーパーとの関連もあるが，それだけで尽きる話でもない。その背景を探り，要因を分析してみると，以下のようになっている。

（1）インターネットの基盤とクラウドサービスの活用

　まず，小売業の宅配サービスが手軽にできる背景には高度情報化社会のさらなる進展に伴ったもので，特にユビキタス情報ネットワークの整備が最も注目される。しかし，情報ネットワークの基盤整備だけでは，パソコンなどの情報機器の取揃い，情報機器を動かす基本ソフト（OS）やそれぞれの情報処理に必要なアプリケーションソフトなど，高額の設備投資が必要とされる。このために，ネット販売やネットスーパーなどのようなネットビジネスには大手小売業でなければ手が出せないとハードルが高い。

　ところが，かなり高度に整備されているユビキタス社会に通用できる高度の情報ネットワーク基盤の利用ができる。また，手軽に活用できるようなクラウドサービスが使用者の都合や必要性によって選択できるように提供されている。コンピューターなどの高額なハードウェアがなくても，前述したように，SaaS の場合は，スマートフォンや iPad などの携帯端末のみでもネットビジネスができる。情報ネットワークにおける利用できるクラウドサービスの普及は中小小売業が情報化社会の弱者から解放される機運が一気に高まってくる。今

後では，小売業のアイデア次第でさらなる物販業の限界を超えて新しいタイプのネットサービスの提供が期待される。

（2）消費需要の変化

　情報ネットワークの基盤があって，小売業者にもやる気があるだけでは宅配サービスの拡大にはまだ条件が不十分である。企業の事業活動展開の根本を支えるのは市場の需要つまり消費者の要望があるかどうかが決め手である。

　① 超高齢社会

　超高齢社会のさらなる進展は今後の小売業の行く末に左右するものである。内閣府が2022（令和4）年6月に公表した『2022年版高齢社会白書』によると，65歳以上の高齢者人口は3,621万人に上り，国内に外国人も含めた総人口1億2,529万人28.9％に達している。また，2022（令和4）年1月時点の全世帯数は5,976万を超え，また65歳以上の高齢者が居る世帯数の割合は過半数を占めている。今後では，こうした増加する一方の高齢者世帯は小売業の重要な客層になるのが確実で，企業経営戦略レベルで対応していくことが急がれると言える。

　そして，高齢者運転事故が多発するとともに，政府は高齢者の運転免許証返納を推奨してきた。しかし，警察庁の発表によると，返納率は2019年をピーク（14.41％）に達し，その後返納率は下げ続け2021年には10.99％に減ってきた。コロナ禍の中で「三密」を避けようとするのが自家用車の運転再開の最も大きな要因だとされている。一方，高齢者の移動手段はバスと徒歩に集約する傾向がある。国交省が2015（平成27）の『全国都市交通特性調査』（2022年までに新たな調査はなかった）によると，休まずに500mを歩ける高齢者は図9－9のように，全体的には，無理なく休まずに500m～1,500mまで歩ける高齢者の中に，65歳～75歳までは84％で，75歳以上の高齢者は76％に減ってしまう。なお，地方の高齢者の場合は，それぞれ83％と73％で状況が悪くなる。また，人口少ない地方の小売店が絶対数が少なく，距離的にも遠くなるのに加えて，公共交通状況が三大都市圏より悪く，高齢者だけの世帯の買い物行動が

第9章 情報化社会とネットビジネス ◎── 273

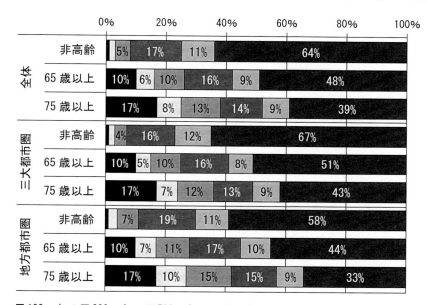

※全国の70市を対象に集計
資料：国土交通省「全国都市交通特性調査」（平成27年）

図9-9　年齢別　無理なく休まずに歩ける距離

かなり制限されてしまう。そこで，小売業による買い物の宅配サービスの必要性が高まってくる。最新の調査は行われなかったが，それから7～8年も経つと，高齢化率が上がり，高齢者の移動手段も改善されてない。こういう実態を見れば，今後，小売業の買い物宅配が一層拡大していくのに違いがない。

② 中食の需要拡大

一方，前述した高齢者世帯数の拡大に加えて，単身家族や共働き家族世帯も増えつつある。その結果とも言える中食の需要拡大が表9-2を見ると，昨今のコロナ禍による消費者行動の変化が分かるように，2021年の市場規模全体の前年比は3％の伸び率があり，特に弁当類に当たる（米飯類）の伸びは4.8％の伸びがあった。高齢者世帯特に75歳以上の高齢者増加する傾向は今後も持続していくと予測される。また，コロナ禍後になっても食事のテイクアウトや

	2020年（構成比%）	2021年（構成比%）	前年比（%）
米飯類	4兆2,396億円（43.3）	4兆4,429億円（43.9）	104.8
調理パン	4,916億円（5.0）	4,629億円（4.6）	94.2
調理面	7,998億円（8.1）	7,975億円（7.9）	99.7
一般総菜	3兆4,490億円（35.1）	3兆5,284億円（34.9）	102.3
袋物総菜	8,396億円（8.6）	8,832億円（8.7）	105.2
合計	9兆8,195億円（100）	10兆1,149億円（100）	103

出所：一般社団法人日本総菜協会編『日本総菜白書』（ダイジェスト）

表9-2　食市場の推移（2011 vs 2021）

デリバリーが習性化となり，中食の市場規模は惣菜にとどまらず，食事の宅配とともに引き続き拡大していくことが予想される。

　また，徒歩で遠く歩けない独居高齢者や高齢者夫婦だけの世帯の場合は，自炊する体力も次第に低下し，一日三食の事の宅配も日常的に必要となってくる。もちろん，今日では，食事の宅配は高齢者にのみならず，忙しい毎日の若年単身者や健康志向やダイエットなどの需要がある単身女性のほか，妊婦専用や乳児の離乳食，さらには個別ニーズとして精進料理などのメニューに対する需要は，スマートフォンなどの携帯端末からの注文によってますます増えてくる。現在では，こうした様々な個性化している宅配需要は大手総合スーパーやコンビニチェーンなどの小売業も新規参入してきた。もちろん，地元の中小小売店にとっても，こうした宅配サービスは新たなビジネス機会になるのも違いないが，ネットワークにアクセスできる環境整備や操作技能の学習と習得が問われている。

（3）経営環境の変化

　小売業の宅配サービスへの参入は，情報会社の高度化に伴い，特に大手企業の経営環境が大きく変わってきた現実に対する戦略的な取組みでもある。これら経営環境の変化には，主として次の2大要因があると考えられる。

① 店頭販売の限界

　前出の統計データ（表9−1）を見て分かるように，コロナ禍の中での消費者行動の変化を背景に，電子商取引（EC）の市場規模は年を追って増大している。2019年からの3年間で金額的には3兆2,350億円（2021年）の純増があり，わずか3年で32.18％の伸び率を見せている。もちろん，全国小売業年間売上高に占める割合はまだ8.78％に過ぎず1割には達していないのも事実である。日本のEC率は前述の世界1位中国の52.％には程遠いではあるが，2位アメリカの12.9％には近づいている。国内EC年商の急増とも言えるのは，ここ数年のキャッシュレスの普及と利用拡大に裏付けられている。三菱UFJリサーチ＆コンサルティングによると，国内キャッシュレス決済の利用率は2017年の21.3％から2021年の32.5％へと大幅に拡大してきた。

　こうしたネットビジネスの市場拡大とキャッシュレス決済の利用増加は大手小売業にも顧客の来店や店頭での商品販売の限界を実感しつつ，客離れの危機感も高まってきている。多くの大手小売業は今後の対応策として，自社のネットスーパー業務の拡大に動いている。そして，今後の全社事業の一環として宅配サービスへの参入にも力を入れる。問題なのは，高齢者の多くはスムーズにネットの活用ができるほうが少ないため，今後では，専門スタッフを確保して，商圏内の外商的販売促進あるいは自宅までの訪問販売方式の営業活動の拡大が必要かも知れない。もちろん，高齢者宅への購入した商品の宅配は，決して大手だからできることだけではなく，中小小売店にも商機になるはずである。

　近所や立地周辺の消費者を相手に商売を続けている中小零細小売店はこれまでのように，じっとして店番するより商圏内に定期的に出回りして，行動不便の高齢者の実態を掌握し，ネットワークを利用してこれら高齢者の購買代行のような役割を果たせれば，それだけの売上拡大ができるし，前述したECのBtoC形態を生かし，ネットワークを通じてより遠い場所に居る他の消費者の購買行動にもつながり，宅配便などを利用して宅配サービスに加わることもできる。もちろん，若い世帯への経営交代や商店街を中心にインターネットを自由に駆使できる若者を雇い共同でネットビジネスを活用することができれば，

個別ニーズの消費者や遠隔地の需要への対応も可能になる。

② 消費者の個性的都合

　高齢化社会のさらなる進行，単身世帯の増加，女性の社会進出などの社会的要因のほかに，消費者の都合はますます個性化している。これらの経営環境の変化に対して，小売業者が対応に追われることも宅配サービスの成長につながるのである。バブル崩壊以来，デフレ経済の長引きなど社会的・経済的経営環境が決して良くないが，多くの産業にわたる価格崩壊や安値競争などの恩恵を受け，消費者の娯楽や教養，レジャーや観光への出費が抑えられている。仕事だけではなく，余暇にも忙しい現代人には買い物や炊事に配分する時間が惜しまれている。また，前述にもあったO2Oやオムニチャネルによる商品販売にも宅配サービスの提供も可能になるのであろう。そして，コロナ禍が収まったとして，以前のように人混みに入りながら買い物をする人々は以前より減るとの予測もあるように，小売業界では，大手も中小も零細も新たな対応で物販業を続けるように求められるのであろう。

　いずれにしても，今の時代では，消費者は自分の多種多様のニーズを満たせようとして，自己都合を最優先にして，誰にも平等に与えられている1日24時間の使い分けに当たって，一度だけの人生だから，買い物や炊事など楽しめない事柄は他人に頼ることができれば，それだけで自分の求める人生の楽しさが満喫できる。買い物の代理に止まらず，買ったものの宅配サービスがこうして消費者のライフスタイルの変化に支えられ成長していくと同時に，小売業の事業継続や企業のさらなる成長に必要不可欠な新たな事業分野として今後一層の規模拡大が見込まれている。

第9章を読んでさらに考えてみること

1. ユビキタス社会では，企業に対しても，消費者に対しても，いつでも，どこでも，誰でも平等に情報ネットワーク環境の利用ができるが，大変な利便性の反面，不便あるいは困っているところもある。あなたが不便だと気づいたことがあれば一例をあげてその理由を分析してみよう。
2. ネットビジネスにおいて，多くの取引形態があるが，Ｏ２Ｏは企業の販売サイトと実店舗の連携プレイである。話題のオムニチャネルもＯ２Ｏのような手法ではあるが，Ｏ２Ｏとオムニチャネルとの違いについて，実例を挙げて分析してみよう。
3. 情報化時代における中小零細小売店のネットビジネスの対応策として，本章で触れたこと以外に，あなたなりの考え方があれば，１つ挙げて説明してみよう。

ミニコラム　バーチャルリアリティー

　バーチャルリアリティーという言い方はもう古くないかと思われがちである。確かに，これはアメリカのNASAが1987年に発注した「仮想環境ワークステーション」システム以来，また，インターネット情報ネットワークの高度化の実現以来，一時にはブームとなった言葉であったが，今は，わざわざ口にする人は居ないかも知れない。しかし，これは，バーチャルリアリティーそのものがすでに我々の日常生活に浸み込んでいるということを物語っている。

　バーチャルリアリティーとは，元々，コンピューターで作られた仮想の世界を現実に見立てるようにする技術で，我々一般消費者に無関係かと思うと，その応用はすでに芸術やデザイン，建築，通信や遠隔操作サービス，さらに企業のネットビジネスを利用して日常生活の買い物などにも広がっている。我々の今日の日常生活にはバーチャルな世界とリアルな世界が混在している。また，バーチャルの世界に自分のリアルな生活を全部突っ込んでいても惜しまない若者が居る。ネットでのゲーム対戦やネットサーフィンに嵌まり込んで抜け出せず，それを自分の生活あるいは人生に置き換えるマニアックな人さえ居る。2021年の労働力調査によると，仕事をせず，学校にも行かず，外出も極端に控える「ニート」と呼ばれる人々は1989年バブル崩壊後の56万人から75万人へと増えている。人口の逓減を思うと，30年後はどこまで増えるかと心配しなくてはいられなくなる。

　実は，バーチャルという言葉は決して空想や仮想に限って使われるものではない。元々非日常として人気に沸くディズニーランドやUSJのようなテーマパークもリアルにバーチャルな世界を作り出したものである。現実の世界の仕事や勉強に疲れているから，暫くはこういう夢のようなバーチャルの世界だけど，リアルに訪れることができ，精神的に癒されるから人気が衰えない。

　しかし，何事にも度がある。毎日のように非日常の世界に嵌まり込んでいくと，自分の人生さえ忘れてしまいかねないので，若い人たちには特に自覚と自制が必要である。せっかく一度しかない人生だから，バーチャルの世界は面白いかもしれないが，現実の人生には色取りどりの出来事が待っているから，それこそリアルにチャレンジしてみようではないか。

参考文献

■第1章

青木　均・石川和男・尾碕　真・斎藤忠志共著『新流通論』，創成社，2007年初版，東京。

小宮路雅博編著『流通総論』，同文館，2010初版，東京。

加藤義忠・佐々木保幸編著『現代流通機構の解明』，税務経理協会，2006年初版，東京。

加藤義忠・佐々木保幸・真部和義・土屋仁志共著『わが国流通機構の展開』，税務経理協会，2000年初版三刷，東京。

坂本秀夫著『現代流通の解読』，同友館，2005新版第一刷，東京。

宮原義友・望月光男・有田恭助共著『商学総論』，同文館，1987年，東京。

山本久義著『商業経営論』，泉文堂，2012年第3版一刷，東京。

Morgenstein, Melvin/Stongin, Harriet (1983), *Modern Retailing: Principles and Practices*, John & Sons, New York.

Walford, Cornelins (1983), *Fairs, Past and Present – A Chapter in the History of Commerce*, London/中村　勝訳『市の社会史』，1984年，(株)そしえて，東京

■第2章

浅井慶三郎・清水　滋共著『サービス業のマーケティング』(改訂版)，同文館，1991年，東京。

築山明憲著『マーチャンダイジングの入門』，商業界，2010年，東京。

徳永　豊・出牛正芳著『新版商品学の仕入と管理』，同文館，1986年，東京。

宮原義友・望月光男・有田恭助共著『商学総論』，同文館，1987年，東京。

Hall, Margaret (1949), *Distributive trading : an economic analysis*, London, &c. : Hutchinson's Univ. Lib/片岡一郎訳『商業の経済理論：商業の経済学的分析』東洋経済新報社，1957年，東京。

Kotler, Philip and Keller, Kevin Lane (2006), *Marketing Management*, Twelfth Edition, Prentice-Hall, 恩蔵直人監訳・月谷真紀訳『コトラー＆ケラーのマーケ

ティング・マネジメント 第 12 版』，丸善出版，2014 年，東京。

McCarthy, E. Jerome (1960), *Basic Marketing : A Managerial Approach*, Richard D. Irwin Inc., Homewood, Illinois, pp.278-80.

■第 3 章

藤堂明保編著『漢字源』(改訂第五版)，学習研究社，2110 年，東京。

中原龍輝著「近代小売業発生・発展の理論に関する研究」，『常葉学園富士短期大学研究紀要』，第 8 号，1979 年，61-89 ページ。

宮原義友・望月光男・有田恭助共著『商学総論』，同文館，1987 年，東京。

Nielsen, Orla (1966) "Development in Retailing", Mjar-Hansen (ed.), *Leading in Danish Theory of Marketing*, 101-115.

McNair, Malcolm P (1958) "Significant Trends and Development in the Postwar Period", A. B. Smith (ed.) *Competitive Distribution in a Free High-level Economy and its Implications for the University*, Pittsburgh, Pa., University of Pittsburgh Press, 17-8.

McNair, Malcolm P; May, Eleanor G (1976) *The revolution of retail institutions in the United States*, Michigan/清水　猛訳『"小売の輪"は回る：米国の小売形態の発展』，1982 年，有斐閣，東京。

Regan, William J (1964), "The Stage of Retail Development", Reavis Cox, Wroe Alderson, Stanley J. Shapiro (ed.) *Theory in Marketing*, American Marketing Association, Richard D. Irwin, Inc., Homewood, Illinois.

Walford, Cornelins (1983), *Fairs, Past and Present – A Chapter in the History of Commerce*, London/中村　勝訳『市の社会史』，(株)そしえて，1984 年，東京。

Bucklin, Louis P (1962), "Retail Strategy and the Classification of Consumer Goods", *Journal of Marketing*, Vol. 27, 50-55.

Copeland, Melvin T. (1924), "Relation of Consumers' Buying Habits to Marketing Methods", *Harvard Business Review*, Vol. 1, No. 3, 282-289.

Knee, Derek and Walters, David (1985) *Strategy in Retailing : Theory and application*, Philip Allan Publishers Ltd., Oxford.

McNair, Malcolm P. (1958), "Significant Trends and Development in the Postwar Period", in Smith, A. B. (ed), *Competitive Distribution in a Free High-level Economy and its Implications for the University*, Pittsbough, Pa., University of

Pittsbough Press, 17-8. USA.
Nielsen, Orla (1966), "Development in Retailing", in Mjar-Hansen (ed), *Leading in Danish Theory of Marketing*, 101-115.
Regan, William J (1964), "The Stages of Retail Development", in Cox, Reavis; Alderson, Wroe; Shapiro, Stanley J. (ed), *Theory in Marketing*, American Marketing Association, Richard D. Irwin Inc., Homewood, Illinois.
Rosenbloom, Bert; Schiffman, Leon G (1981), *RETAILING THEORY : PERSPECTIVES AND APPROACHES*.
Zeithaml, Valarie A. (1981), "How Consumer Evaluation Processes differ between Goods and Services", Donelly, James H. and George, William R. (ed.), *Marketing of Services*, Proceeding Series, AMA's Special Conference on Services Marketing, Orlando, FL., 186-190.

■第4章

菊池康也著『物流管理論(改訂版)』,税務経理協会,2003年,東京。
齊藤　実・矢野裕児・林　克彦共著『物流論』,中央経済社,2015年,東京。
知念肇著『新時代SCM論』,白桃書房,2006年,東京。
中田信哉著『物流論の講義』,白桃書房,2001年,東京。
中田信哉著『ロジスティクス入門(第2版)』(日経文庫),日本経済新聞社,2012年,東京。
ルイス・P.バックリン/田村正紀共著『流通経路構造論』,千倉書房,1998年,東京。
日本総合研究所SCM研究グループ著『図解 サプライチェーンマネジメント早わかり』,中経出版,1999年,東京。

■第5章

林　周二著『流通革命論』,中公新書,1963年,東京。
林　周二著『流通革命新論』,中公新書,1964年,東京。
藤田貞一郎・宮本又朗・長谷川彰共著『日本商業史』,有斐閣新書,1978年,東京。
西島博樹著『現代流通構造と競争』,同友館,2011年,東京。
日本農業市場学会編集『現代卸売市場論』,筑波書房,1999年,東京。
宮川東一編著『卸売業のマーケティング』,ビジネス社,1980年,東京。
宮下正房著『日本の問屋』,日経文庫,1979年,東京。

宮下正房著『卸売復権への条件』，商業界，2010 年，東京。

■第 6 章
荒川祐吉著『小売商業構造論』，千倉書房，1998 年，東京。
懸田　豊・住谷　宏共著『現代の小売流通（第 2 版）』，中央経済社，2016 年，東京。
鈴木　豊著『小売業の新戦略マクロマーケティング入門』（PHP ビジネス新書），2016 年，京都。
中原龍輝・遠藤誠二共著「スーパーマーケット業界における先駆者たちの盛衰に見た米国小売業の起業家戦略―クラレンス・サンダース（Clarence Saunders）とサム・ウォルトン（ウォルマート Wal-Mart）の経営戦略の比較を中心に―」，『富士常葉大学研究紀要』，第 5 号，2005 年，23-52 ページ。
峯尾美也子著『小売構造変化―大型化とその要因』，千倉書房，2010 年，東京。
マーケティング史研究会著『ヨーロッパのトップ小売業―その史的展開』，同文館出版，2008 年，東京。

■第 7 章
江尻　弘著『百貨店返品制の研究』，中央経済社，2003 年，東京。
高橋浩夫著『グローバル業のトップマネジメント』，白桃書房，2005 年，東京。
中原龍輝「中国企業の海外進出 ―グローバルマーケティングの視点から―」，第 45 回日本経営診断学会全国大会，2012 年，北海道大学。
根本　孝編著『グローカル経営』，同文館出版，2004 年，東京。
野村　亨・山本純一編著『グローバル・ナショナル・ローカルの現在』，慶應義塾大学出版会，2006 年，東京。
藤澤武史編著『グローカル・マーケティング・イノベーション』，同文館出版，2012 年，東京。
藤本光夫・大西勝明編著『グローバル企業の経営戦略』，ミネルヴァ書房，2001 年，京都。
丸山恵也・成田幸範編著『日本企業のアジア戦略』，中央経済社，1995 年，東京。
向山雅夫・崔相鐵編著『小売企業の国際展開』，中央経済社，2009 年，東京。
山中豊国著『日本の商社』，大月書店，1996 年，東京。
Itoh, Hajime (2013), *Retail Buying Behavior in Japan*, Sankeisha, Nagoya.
Ryuki, Nakahara (2012), "Partnership Marketing in Globalization", 2012 Global

Marketing Conference Proceeding, 143-147.

■第8章

岩崎邦彦著『スモールビジネス・マーケティング』,中央経済社,2004年,東京。
植田浩史・桑原武志・本多哲夫・義永忠一共著『中小企業・ベンチャー企業論』,有斐閣コンパクト,2006年,東京。
坂本秀夫著『現代中小商業論』,同友館,2012年,東京。
清水公一著『共生マーケティング戦略論』,創成社,1996年,東京。
中小企業庁編集『中小企業の情報化ビジョン』,同友館,1985年,東京。
中小企業庁小売商業課編『中小小売商業の情報化ビジョン』,(財)通商産業調査会,1985年,東京。
番場博之著『零細小売業の存立構造研究』,白桃書房,2003年,東京。
Diamond, Stephanie (2008), *Web Marketing for Small Businesses*, Sourcebooks, Inc. Illinois, USA.

■第9章

一般財団法人情報サービス産業協会編『情報サービス産業白書2014』,日経BP社,2014年,東京。
宇治則孝著『クラウドが変える世界』,日本経済新聞出版社,2011年,東京。
駒谷昂一・山川　修・中西道雄・北上　始・佐々木整・湯瀬裕昭共著『情報とネットワーク社会』,株式会社オーム社,2011年,東京。
杉山勝行・大野富彦共著『インターネット時代のWeb営業戦略』,明日香出版社,2000年,東京。
中原龍輝著「小売のネット販売と超高齢化社会—高齢者のネットショッピングへの取り組みに関する一考察」,第四回日本商業学会全国研究発表大会,2013年,日本大学。
星野克美著『インターネット時代のマーケティング戦略』,プレジデント社,1996年,東京。
Diamond, Stephanie (2008), *Web Marketing for Small Businesses*, Sourcebooks, Inc. Illinois, USA.

索　引

A－Z

AI ································· 233, 234, 249
EC ·· 251
IoT ·· 247
O2O ··· 258
OMO ·· 261
SCM ··· 102
SNS ··· 250
SOHO ··· 211
SWOT ····································· 46, 202

ア

アウトソーシング····························· 230
アフィリエイト広告·························· 254
異業態競争······································· 50
ウォンツ······························ 25, 26, 30, 52
売場分散·· 138
エリアマーケティング····················· 193
オムニチャネル················40, 260, 268
卸売業··· 108
　――の集積··································· 121
卸売市場·· 123
卸売団地·· 122

カ

開発輸入·· 180
価格ミックス····································· 37
仮想通貨··· 17
貨幣の機能······································· 13

買回り·· 79
　――品·· 76
企業の規模······································ 206
規模の経済性················ 138, 141, 142, 230
狭義の商業································· 87, 89
業種·· 149
行商··· 59, 134
競争優位···································· 45, 164
クラウドコンピューティング········· 244
グローバリゼーション············ 176, 182
経営資源························ 34, 35, 181, 183
経営集中··· 138
経営難··· 220
経営分析··· 46
経験財··· 83
経済·· 8
　――のサービス化·················· 233, 234
広義の商業···················· 2, 10, 13, 19, 89
後継者難·································· 215, 223
高度情報化社会························ 234, 236
購買代行······················· 25, 30, 53, 54, 56
小売·· 134
　――業集積··································· 143
　――成長段階論······························· 63
　――店舗の立地······························· 39
　――の輪·· 61
国際化··· 177
国際貿易··· 21
個人事業主······································ 211
コープランドの商品3分類················ 76

サ

サービスに関するマーケティング……80
サプライチェーン・マネジメント…102
自給自足…………………………… 8
自給自足経済……………………… 3
市場………………………………4, 6
　──調査………………………45
市場原理…………………………… 7
社会的分業………………………… 8
社会発展段階説………………… 235
集中貯蔵原理………………………70
需給関係…………………………… 7
商業…………………………………59
商業のルーツ……………………3, 60
商圏………………… 72, 109, 118, 144
商社……………………………… 197
商的流通………………………13, 23
商店街…………………………… 143
商品分類……………………………73
情報化社会……………………… 234
情報ネットワーク……… 88, 237, 240
情報流通……………………………24
ショッピングセンター………… 145
真空地帯論…………………………65
信頼財………………………………84
垂直的統合………………… 103, 192
垂直統合…………………… 104, 164, 165
スーパーマーケット………… 111, 155
製品ミックス………………………36
専門品………………………… 35, 77
総合的商品分類……………………82
相場………………………………6, 7
ソーシャル・ネットワーキング・
　サービス…………………… 249

ソーホー………………… 211, 237
組織型小売業（チェーン
　オペレーション）…………… 138

タ

第三の波………………………… 237
ターゲット（標的）の設定……44
多国籍化………………………… 179
脱工業化社会…………………… 233
探索財………………………………82
中小企業………………………… 207
デジタル通貨………………………19
電子商取引……………………… 251
独立型小売業（伝統小売店舗）…… 137
取引………………………………… 2
　──総数最小原理………………68
問屋……………………… 109, 133
　──街………………………… 122
　──無用論………… 72, 112, 114

ナ

ニーズ………………… 25, 26, 30, 52
日本の商慣習…………………… 191
日本の商社……………………… 197
日本標準産業分類………… 10, 206
日本標準商品分類…………………74
ネットショッピング…………… 251
ネットビジネス………………… 251

ハ

廃業と倒産……………………… 222
バーター取引……………………… 3
バックリンの商品2分類…………78
パパ・ママ店……… 138, 218, 232, 270
販社……………………………… 192

販売経路……………………………………39
販売促進……………………………………40
非買回り……………………………………79
非関税障壁………………………… 190, 193
百貨店……………………………… 136, 152
標的設定……………………………………50
5FORCEs ……………………………47, 202
フィールドマーケティング………………56
物的流通………………………… 12, 24, 91
物々交換…………………………………3, 8
物流………………………………90, 92, 131
　　──センター………………………98, 100
　　──の形態……………………………92
フランチャイズ………………………… 139
　　──・チェーン……………………… 139
並行輸入……………………………… 26, 191
ボーダーレス化………………………… 180
ボランタリー・チェーン……………… 141

マ

マーケティング……………………………31
　　──戦略…………………… 44, 45, 50
　　──ミックス……………………………34
マーチャンダイジング……………………52
　　──ミックス……………………………53

無在庫経営…………………………………70
無店舗型小売業………………………… 135
モノのインターネット………………… 247
最寄り品……………………………… 35, 76

ヤ

有店舗販売小売業……………………… 135
ユビキタス……………………………… 240
　　──社会……………………………… 241

ラ

立地………………………………… 56, 160
流通革命………………………………… 111
流通系列化……………………………… 193
流通構造…………………………… 68, 87
理論仮説……………………………………60
ルーツ………………………………………59
零細企業………………………………… 209
レギュラー・チェーン………………… 139
ローカリゼーション…………………… 185
ロジスティックス…………………………99

ワ

ワン・ツー・ワンマーケティング… 264

《著者紹介》

中原龍輝（なかはら・りゅうき）

慶應義塾大学大学院商学研究科博士課程単位取得満期退学。
2005.4〜2023.3　常葉大学経営学部教授。
現在，駒澤大学非常勤講師。
専門：商業・流通，マーケティング，サービスマーケティング。

(検印省略)

2019 年 4 月 10 日　初版発行	
2023 年 4 月 30 日　増補版発行	略称―商業経営

商業経営のマーケティング ［増補版］
―理論解釈から実態分析まで―

著　者　中 原 龍 輝
発行者　塚 田 尚 寛

発行所　東京都文京区　　株式会社　創 成 社
　　　　春日 2-13-1

電　話　03（3868）3867　　ＦＡＸ　03（5802）6802
出版部　03（3868）3857　　ＦＡＸ　03（5802）6801
http://www.books-sosei.com　　振　替　00150-9-191261

定価はカバーに表示してあります。

©2019, 2023 Ryuki Nakahara　　組版：緑　舎　印刷：エーヴィスシステムズ
ISBN978-4-7944-2617-8 C3034　　製本：エーヴィスシステムズ
Printed in Japan　　　　　　　　落丁・乱丁本はお取り替えいたします。

経営・マーケティング

書名	著者	区分	価格
商業経営のマーケティング ―理論解釈から実態分析まで―	中原 龍輝	著	3,200円
働く人の専門性と専門性意識 ―組織の専門性マネジメントの観点から―	山本 寛	著	3,500円
地域を支え，地域を守る責任経営 ―CSR・SDGs時代の中小企業経営と事業承継―	矢口 義教	編著	3,300円
供給の科学 ―サプライチェーンの持続的成長を目指して―	北村 義夫	著	3,500円
コスト激増時代必須のマネジメント手法 「物流コストの算定・管理」のすべて	久保田 精一 浜崎 章洋 上村 聖	著	2,500円
部品共通化の新展開 ―構造と推移の自動車企業間比較分析―	宇山 通	著	3,800円
ビジネスヒストリーと市場戦略	澤田 貴之	著	2,600円
イチから学ぶ企業研究 ―大学生の企業分析入門―	小野 正人	著	2,300円
イチから学ぶビジネス ―高校生・大学生の経営学入門―	小野 正人	著	1,700円
ゼロからスタート ファイナンス入門	西垣 鳴人	著	2,700円
すらすら読めて奥までわかる コーポレート・ファイナンス	内田 交謹	著	2,600円
図解コーポレート・ファイナンス	森 直哉	著	2,400円
流通と小売経営	坪井 晋也 河田 賢一	編著	2,600円
ビジネス入門 ―新社会人のための経営学―	那須 一貴	著	2,200円
eビジネス・DXの教科書 ―デジタル経営の今を学ぶ―	幡鎌 博	著	2,400円
日本の消費者政策 ―公正で健全な市場をめざして―	樋口 一清 井内 正敏	編著	2,500円
観光による地域活性化 ―サスティナブルの観点から―	才原 清一郎	著	2,300円

(本体価格)

― 創成社 ―